AF318572

LUCÉ

ET SES ENVIRONS

JUSQU'AU MILIEU DU XIVᵉ SIÈCLE

Par Victor ALOUIS

Professeur au Lycée du Mans, Officier d'Académie,
Membre titulaire
De la Société historique et archéologique du Maine.

MAMERS

TYPOGRAPHIE DE G. FLEURY ET A. DANGIN

1881

LUCÉ

ET SES ENVIRONS

Extrait de la Revue historique et archéologique du Maine.
1880-1881.

LUCÉ

ET SES ENVIRONS

JUSQU'AU MILIEU DU XIVe SIÈCLE

Par Victor ALOUIS

Professeur au Lycée du Mans, Officier d'Académie,
Membre titulaire
De la Société historique et archéologique du Maine.

MAMERS

TYPOGRAPHIE DE G. FLEURY ET A. DANGIN

1881

Nescio qua natale solum dulcedine cunctos
Ducit et immemores non sinit esse sui.

Ce qu'expriment si bien ces deux vers, nous l'avons toujours ressenti de la manière la plus vive.

Le pays natal a pour nous un charme tout particulier qui nous attire.

De là, notre projet formé depuis longtemps de recueillir et de publier tout ce qu'il nous serait possible de savoir de son passé.

Avant la Révolution, Lucé, d'abord chef-lieu d'une puissante châtellenie, était devenu celui d'une baronnie. Plusieurs paroisses voisines relevaient de ses seigneurs en tout ou en partie, soit directement, soit par moyen. Ces circonscriptions devaient naturellement être comprises dans nos recherches et entrer dans notre plan.

Voici la première partie de notre travail : elle conduit jusqu'au milieu du XIVe siècle.

Nous l'offrons à nos compatriotes et aux amateurs d'histoire locale.

Si elle mérite leurs suffrages, nous serons récompensé une seconde fois. La tâche, que nous avons entreprise, est, en effet, de celles qui ne causent ni ennui ni dégoût, mais qui procurent, au contraire, les plus douces jouissances et une ardeur nouvelle pour marcher en avant.

Les vieux cartulaires manceaux renferment la plupart des matériaux qui permettent de connaître quelque chose de l'histoire de nos paroisses rurales pendant la période gallo-romaine et le moyen-âge.

Nous avons largement exploité cette mine féconde, estimant que le moindre fait, déjà si loin de nous, prenait par là même une importance qu'il n'aurait plus de nos jours.

L'un des meilleurs chroniqueurs anglo-normands, Orderic Vital, nous a fourni, de son côté, des détails précieux dans ses récits dramatiques des luttes de nos ancêtres contre Guillaume-le-Bâtard et contre les successeurs de ce prince.

Nous avons commencé aussi à puiser à une autre source abondante, nous voulons parler des nombreuses pièces sur parchemin et sur papier, qui existent encore au château de Lucé, échappées on ne sait comment à la ruine du chartrier en 1793.

Monsieur le marquis d'Argence a bien voulu nous confier ces épaves curieuses d'un naufrage à jamais regrettable, et nous tenons à lui exprimer ici toute notre gratitude pour son extrême obligeance.

Les documents les plus anciens remontent au temps de Philippe-le-Hardi.

Ceux des XVe et XVIe siècles sont surtout d'une richesse étonnante. Ils contiennent des renseignements que l'on chercherait vainement à la Bibliothèque nationale et même aux Archives de Paris.

Est-il nécessaire d'ajouter qu'ils nous ont fait passer des heures bien agréables ?

Nous en userons amplement pour la suite de notre travail, et ils nous mettront à même de relever des erreurs qui, une fois lancées dans le public par un compilateur, ont été reproduites dans tous les dictionnaires historiques et généalogiques.

Lucé, septembre 1881.

LUCÉ

ET SES ENVIRONS

JUSQU'AU MILIEU DU XIVe SIÈCLE

CHAPITRE PREMIER.

PÉRIODE GALLO-ROMAINE.

Sous les Romains, le territoire des Cénomans (1) était divisé en régions, nommées conditæ (2).

L'une de ces régions s'appelait Condita vedacensis, parce qu'elle avait pour chef-lieu Vaas, Vedatium (3). Elle embrassait une portion de la belle vallée du Loir et s'étendait au loin des deux côtés du petit fleuve.

Bornée sur la rive gauche par l'immense forêt de Gastines (4), le pays des Turones (5) et celui des Andes (6),

---

(1) Pagus cenomanicus, le Maine.

(2) Il serait téméraire de vouloir fixer le nombre de nos conditæ à l'époque où la Gaule fut organisée par Auguste. Dans la suite, les incursions des Saxons et les défrichements durent le modifier plus d'une fois. Au milieu du IXe siècle, on comptait dans le Maine quatorze de ces circonscriptions.

(3) Vedatium, Vadatium. Cette petite ville gallo-romaine était située à un quart de lieue du Vaas moderne. Station importante bâtie le long de la voie militaire du Mans à Tours, elle a laissé des ruines qui exercent encore la sagacité des archéologues.

(4) Wastina, Guastina, Gastina. D'après Cauvin, elle fut défrichée du temps de Renault Ier, comte de Vendôme, mort en 1020.

(5) Pagus turonicus, la Touraine.

(6) Pagus andegavus, l'Anjou.

elle s'avançait sur la rive droite , entre le Labricin à l'est (1)
et la région d'Oizé à l'ouest (2), jusqu'à la lisière d'une autre
forêt, celle,de Bercé (3) , qui semblait la fermer au nord.

Mais, au-delà de ce massif boisé, elle comprenait encore
une certaine étendue de terres, représentant à peu près le
bassin supérieur de la Veuve (4).

C'est cette dernière partie qui va faire l'objet principal
de notre travail.

Nous essaierons d'abord de la décrire telle qu'elle nous
apparaît à la fin du IVe siècle.

§ I.

On ne pouvait y parvenir, en venant de Vaas et en suivant
une ligne droite, qu'à travers d'épais fourrés, par des sen-
tiers à peine tracés : la forêt offrait une barrière presqu'in-
franchissable.

Pour trouver un accès facile, il fallait gagner, au bas de la
villa de Chahaignes, les bords de la Veuve et remonter le
long de cette rivière jusqu'à deux gorges assez étroites, dont
l'aspect sauvage n'a pas disparu complétement de nos jours.

Celle du nord, où nous allons nous engager, livre passage
à la Veuve : elle servait, pour ainsi dire, de seuil à notre
petite contrée du côté du Loir.

De celle de l'est vient l'Etangsort (5) : ce ruisseau jusqu'à
sa source formait la frontière orientale.

(1) Condita labricensis.

(2) Condita auciacensis, l'Oizéais et le Belinois.

(3) Bursaium, Burseium, Burçay, Bersai, Bercé.

(4) Les Romains s'étaient contentés, selon leur usage, de donner une
désinence latine au nom gaulois de cet affluent du Loir. Plus tard, la signification primitive de Vidua s'est perdue : ce nom propre a suivi le sort du
no.n commun vidua, lors de la formation du français, et il est devenu le mot
Veuve, qui n'a pas de sens, étant appliqué à un cours d'eau. C'est le cas, au
reste, de beaucoup de noms de lieux.

(5) L'Etangsort part des environs de Maisoncelles. Il s'appelaît primitivement Tritio.

Avant de se réunir à quelques pas en aval, les deux cours d'eau étaient traversés par des ponts, comme le prouve le nom de Brives (1) que porte encore le hameau voisin. Près de· ces ponts se tenait un officier, chargé de percevoir les droits de péage.

Dès qu'on avait franchi la gorge du nord, la vallée de la Veuve se présentait resserrée entre deux plateaux élevés.

La forêt couvrait celui de l'ouest bien au-delà du lieu où l'on voit maintenant le château de Follet. La ligne des bois, couronnant le côteau, s'abaissait de distance en distance, coupée par un vallon ou par un simple ravin. Saint-Pierre et Saint-Vincent-du-Lorouer n'existaient pas (2).

Celui de l'est, sur une longueur égale, montrait à sa surface des broussailles et des landes parsemées de rochers (3). Creusé profondément par deux ruisseaux (4), qui vont se perdre dans la Veuve, il ne possédait que de rares habitations. De l'autre côté de l'Etangsort et en face de la pente rapide, où Courdemanche étagera ses maisons, s'étendaient les terres d'une villa, nommée Savonnières, qui appartenait au Labricin.

Quand on avait dépassé d'une demi-lieue le point où les

(1) Brivæ, mot celtique à désinence latine, qui signifie ponts. Briva Gallorum linguâ pontem sonat. (Du Cange.)

(2) Dans la suite des siècles, cette partie de la forêt de Bercé a été détruite sur une assez grande largeur par le feu et par la hache. On en a formé la paroisse de Saint-Pierre-du-Lorouer presque tout entière et la moitié environ de celle de Saint-Vincent. Les deux principaux vallons viennent se confondre avec la vallée de la Veuve, l'un au midi, l'autre au nord d'un hameau, nommé le Héron : le premier est arrosé par le ruisseau des Haies, qui passe au bas du château des Etangs ; le second, par le ruisseau des Roches, qui coule entre le Grand et le Petit-Vauboyer.

(3) La culture a fait disparaître en grande partie les landes et les broussailles. Quant aux rochers, que les gens du pays appellent Perrons, beaucoup ont été brisés ou enterrés pour faciliter le passage de la charrue; cependant il en reste encore un nombre assez considérable.

(4) Le plus important a son embouchure en face de Saint-Pierre. Il passe près de la Cour de Vaux, vieille forteresse, dont on voit quelques ruines. Le vallon et le ruisseau portent également le nom de Vaux.

moines de Saint-Vincent du Mans établiront un de leurs prieurés (1), on voyait fuir vers l'ouest les hautes futaies de Bercé. Sur les deux côteaux paraissaient quelques traces de culture et la vallée élargie semblait s'animer au débouché de deux grands vallons.

Si l'on embrassait du regard celui qui s'ouvre au couchant, on apercevait tout au fond, et à gauche sur la hauteur, les bouquets de la forêt, pareils à un gros nuage qui barre l'horizon. En bas, près du ruisseau, sur un plan assez rapproché, quelques toits se pressaient autour d'un bâtiment plus considérable : c'était la principale habitation de la villa de Pruillé (2). Les défrichements avaient pris dans les environs une extension remarquable. Çà et là s'élevaient des cases de colons , entourées de champs et d'arbres fruitiers.

Après une nouvelle marche d'un quart d'heure, on constatait un autre développement de la vallée : deux ruisseaux viennent encore en cet endroit se jeter dans la Veuve (3).

(1) L'emplacement du bourg de Saint-Vincent, peu élevé au-dessus de la rivière, a dû servir de demeure, dès le temps des Romains, à l'une de ces familles de pasteurs qui recherchaient le voisinage des forêts. On a trouvé, vers 1830, dans le cimetière actuel, une médaille à l'effigie de Marc-Aurèle et quelques années auparavant, dans la cour du presbytère, un cercueil d'enfant contenant une petite amphore (Pesche, *Dictionnaire de la Sarthe*, t. V, p. 654).

(2) Proliacus super Viduam. Les mots « super Viduam » suffisent pour indiquer que Pruillé s'étendait autrefois bien au-delà de ses limites modernes. Le Chabosson, qui arrose le charmant vallon de Pruillé, est le plus grand des affluents de la Veuve, après l'Etangsort. Il reçoit deux petits ruisseaux avant d'arriver au bas du bourg ; puis, il passe entre les Courtigaults, la Bourdinière et les Petits-Bois, au midi ; Beau-Soleil, la Chévrie, Meaune et les Harancheries, au nord.

Le vallon opposé est baigné par le ruisseau de Clairaunay. Sur le côteau du midi, l'on remarque la Rochecollière, la Guibonnière et la Mauvière ; sur celui du nord, la Nonnerie, la Chollière et la Mitonnière. La source du ruisseau se trouve près du moulin de Gruau.

(3) A l'est, le ruisseau de Vaugalain, qui serpente au bas des Houx, de Rosiers, de la Baronière, de Coulombœuf et de la Rouellerie ; à l'ouest, celui de Rifroger, qui passe entre Montareu, la Gonterie, le Lief, la Roizerie, le Boullay et les Blanchardières. Ce dernier est lui-même formé

Enfin, l'on arrivait, quelques centaines de pas plus loin, au vrai point central du pays : les ingénieurs du moyen-âge sauront bien le reconnaître.

La vallée présente alors une ampleur qu'elle n'avait plus depuis le passage de Brives, éloigné de deux lieues et demie. Des ravins et de nouveaux vallons découpent ses côteaux et en font des promontoires, plus ou moins abrupts, dont trois sont disposés en demi-cercle, de l'ouest au nord-est.

C'est sur le premier que sera bâtie la ville de Lucé (1).

A la pointe du second s'élèvera l'un de nos manoirs féodaux, celui de Madrelle (2).

Le troisième gardait sur son sommet des traces du culte druidique. Deux peulvans (3) se dressaient au milieu des bruyères.

A l'est, comme pour compléter l'enceinte, s'avancent deux autres promontoires. Le plus méridional verra peu à peu se former à sa base le bourg de Villaines (4).

par deux petits cours d'eau commençant, l'un près de Sambris, l'autre près de Godineau, et alimentant des étangs de chaque côté de la colline où l'on voit le château de la Chevalerie.

(1) Un ravin profond, qui se termine à la Herse, le coupe du côté du midi ; vers le nord, il s'abaisse par une pente assez rapide jusqu'au ruisseau qui vient des Morcines et coule entre les Chapellières, Montingrand, les Saintonnières, la Maladrie à droite ; les Petites-Morcines, la Gaudinière, Madrelle à gauche.

(2) La maison seigneuriale a disparu depuis longtemps. Mad. elle n'est plus qu'une ferme dominant au sud-ouest le vallon arrosé par le ruisseau des Morcines, à l'est un autre vallon, au fond duquel passe le cours d'eau formé par les petits ruisseaux de Rideaux, de Vazon et de Riellaume.

(3) Ils existent encore à droite de la route de Saint-Mars-de-Locquenay : une ferme voisine leur doit son nom, celle de Pierrelée. Les gens, qui demeurent près de ces pierres, disent que pendant la messe de minuit elles font trois tours sur elles-mêmes, quand elles entendent les cloches de Lucé et de Villaines sonner l'élévation.

(4) Il est coupé au midi par un ravin, dans lequel s'engage la route de Lucé à Saint-Calais ; au nord, il est séparé de l'autre promontoire par le ruisseau de Saint-Sulpice. Sur la rive gauche de ce ruisseau, l'on remarque la Pimpardière, la Pagerie, le Cormier et Guerbœuf ; sur la rive droite, Bel-Air, Fresnay, la Guerrière et la Chassoulière.

Au-delà de cette espèce d'amphithéâtre, la Veuve n'est plus qu'un simple ruisseau, d'une lieue de long, venant du nord-est et coulant modestement entre des pentes escarpées (1).

Près de sa source, nommée la Grande-Fontaine, s'élevait un autre monument celtique, plus important que les peulvans et d'une forme toute différente. C'était un de ces dolmens, qui parfois devaient encore attirer la nuit une foule de Gaulois à la voix d'un druide réfractaire. Une marche d'une demi-heure, dans la même direction du nord-est, conduisait au pied de cet autel grossier (2).

D'un autre côté, la Grande-Fontaine touchait presqu'à la limite septentrionale de notre condita. Il ne restait à franchir qu'une langue de terre, s'étendant de l'est à l'ouest en forme d'arête, et servant de trait d'union entre les deux plateaux, que nous avons laissés à la hauteur de Pruillé.

Ainsi reliés, ces plateaux pourraient se comparer à un énorme fer à cheval, enveloppant la vallée de la Veuve et tous les vallons, qui aboutissent à cette artère principale.

En dehors, leur bande, de largeur inégale, avait pour bornes : à l'ouest, la condita d'Oizé et le territoire de Loudon (3) ; au nord, la région de Connerré (4) ; à l'est, comme nous l'avons déjà dit, le Labricin. Le terrain, en

(1) Du Moulin-à-Foulon à la source de la Veuve on voit : à droite, Gaucher, Madère, la Blottière, la Hupinière, la Corbinière, etc. ; à gauche, les Riaumés, la Gigonnière, Arthée, le château de Corbion, etc.

(2) On le voit encore, à peu de distance de la Croix-Chambot, dans une lande autrefois couverte de bruyères, aujourd'hui plantée de sapins, nommée la Lande du Petit-Bouleau. Sa table rugueuse a dix pieds de long, sept pieds de large, deux pieds et demi d'épaisseur. Il avait, dit-on, quatre supports : trois sont restés debout.

(3) La villa de Loudon (Ludna, Ludina, Lugdunus, Lucdonus, Letduni, Losdunum) avait une étendue considérable. Elle comprenait les terres situées entre Saint-Mars-d'Outillé, Brette, Changé, Saint-Mars-la-Brière et le Narais. Des démembrements successifs l'ont réduite aux limites d'une terre seigneuriale, qui a conservé jusqu'à la Révolution le nom de Loudon.

(4) Condita conedralensis.

partie sablonneux, fortement ondulé sur certains points, offrait aux regards de vastes landes, des touffes de bois, des broussailles, de maigres pâturages et quelques champs où l'on cultivait le seigle. L'aspect général en était triste et monotone : presque partout régnait une véritable solitude (1).

Du côté d'Oizé et de Loudon, la limite était formée par le Narais (2). Ce n'est qu'au XIIe siècle que des moines, dotés princièrement, se fixeront près des sources de ce ruisseau et défricheront les derniers buissons de la forêt.

Mais plus bas, à droite du même cours d'eau, la villa de Challes (3) avait déjà fait reculer le désert.

Au nord de cette villa passait une voie militaire, connue sous le nom de Via Lugdunensis. Partant du Mans, elle arrivait sur le domaine de Loudon, franchissait le Narais au Gué-de-l'Aune et se dirigeait vers Orléans, d'où elle gagnait l'antique métropole des Gaules, Lugdunum (4).

A une petite distance du Gué-de-l'Aune, une autre voie se détachait de la première (5) et servait comme elle de

(1) Vers le milieu du dernier siècle, les landes occupaient encore des surfaces immenses. On se mit alors à faire des *sapinières*. Beaucoup de terres, jusque-là incultes, furent transformées en terres à seigle et de nos jours les bruyères ont à peu près disparu.

(2) Ce ruisseau est nommé Narrissus dans le *Cartulaire de la Couture*. Il sort de fontaines situées près de la forêt et de la Butte-Fouquereau, forme des étangs à Grandmont, et de là, jusqu'à la route actuelle de Lucé au Mans, passe près des Forges, de la Cineterie, de la Mersandrie, des Galandries, de Gué-Brunet, de la Sévrie.

(3) Callisamen, Calla, Chala, Challæ..... Nous ne pouvons nous expliquer comment Cauvin a désigné sous le nom de Callisamen la paroisse de Chammes, située au sud-ouest de Sainte-Suzanne. Les régles de l'étymologie ne l'autorisaient pas à faire venir Chama de Callisamen. Calla est tout simplement la première partie du mot Callisamen. Plusieurs noms propres de lieux ont été abrégés de la sorte.

(4) Cette voie, dit l'abbé Voisin, qui l'a parcourue entre Le Mans et la limite de notre département, a laissé des traces certaines depuis les Chalotières, près de Chefraison, jusqu'à Sargé-sur-Braye. On la suit par les Grandes-Goderies. la Chasserie et le Chou. Après avoir franchi le Gué-de-l'Aune, elle gagnait la Foucaudière, la Perche, l'Oisellerie, la Laire, Ricochet, etc.

(5) Entre la Foucaudière et la Perche : de là jusqu'au midi de Saint-

bornes du côté de Connerré. Cette seconde voie, qu'un document du VIe siècle nomme Via Saturniacensis, allait au midi et traversait la Hune (1) entre les deux points où seront fondés les prieurés de Volnay et de Saint-Mars-de-Locquenay. Le cours supérieur du ruisseau devait continuer la frontière septentrionale.

En entrant dans la région de Vaas, la Via Saturniacensis s'engageait sur les terres d'une troisième villa, celle de Tresson (2). Laissant à droite la Grande-Fontaine et à gauche le dolmen, elle passait à une demi-lieue de la demeure principale, construite sur le bord même de l'Etangsort. Quelques cases de colons, des champs, des bois, des ferrières en pleine exploitation rompaient la monotonie des landes stériles.

Plus loin, la voie parvenait près du lieu élevé où l'on voit le bourg de Montreuil-le-Henri (3). Puis, elle descendait vers l'Etangsort, traversait ce ruisseau (4) et gravissant le côteau opposé, gagnait le camp de Sougé (5).

De la Hune à l'Etangsort, son parcours était de plus de

Mars-de-Locquenay, elle a disparu. Mais à partir du Grand-Yver, elle est conservée. Les gens du pays l'appellent le Chemin ferré, le Chemin des Romains.

(1) La Hune, Hunia, vient des environs de Maisoncelles, passe au bas de Saint-Mars, arrive à Volnay, reçoit ensuite le ruisseau du Vivier sur sa rive gauche et se jette dans le Narais entre Challes et le Gué-de-l'Aune.

(2) Tricio, Tritio, Trition..Tricionum, Trecho, Trechonium, Treczonium.

(3) Du Grand-Yver en Saint-Mars jusqu'au bois des Lemfrières près de Montreuil, on suit facilement le Chemin ferré. Parmi les lieux voisins de l'antique voie, outre la ferme de la Grande-Fontaine, nous citerons Touche-Guillaume, la Vigne, la Gibetière, la Pointe, Sainte-Barbe, les Rôtes, Puisas, la Papillonnière, Lhommeau, l'Hermenaudière, les Croisettes, l'Oisillière, les Chausselières, Chartraigne, les Lemfrières.

(4) Elle traversait le ruisseau à Aigrefin. Non loin de son tracé, sur le côteau de l'est, Boisjoly présente encore les restes d'une ferrière importante.

(5) A peu de distance de la voie, au nord de la villa de Savonnières, on a trouvé, en 1832, des milliers de médailles aux types de Gallien, de Posthume, des deux Tetricus, etc. La tradition, dit l'abbé Voisin, veut que la Davilière, où l'on a fait cette découverte, ait été occupée par un poste de soldats romains.

deux lieues. Mais elle ne desservait que l'angle nord-est de notre petit pays ; aussi, l'on est porté à penser que , malgré la faiblesse de la population, les trois villæ étaient reliées entre elles par des voies secondaires (1).

Mais ce qui ne peut être mis en doute , c'est l'existence d'un chemin, qui partait des environs du dolmen , empruntait le plateau oriental et suivait la Veuve , descendant, montant sans cesse et passant les ruisseaux à gué. Près du confluent de la Veuve et de l'Etangsort, il se partageait en deux branches : l'une franchissait le premier pont pour aller à Chahaignes ; l'autre, le second pour se rendre à Ruillé (2).

§ II.

En établissant, comme nous venons de le faire, les limites de la condita de Vaas à l'est et au nord de la forêt de Bercé, nous n'avons pu nous appuyer sur un texte particulier et précis : il n'en existe pas. On reconnaîtra, du moins, que ces limites sont en parfait rapport avec la règle, qui avait présidé à la délimitation des puissantes cités aussi bien qu'à celle des pagi minores. D'un autre côté, il a été prouvé par de savantes recherches que les conditæ, maintenues sous la

---

(1) Il est impossible aujourd'hui de reconnaître ces voies secondaires : elles ont été confondues avec des chemins plus modernes ou bien elles ont disparu complétement. Nous ferons mention cependant de quelques routes, dont l'antiquité n'est pas douteuse. L'une part de Saint-Jean de Pruillé et conduit à Brette, de là au Mans. Arrivée près des Minerais, elle traverse une voie, appelée encore au siècle dernier Chemin ferré, qui passe près des Jouanneries, des Pâqueries, des Bahuères et du Chêne, puis tombe dans la Via Saturniacensis. A peu de distance des Minerais, une autre route se détache du même Chemin ferré et gagne Challes en droite ligne.

(2) Au XVe siècle, on voit une partie de ce chemin citée dans un Accord entre le curé de Lucé et le prieur de Varencières. Elle servait de limite sur une certaine longueur pour la perception de la dîme. On l'appelait le chemin de Villaines à la Chartre. Aujourd'hui même, elle est encore connue sous ce nom, et l'on peut la suivre facilement jusqu'aux environs de Brives.

domination franque, sont devenues au commencement du régime féodal de grandes seigneuries , dont les bornes n'ont été modifiées que plus tard par des guerres ou par toute autre cause. Si donc nous montrons dans la suite que les seigneurs, successeurs des anciens magistrats de Vaas, ont exercé leur juridiction sur la même étendue de terres, nous ne pourrons être taxé de témérité.

Quant aux villæ de Pruillé, de Challes et de Tresson, leur origine remontait sans doute au recensement général ordonné par Auguste.

D'immenses terrains avaient été alors dévolus au fisc, c'est-à-dire, à l'Etat. On en avait formé l'Ager publicus, destiné surtout aux vétérans. D'autres avaient été assignés comme récompense ou vendus à des citoyens romains. Enfin, beaucoup de nobles gaulois avaient obtenu, pour prix de leur soumission, le droit de cité, leur entrée dans les sénats ou curies et la propriété des terres, sur lesquelles ils avaient autrefois exercé l'autorité en qualité de chefs de clans. Leurs anciens clients, au contraire, s'étaient vus attachés avec la plèbe à la culture du sol et répartis entre les domaines publics et privés. De là une classe rurale assez nombreuse, celle des tenanciers, nommés colons ou serfs, distincte de la classe des esclaves. Ces derniers ne constituaient qu'une faible minorité.

La population, qui vivait entre le Narais, la Hune et l'Etangsort, n'avait pù échapper aux conséquences de la défaite. Mais nous ne saurions dire si elle avait reçu pour maîtres des citoyens romains, ou bien si elle avait été soumise à ses chefs indigènes, ralliés à la cause des vainqueurs.

Les seuls renseignements, que nous possédions, se rapportent à une époque postérieure de plus d'un siècle. Nous les devons au *Pontifical* (1), qui place les travaux

(1) Manuscrit conservé à la bibliothèque du Mans sous le n° 241. Le savant Mabillon en a reproduit la plus grande partie dans ses *Vetera Analecta,* t. III.

apostoliques de saint Julien sous les empereurs Domitien, Nerva et Trajan.

D'après ce recueil précieux, plus connu sous le titre d'*Actes des Evêques*, notre coin de terre paraît dès lors partagé entre Pruillé, Challes et Tresson. De plus, et c'est un point important à constater, chacune de ces villæ figure parmi les domaines offerts au pontife.

Avant de devenir terre ecclésiastique, Challes était un des biens propres du premier magistrat de la cité, nommé Defensor (1).

Pruillé et Tresson n'appartenaient pas à ce haut personnage, quoiqu'il soit représenté comme les ayant lui-même transmis à l'Eglise naissante (2). S'il en eût été le possesseur, le texte l'aurait fait entendre aussi bien que pour Challes. Ces villæ durent être données par deux de ces riches gallo-romains, que les *Actes* appellent Optimates, Proceres.

D'ailleurs, notre observation se trouve confirmée, pour Pruillé en particulier, par cette gracieuse légende puisée à la même source (3) :

« Un jour, le Saint s'était dirigé vers une villa de la con-

---

(1) Dedit quoque Defensor cum consensu et stipulatione Procerum suorum quidquid........ Tradidit etiam villas alias suas proprias, id est...... Callemarcium.....; et Vodebris...... Callisamen cum omnibus ad se pertinentibus...... *(Gesta Pontificum Cenom.)*

(2) Tradidit vero Princeps, post regressionem suam de romana ecclesia, has villas, id est, Alnidum, Tricionem..... atque Proliacum super fluviolum Viduam..... et Deo dicavit, et contestando adjuravit, si quis inde, quod absit, abstrahere deinceps vellet, ante tribunal Domini in die districti judicii ex hoc rationem redderet et damnationem cum impiis perciperet. *(Ibidem.)*

(3) Venit ad quamdam villam, cujus vocabulum est Proliacus, in condita vedacense, in qua audivit planctum magnum in domo cujusdam ex prioribus, eo quod filius ejus esset defunctus unicus quem habebat. Hæc cognoscens sanctus Julianus, pietate animo motus, petiit illud corpus ad custodiendum per noctem et hoc impetrans jussit corpus poni in secreto cellulæ secum. Et clauso ostio, flectens genua, et cum lacrymis Dominum deprecans, pariter surgunt Sanctus de terra et infans de feretro. Mane

dita de Vaas, nommée Pruillé. Comme il arrivait, le fils unique d'un des principaux habitants venait de mourir : la maison était pleine de cris et de gémissements. Témoin d'une pareille douleur, Julien se sent pris d'une vive pitié pour les pauvres parents. Il demande à garder le corps pendant la nuit, et l'enfant lui ayant été confié, il le fait placer loin du bruit dans la chambre où lui-même devait se reposer. Alors fermant la porte, il se met à genoux ; puis, les yeux baignés de larmes, il adresse au Seigneur de ferventes prières. Bientôt il se relève de terre, et en même temps l'enfant s'élance du brancard, sur lequel on l'avait apporté. Le lendemain, dès qu'il fit jour, le père et la mère vinrent à la maison où Julien priait Dieu : des hommes et des femmes en grand nombre les accompagnaient, se lamentant et portant des torches. Ils trouvèrent vivant celui qu'ils croyaient mort : ils l'entendirent chanter avec le Saint les louanges de Dieu. Alors, remplis de joie, ils se mirent avec la foule à glorifier Dieu, qui fait éclater sa gloire dans ses Saints. Ensuite, ils donnèrent à Julien leur villa de Pruillé avec toutes ses dépendances, et le supplièrent de garder leur fils près de lui. »

§ III.

Certains auteurs, il est vrai, n'ont pas admis la date assignée par les *Actes* à la mission de saint Julien.

Ceux-ci font venir l'apôtre dans le pays des Cénomans

autem facto, veniens pater pueri cum matre sua et cum turba plurima virorum et mulierum lamentantium cum luminibus ad domum ubi vir Deum orabat, invenerunt vivum quem mortuum suspicabantur, canentem et laudantem Deum cum viro sancto. Tunc pater et mater pueri cum omni populo læti effecti glorificabant Deum, qui est gloriosus in Sanctis suis, et dederunt prædicto sancto Juliano prædictam possessionem eorum, nuncupatam Proliacum, cum omnibus ad se pertinentibus, deprecantes ut nunquàm ab eo filius eorum discederet *(Gesta Pontif. Cenom.)*

au milieu du IIIᵉ siècle (1) ; ceux-là sous le règne de Constantin, ou même après la mort de ce prince (2).

D'autres parties du récit ont été également attaquées. On a mis, par exemple, au rang des fables tout ce qui a trait aux domaines reçus par lc pontife (3), et si la belle scène de Pruillé n'a pas eu le même sort, c'est de mauvaise grâce et avec une extrême sécheresse qu'on en a parlé (4).

Il ne peut entrer dans notre plan de discuter les différents systèmes contraires à la tradition antique. Nous avons préféré suivre cette tradition, d'abord, parcequ'elle a pour elle le temps et le respect de nombreuses générations, ce qui n'est pas toujours à dédaigner ; puis, parcequ'elle ne blesse en rien les notions les mieux établies de l'histoire.

Au reste, elle n'a pas manqué de défenseurs avec lesquels il faut compler, quand on cherche la vérité sans parti-pris (5).

Quant aux domaines, il n'est pas étonnant que leur énumération soit devenue une arme entre les mains d'écrivains hostiles, comme D. Briant. Cette partie des *Actes* prête évidemment à la critique : on ne peut la lire sans être frappé des erreurs qui la déparent.

Mais, chose surprenante, c'est de voir comment des partisans de la tradition se sont tirés d'un sujet, qui intéresse si vivement l'origine d'un certain nombre de nos localités.

Ainsi, l'abbé Voisin admet complétement, sans aucune

(1) Léthalde, Le Corvaisier de Courteilles, le P. Papebrock, jésuite, etc.

(2) Jean de Launay, docteur en Sorbonne, le P. Henschenius, jésuite, dom Denis Briant, Cauvin, etc.

(3) Cum loca supradicta (Proliacus, Ruilliacus, Ponciacus, Artini....) ad cenomanensem ecclesiam authoris tempore pertinerent, eos Sancto tum concessos affirmat ; etiam magis adhuc a vero absona, qualia sint reliquiæ ab eo Roma relatæ, epistolæ ac tractatus tam latino quam gærco sermone conscripti, tota pene regio Sancto tradita... (Dom Briant, *Cenomania.*)

(4) Juliani prædicationi miracula non defuisse, etiam si *Acta* reticerent, aliorum cujusque regionis apostolorum suaderent exempla. Inter hæc, in loco qui Proiliacus dicitur, in condita vedacensi, *puellam* suscitasse fertur. (*Cenomania.*)

(5) Dom Bondonnet, dom Liron, l'abbé Voisin, dom Piolin. Voir surtout dom Piolin, *Histoire de l'Eglise du Mans*, t. I, Introduction.

distinction, les détails rapportés par l'auteur des *Actes* (1).
Il ne trouve même pas invrais. mblable que Defensor et les
Grands de la cité aient donné au pontife toutes les rues de
la ville et celles des faubourgs, ainsi que les terres voisines,
depuis la colline située de l'autre côte de la Sarthe jusqu'à
celle qui est au-delà de l'Huisne (2).

Dom Piolin, au contraire, ne dit pas mot des domaines,
après avoir montré Defensor cédant avec empressement la
plus grande salle de son palais pour les réunions des fidèles
et pour la célébration des mystères sacrés. Il fait du Saint
un missionnaire admirable, qui vit pauvre, qui ne reçoit
que l'hospitalité dans ses courses apostoliques (3).

Cependant le savant bénédictin avait reconnu que les
églises possédaient des biens immeubles d'une grande
étendue longtemps avant la paix religieuse établie par
Constantin. Selon lui, il était même probable que saint
Julien avait reçu de ses plus riches néophytes quelques dons
et même des domaines (4).

Pourquoi, après de telles prémisses, n'avoir pas parlé, du
moins en termes généraux, de certaines offrandes faites à
l'apôtre par les personnages opulents, qu'il venait de
convertir ?

La question des biens n'a donc été résolue d'une manière
satisfaisante ni par l'un ni par l'autre de ces deux historiens.
Il est impossible, en effet, de tout admettre : nous l'avons
prouvé par un exemple. Mais on ne doit pas tout rejeter.

D'après dom Piolin lui-même, le rédacteur des *Actes* a

(1) L'abbé Voisin, *Les Cénomans anciens et modernes,* p. 134.

(2) Quidquid infra civitatem et in suburbio civitatis habebant, id est,
illas ruas omnes tam intrinsecus civitatis quam et extrinsecus, vineas
quoque et agros et silvas quæ in circuitu penitus sunt ad prædictam ecclesiam Sanctæ Mariæ et Sancti Petri præsentaliter tradiderunt, id est, ab
illo monte qui, est ultra fluvium Sartæ usque ad alterum montem qui est
ultra Idoniam. *(Gesta Pontif. Cenom.)*

(3) *Histoire de l'Eglise du Mans,* t. I, p. 1-35.

(4) *Ibidem,* t. I, Introduction.

été de bonne foi : ce clerc de la cathédrale, qui avait à sa disposition tous les titres de son église, aurait seulement commis des confusions, attribuant à une époque ce qui convenait à une autre. Or, il ne suit pas de là que, dans l'énumération des biens, l'auteur ait dû se tromper du commencement à la fin. Il faut tenir compte de son honnêteté. Au lieu de ne voir que des erreurs dans cette partie de son travail, il serait plus juste de retrancher ce qui blesse réellement le sens historique et de conserver précieusement le reste. Cette dernière catégorie se réduirait en définitive aux villæ de Chaufour, de Voivres, de Challes, de Champagné, de Pont-de-Gennes, de Tresson, de Coutures, de Pruillé-sur-la-Veuve et à trois ou quatre autres propriétés rurales.

C'est le parti auquel nous nous sommes arrêté. Nous n'avons pas vu de meilleur moyen de respecter, dans la mesure du possible, l'un des plus vieux monuments de notre histoire et les exigences d'une critique raisonnable.

On ne saurait trouver étrange que saint Julien ait obtenu un si petit nombre de domaines pendant un apostolat de quarante-sept ans et au milieu de la ferveur des premières conversions, lorsque son successeur, saint Thuribe, et dom Piolin le reconnaît sans réserve, a pu recevoir du puissant Gajanus des terres considérables et un palais bâti sur les bords de l'Anille (1). Cependant saint Thuribe n'a siégé que cinq ans et les dispositions de la population n'étaient pas alors aussi favorables que du temps de saint Julien.

§ IV.

Aucun document ne nous instruit du sort des biens ecclésiastiques depuis le milieu du second siècle jusqu'à la fin de la domination romaine. Lorsque s'ouvrit pour notre cité

______

(1) *Histoire de l'Église du Mans,* t. I, p. 38.

l'ère violente des persécutions, ils devinrent sans doute la proie du fisc, comme dans les autres parties de l'empire, et l'on peut se faire une idée des souffrances de leurs colons. Les uns se cachaient ou fuyaient, ne voulant pas sacrifier aux dieux ; les autres, chrétiens ou païens, succombaient sous le poids des charges publiques. Pour compléter le tableau, il suffit de citer les ravages des Saxons et les ruines accumulées par les guerres civiles.

Constantin ayant mis un terme à tant de maux, du moins pour quelque temps, l'Eglise-mère dut rentrer en possession de la plupart de ses anciens domaines. L'Etat n'en garda qu'un petit nombre : c'étaient des terres entièrement dévastées, privées d'habitants et qui furent abandonnées aux animaux sauvages.

Tel aurait été|le sort de la villa de l'Anille. Au commencement du VIe siècle, elle appartenait encore au fisc : le vieux palais était en ruine, et les champs avaient fait place à une forêt, où l'un des rois francs, successeurs des Romains, chassait le buffle.

Rien ne permet de supposer que nos trois villæ aient été aussi maltraitées. Rendues à la cathédrale, elles ne purent manquer de participer à l'état relativement prospère, dont jouit notre Eglise à cette époque de réparation et d'épanouissement.

L'établissement de communautés chrétiennes dans leur voisinage donne aussi le droit de conclure qu'elles ont possédé de pareils éléments, sinon dès l'épiscopat de saint Julien, du moins avant la mort de saint Liboire. Il serait difficile, en effet, de croire qu'elles aient été privées de sociétés de fidèles, lorsque Vaas, Chahaignes, Luceau, Connerré devaient ce bienfait à l'apôtre du Maine (1); Outillé, Matoval (Bonnevau), la villa de l'Anille à saint

(1) De Vedatio, de Chahania, de Lucaniaco, de Conedralio..... (*Gesta Pontif. Cenom.*)

Thuribe (1) ; Ruillé, à saint Pavace (2); Savonnières, Marçon, Mayet, Loudon à saint Liboire (3).

Il n'est pas inutile non plus d'oberver que les premiers empereurs chrétiens, comme s'ils avaient voulu dédommager l'Eglise des affreuses persécutions dont elle avait été victime, assimilèrent ses biens à ceux du fisc, c'est-à-dire, les exemptèrent de l'impôt. Nos colons furent donc doublement privilégiés. Non seulement, ils avaient l'avantage d'appartenir à des maîtres reconnus pour leur douceur; mais encore, ils n'étaient point exposés aux exactions, dont les malheureux curiales faisaient forcément retomber la plus grande part sur leurs propres tenanciers.

CHAPITRE II.

PÉRIODE MÉROVINGIENNE.

Au Ve siècle, nous ne pouvons également recueillir aucun fait particulier concernant nos trois villæ. Mais il n'est pas douteux qu'elles n'aient profité de la position nouvelle des successeurs de saint Liboire.

L'Eglise du Mans, loin de perdre à la chute de l'empire,

(1) De Austiliaco, de Maduallo...... Fecit unum monasteriolum super fluvium Anisola, in loco cujus vocabulum erat Casa Gajani, cujusdam pagani, ubi et fontes vivos invenit et vineas amænas et uberrimas plantavit. In quo loco et in honore sancti Petri ecclesiam construxit atque consecravit. (*Gesta Pontif. Cenom.*)

(2) De Ruilliaco. (*Ibidem.*)

(3) De Sabonariis, de Marsone, de Magitto, de Ludna..... (*Ibidem.*)

A côté d'Outillé, de Austiliaco, se trouvent les noms de Lucé et de Villaines, de Luciaco, de Villena. Cauvin traduit de Luciaco par Lucé-sur-la-Veuve; l'abbé Voisin se contente d'écrire : de Luciaco, Lucé; dom Piolin pense qu'il s'agit de Luché. Pour Villena, Cauvin se hasarde seul à en faire Villaine-la-Juhel; les deux autres écrivains ne se prononcent pas.

Dans la vie de saint Liboire, il est aussi question d'un Lucé. Cauvin est d'avis que l'auteur des *Actes* a voulu parler du Lucé de l'archidiaconé du

avait acquis une puissance énorme. Nos évêques étaient devenus les chefs de la cité. Les richesses de la cathédrale, déjà considérables sous les héritiers de Constantin, avaient pris de nouveaux développements : les dons affluaient.

Or, comment croire que les anciennes propriétés ecclésiastiques aient été négligées dans des circonstances aussi favorables et que tous les soins aient été réservés pour les acquisitions récentes? On dut, au contraire, pousser avec vigueur les défrichements sur tous les domaines indistinctement, augmenter le nombre des colons et veiller plus que jamais au bien-être de ces humbles travailleurs.

C'est seulement après la conquête du Maine par les Francs que nous trouvons enfin quelques détails sur notre petite contrée. Nous les devons encore au *Pontifical*. Mais ils sont tellement liés à l'histoire de l'Eglise, pendant la période où nous entrons et pendant celle qui suivra, qu'il est impossible de les citer isolément, à moins de se contenter d'une nomenclature aride et sans suite. Nous les laisserons donc dans leur cadre naturel.

§I.

On vit, pendant l'épiscopat de saint Innocent (532-543), éclater un mouvement religieux, qui devait durer près de deux siècles et couvrir le diocèse d'abbayes, de prieurés et d'établissements hospitaliers. De pieux personnages, originaires de l'Auvergne et de l'Aquitaine, s'enfoncèrent dans nos forêts pour y vivre de la vie des anciens Pères du désert. Les uns se fixèrent sur les bords de la Braye et de l'Anille,

Passais, près de Domfront ; dom Piolin penche pour Lucé-sous-Ballon ; l'abbé Voisin reste muet.

Nous montrerons que le Grand-Lucé et Villaines-sous-Lucé n'existaient point comme villæ du temps des Romains.

Quant à Ludna ou Ludina, dont Cauvin a eu l'idée de faire Saint-Georges-du-Bois près du Mans, parceque cette paroisse est traversée par le ruisseau de Lunna, nous les regardons comme des variantes de Lugdunus, Loudon.

couverts alors de bois épais ; les autres, dans les solitudes sauvages du Passais, ou près de la Sarthe et de l'Erve.

Tous défrichaient la terre, mêlant le travail des mains aux exercices de la prière et de l'apostolat. Ils enseignaient par leur exemple la résignation aux pauvres habitants du voisinage, les arrachaient au culte des idoles et en faisaient de fervents chrétiens.

L'éclat de leurs vertus attira bientôt près d'eux une foule de disciples, dont les cellules se groupèrent autour d'un oratoire rustique. En peu d'années, il se forma ainsi plus de quarante monastères sur les frontières et dans les parties incultes du diocèse.

L'un d'eux s'éleva dans la vallée de l'Anille, près des ruines du palais donné autrefois par Gajanus à saint Thuribe. Il avait pour fondateur le moine Carileph ou Calais. La vie de ce Saint est remplie d'épisodes charmants. Ses voyages depuis l'Auvergne jusqu'au Labricin à la recherche d'une solitude, son arrivée à la Casa Gajani dépendant de la villa royale de Matoval, sa rencontre imprévue avec le roi Childebert venu dans ce domaine fiscal pour se livrer au plaisir de la chasse, l'immense étendue de terres qu'il reçut de ce prince à l'instigation de la reine Ultrogothe, tout cela et bien d'autres traits, où il paraît comme un de nos puissants thaumaturges, présentent le tableau le plus curieux des mœurs de cette époque (1).

Saint Innocent avait favorisé de tout son pouvoir la plupart de ces communautés. Secondé par l'épouse de Childebert, il commença lui-même à bâtir une abbaye près de la capitale du Labricin, sur la rive gauche du Loir, et lui donna le nom de Saint-Georges. Mais il ne put voir la fin des travaux (2).

(1) *Acta Sanctorum,* ad diem 1 julii, *Vita Sancti Carilephi.*

(2) Les abbayes de Saint-Calais et de Saint-Georges-des-Bois devant plus tard tenir une certaine place dans notre récit, nous ne les perdrons pas de vue pendant toute la durée de la domination franque. Pour la même raison, nous citerons, à mesure qu'ils se présenteront, les faits concernant les villæ de Savonnières et de Loudon.

Saint Domnole, second successeur de ce grand évêque
(560-581), acheva l'œuvre. Ancien abbé de Saint-Laurent-
lès-Paris, il aimait les retaites sacrées, qui lui rappelaient
les meilleures années de sa jeunesse. Il se plaisait à les
visiter et il en créa de nouvelles.

C'était à lui qu'était réservée la gloire de fonder la plus
grande abbaye du diocèse, Saint-Vincent, et les mesures
qu'il prit pour subvenir aux besoins de cette maison devaient
avoir sur l'avenir d'une de nos villæ une influence considérable.

Il avait choisi à l'orient de la cité épiscopale un lieu
élevé, dont il voulait, disait-il, faire une forteresse pour
défendre les habitants du Mans et un refuge pour sauver les
âmes. Les bâtiments achevés et les premiers religieux
installés, il invita l'évêque de Paris, saint Germain, à prendre
part à la dédicace. Puis, du consentement de son hôte vénérable, de tous les clercs et du peuple, il donna aux moines
plusieurs villæ de l'Eglise-mère, entre autres, celles de
Tresson et de Fresnay ; de plus, le petit domaine de Buccus,
une prairie sur le bord de la Sarthe et des terres voisines,
propres à la culture (1).

Beaucoup de nobles personnages imitèrent leur évêque :
ils cédèrent à Saint-Vincent quelques-uns de leurs biens.

§ II.

Après les *Gesta D. Dumnoli* vient immédiatement un
extrait du testament du pontife, où les articles de la donation primitive sont rapportés avec plus de développements.

(1) Sanctus Dumnolus Pontifex monasteriolum in honore sancti Vincentii
et sancti Laurentii martyrum Christi juxta urbem constituit, et ad effectum
usque perduxit. Ad dedicationem quoque ipsius monasterioli ecclesiæ
beatum Germanum Parisiacæ civitatis insignem episcopum vocavit, et
cum ejus consensu et deprecatione cleri ipsius civitatis et populi illius

On y apprend que des deux bénéficiers, qui se partageaient les revenus de Tresson, lors de la fondation de l'abbaye en 572, un seul jouissait encore de sa portion à titre viager : c'était le diacre Mallaricus. L'autre, nommé Habundantius, était sans doute mort : on ne parle de lui qu'au passé.

L'évêque donne tout ce qui composait la villa : champs, prairies, pâturages, bois, eaux, cours d'eau et les esclaves attachés à l'exploitation. Il prend même le soin de nommer ces derniers. Ce sont : Leudomadus, sa femme Leudomalla et sa fille, la petite Litomeris ; Leudulfus, un autre Leudulfus, Chariobaudus, Vinofrede et Mogiane. Il fait présent aussi d'un troupeau de chevaux nourri sur le même sol et confié à la garde d'Allomeris (1).

C'est sans doute par une inadvertance de copiste qu'il n'est pas question des colons. L'usage voulait qu'ils fussent vendus ou donnés avec toute la terre, comme les esclaves. Allomeris devait être un de ces colons. Il n'est pas possible que Tresson n'ait eu à cette époque, malgré les guerres et les dévastations, que neuf habitants. Huit esclaves, au contraire, ne forment pas un nombre exagéré, comparé à celui des tenanciers, qui était toujours bien supérieur.

Dans un autre testament, celui de saint Hadouin, les colons ne sont pas oubliés. On y lit, à propos de la villa d'Avoise :

parrochiæ et cum consensu eorum, de rebus sanctæ Mariæ et sanctorum martyrum Gervasii et Protasii matris ejusdem civitatis ecclesiæ jam dictum monasteriolum dotavit, et villas sui episcopii ad eamdem ecclesiam dedit, id est, villam Tritionem cum omni integritate...... villam Fraxinidum....... et Buccus villulam..... pari modo pratum supra fluvium Sartæ una cum campo jnxta posito, et alias villas...... *(Gesta Pontif. Cenom.)*

(1) Damus ipsius domni Vincentii ecclesiæ donatumque esse volumus villam cognominatam Tritionem quam Habundantius quondam visus est tenuisse..... cum id quidquid Mallaricus, diaconus noster, tempore vitæ suæ usufructuario possidere videtur, cum agris, pratis, pascuis, silvis, aquis aquarumve decursibus, cum mancipiis his nominibus : Leudomadum cum uxore sua Leudomalla et infantula Litomeri, Leudulfum, item Leudulfum, Chariobaudum, Vinofrede et Mogiane. Damus etiam gregem equinum, quem Allomeris, intra terminos ipsos commanens, custodire videtur. *(Ibidem.)*

« Cum domibus, ædificiis, *mancipiis*, vineis, silvis, pratis et pascuis..... cum *colonis* et integro termino suo.... ».

Le passage le plus curieux de notre document, c'est celui qui traite des limites du territoire. Le voici :

« Per loca designata, sicut Tritio usque Brivas defluit in Viduam et usque terminum proliacensem, subjungente ad se adjacentia Saturniacense ; inde, per Viam Saturniacensem pervenit ad Waota usque ad Campum Daulfum ; deinde a Brialo Censurio usque ad Domum Mere ; inde a Campo Locogiacense pervenit ad ipsum Tritionem ».

On comprend bien, malgré la forme étrange du texte, que Tresson dans sa partie méridionale s'avançait jusqu'à Brives, borné d'un côté par l'Etangsort et de l'autre par les terres de Pruillé. Mais où s'arrêtait Pruillé ? Cauvin et l'abbé Voisin n'ont pas répondu à cette question, qui se présente si naturellement à l'esprit, et la manière, dont ces deux écrivains ont interprété le reste de la description, ne peut nous satisfaire (1).

Nous allons, à notre tour, tenter d'écarter le voile jeté par le temps sur ces vieilles marches de Tresson.

Par *terminus proliacensis* nous pensons qu'il faut entendre le cours tout entier du ruisseau de Clairaunay, puis un ravin assez profond, qui commence près de la source de ce ruisseau et serpente du midi au nord jusqu'aux environs de la Héripière. Le doute, à ce sujet, n'est guères permis, si l'on

---

(1) Cauvin n'a cherché à expliquer que le Campus Locogiacensis et le Brogilus Censurius. (*Géographie du diocèse*, p. 372, 420.)

Voici la traduction qu'a donnée l'abbé Voisin du passage tout entier : « Nous donnons la villa surnommée Tresson (que naguères Habondance tenait en bénéfice) par les lieux ci-désignés : selon que le Tresson jusqu'à Brives s'écoule dans la Veuve et jusqu'aux limites de Pruillé, en y sous-joignant ce qui tient à Chartraigne (Saturniacus) ; puis, le long de la voie de Chartraigne (voie ferrée du Bas-Vendômois au Mans) la ligne de démarcation parvient près de la Gâte (Wacta) au camp d'Adolfe. Ensuite, des broussailles de Sirin elle s'étend jusqu'à la maison de Méra, et d'autre part, du camp de Locquenay jusqu'au même ruisseau de Tresson....... (*Notes historiques sur le Bas-Vendômois*, 1856, in-12, p. 57.)

consulte les vieux titres de la seigneurie de Pruillé, respectés par le temps. Au XVe siècle, la Mitonnière, la Chollière, la Nonnerie, les Touches, le Perray, Gruau, la Gagnerie, l'Ogerie, la Moisière et le Châtelier dépendaient encore de Pruillé sous le rapport féodal. Quant à la ligne de démarcation, de Brives à l'embouchure du ruisseau de Clairaunay, elle ne pouvait être formée que par la Veuve et sur quelques points par la lisière de la forêt.

Les *Waota* ou *Wacta*, d'où vient le vieux mot *gast*, étaient des terrains incultes, sans arbres, à l'aspect désolé (1). D'après l'ensemble du texte, ceux de Tresson doivent être placés à l'ouest de la Via Saturniacensis. Leur bande, parallèle à la voie, ne quittait pas le plateau. Commençant près de la Héripière, elle s'arrêtait sans doute sur le côteau oriental de la Veuve, presqu'en face du lieu où s'élève le château de Corbion, et comme la villa s'étendait à travers cette bande jusqu'au *Campus Daulfus*, il faut nécessairement chercher ce point à l'ouest des *Waota*, sur les terres de Pruillé.

Mais le *Campus Daulfus* était-il un territoire appartenant à un personnage nommé Daulfus ?

Cauvin se contente de traduire ces deux mots par Champ Daulfe, sans s'occuper de la position de ce champ (2). L'abbé Voisin pense que Campus désigne ici un camp, et le latin barbare, dont se sert en cet endroit le rédacteur des *Actes*, semble autoriser une pareille interprétation.

Au reste, il existe encore dans les bois du Châtelier, près de la maison du garde, des traces bien conservées d'une station militaire. Quatre lignes de fossés larges et profonds entourent un carré long, dont la superficie n'est pas moindre

---

(1) Vastum, Gastum, Guastum, Wastum, voces ejusdem notionis et originis: Vastum destructionem significat. Vastum maxime dicitur de agris qui non excoluntur. Vastum, seu Wasturu, vel Vacta in silvis dicitur præterea illud quod planum est seu absque arboribus..... (Du Cange.)

(2) *Geographie ancienne du diocèse*, p. 100.

de quatre arpents. Malgré l'éboulement des terres, la hauteur des talus placés à l'intérieur est digne de remarque (1). A l'est et au midi, s'étend la plaine (les *Waota*, qui n'ont pas disparu entièrement). Vers le nord et en partie du côté de l'ouest, le terrain s'abaisse assez fortement. Rien ne s'oppose à ce que l'on reconnaisse dans ces talus et dans ces fossés les vestiges d'un camp, construit ou défendu par un chef du nom de Daulfus. A quelques pas, l'on voit une source, qui pouvait fournir aux soldats de l'eau excellente. D'ailleurs, le ruisseau de Saint-Sulpice n'était pas éloigné. Les chevaux et les autres animaux, nécessaires pour le service d'un camp, devaient y trouver abondamment de quoi s'abreuver.

Si cependant l'on admettait avec Cauvin qu'il s'agit d'un champ, c'est-à-dire d'un territoire, il n'en faudrait pas moins placer cette limite de Tresson à l'ouest des *Waota*. Il n'est pas possible de lui assigner une autre position, quand on serre le texte de près et que l'on examine à quel point la Via Saturniacensis traverse l'Etangsort pour se diriger vers la Hune.

L'abbé Voisin a fait du *Brialus Censurius* les broussailles de Sirin. Nous ne voyons pas bien comment Sirin viendrait de Censurius. Un brogilus ou brialus était un bois entouré de murs ou de haies, dans lequel on gardait le gibier, que l'on voulait abattre à coups de flèches ou d'épieux (2). Nous pensons que le *Brogilus*, surnommé *Censurius*, était à droite de la Veuve et occupait une partie importante du plateau occidental. Il devait dépendre de la villa de Challes et se composer de divers enclos séparés par des chemins. Au midi, la ligne, qui le séparait de Pruillé, passait près des lieux

(1) Les talus se présentent presque partout avec une hauteur de six pieds et les fossés ont une profondeur égale.

(2) Nemus, silva aut saltus, in quo ferarum venatio exercetur, maxime vero silva muris aut sepibus cincta..... Breil, breuil nostri dicunt..... *Consuetudo cenomanensis :* Breuil de forest, qui est a entendre buisson tel que convenablement les grosses bestes s'y puissent retirer. (Du Cange.)

nommés maintenant Pierrelée, la Vectière, Rideaux, les Morcines, etc.; à l'ouest, il s'approchait du Narais ; au nord, de la Hune. Vers l'est, il servait de limite à Tresson, depuis Corbion jusqu'aux environs de Volnay.

Deux des seigneuries, qui se sont partagé ce vaste espace, viennent par leurs noms appuyer notre conjecture : ce sont celles du Breil et du Vivier. Or, dans notre vieille langue, breil et vivier sont synonymes (1).

Quant au mot *Censurius*, indiquait-il que le breuil en question était soumis à un cens perçu par la cathédrale ? D'après Du Cange, censura, d'où pourrait venir censurius, représente la même idée que census dans la basse latinité.

Nous opposons au *Brialus Censurius* la limite, nommée *Domus Mere*, Maison de Mera. Mais, à notre avis, il ne s'agit point ici d'une maison. Si l'on tire une ligne qui de notre breuil, tel que nous l'avons placé, coupe presqu'à angle droit la voie romaine, on arrive au territoire de Maisoncelles. Le copiste du XIIIe siècle, auquel nous devons le *Pontifical*, n'aurait-il point lu *mere* là où il fallait lire *celle*? Maisoncelles, *Domus cellæ*, est de temps immémorial une des limites de Tresson. Sous l'épiscopat de saint Innocent, des solitaires avaient pu s'établir près des lieux où commence l'Etangsort et y bâtir une de ces celles ou petits monastères, qui s'élevèrent alors comme par enchantement. Les terres accordées à ces religieux auraient dans ce cas servi de borne à Tresson.

Enfin, la largeur de notre villa dans le sens contraire est déterminée, d'un côté par l'Etangsort, de l'autre par le *Campus Locogiacensis*. Nous regardons *Locogiacensis* comme une forme altérée : il faut lire *Loconacensis*, qui viendrait de *Loconacum*, Locquenay. Le *Campus Loconacensis* serait donc le territoire de Locquenay, situé au nord de la Hune.

L'abbé Voisin pense qu'il est encore ici question d'un

______

(1) Cf. Graffii *thesaur. ling. franc.*, voce brogil, traduit par vivarium.

camp et son idée peut être soutenue avec quelque raison. La voie romaine avait dû être flanquée de distance en distance de camps ou postes fortifiés. Celui de la Davilière, au nord de la villa de Savonnières, vit toujours dans le souvenir des gens du pays : le *Campus Daulfus* serait le Châtelier. Pourquoi une station militaire n'aurait-elle pas été établie près de la Hune, pour défendre le passage de ce ruisseau ? A Aigrefin, au Gué-de-l'Aune existaient sans doute d'autres postes, destinés également à la protection des convois entre Le Mans et Sougé.

Deux fermes, situées au midi et près de Saint-Mars, pourraient rappeler la situation du *Campus Loconacensis :* elles se nomment le Grand et le Petit-Yver. Il y avait chez les Romains des stations pour l'été, d'autres pour l'hiver : castra æstiva, castra hiberna. Le camp de Locquenay aurait-il servi d'abri aux soldats pendant la mauvaise saison ?

Les limites de Tresson fourniraient facilement matière à d'autres remarques. Nous nous contenterons, pour finir, de constater que cette villa et celle de Pruillé se touchant sur une ligne fort étendue, Lucé et Villaines n'existaient pas du temps de saint Domnole. Tout au plus pouvait-on voir sur les terres, qui dans la suite en dépendront, quelques petits centres agricoles, prædia, établis par les prêtres ou diacres chargés d'administrer le domaine de Pruillé.

§ III.

Au fondateur de Saint-Vincent succéda l'indigne Badégisile, ancien majordome de Chilpéric et de Frédégonde. Ce que le père de notre histoire raconte des crimes de ce barbare et de ceux de sa femme, la cruelle Magnatrude, inspire le plus profond dégoût (1). Ce couple infâme, digne de la cour de Soissons, opprima notre pays pendant six ans.

(1) V. Grégoire de Tours, *Hist. ecclésiast. des Francs.*

La chaire de saint Julien fut purifiée par un pontife dévoué, actif, plus puissant pour le bien que ne l'avait été pour le mal le favori de Chilpéric (586-623).

Au milieu de la première lutte des Neustriens et des Austrasiens, qui se termina par la mort de Brunehaut en 613, saint Bertrand fut constamment préoccupé du soin de protéger son église, d'en augmenter et améliorer les biens. Obligé trois fois d'abandonner son siège à l'approche des ennemis de Clotaire II, qu'il regardait comme le maître légitime du Maine, il s'appliquait sans relâche à réparer les maux de la guerre, dès que l'orage s'éloignait. Il sut trouver le temps et les moyens de faire de nouvelles fondations. Il bâtit Saint-Michel dans la cité, Saint-Germain sur la rive droite de la Sarthe, Saint-Martin de Pontlieue. Mais sa plus belle création fut celle de l'abbaye de la Couture.

Dans son testament, que l'on regarde avec raison comme l'un des documents les plus importants du VIIe siècle, il combla de biens cette dernière maison, où il voulait que son corps fût enterré. La cathédrale eut aussi une très-grande part à ses libéralités. On est confondu en voyant le nombre et l'importance des domaines dont il disposa. Les uns étaient dans le diocèse, les autres dans le Poitou, dans le Bordelais, dans le Languedoc, en Bourgogne, aux environs de Paris, etc.

Le testateur explique lui-même d'où lui viennent tant de richesses. Mais il n'a pas toujours indiqué clairement la position des propriétés qu'il léguait. Cette omission a rendu impossible la traduction d'un certain nombre de noms, et les écrivains, qui se sont attachés à expliquer les autres, n'ont pu éviter de commettre quelques erreurs.

Ainsi Cauvin, voyant que Brea figurait deux fois parmi les biens laissés à Sainte-Marie, c'est-à-dire, à la cathédrale, a cru qu'il s'agissait de deux villæ portant le même nom. Il a fait de la première Brives-sur-l'Etangsort, et de la seconde, Brée-sur-la-Jouanne (1).

Mais il n'est pas possible d'admettre que Brives soit la même chose que Brea. Brives veut dire ponts, Brea était une villa.

Le *Campus Daulfus* a sans doute été le point de départ d'une pareille confusion. Saint Bertrand déclarant qu'un domaine, nommé Brea, lui avait été donné par Daulfus, le vénérable géographe a pensé immédiatement au Daulfus, dont il est question dans le testament de saint Domnole, comme si le nom de Daulfus n'avait dû appartenir qu'à un seul personnage, et il a cherché du côté de Tresson la place de Brea. De cette idée à celle d'une certaine ressemblance entre les deux mots Brivæ et Brea, le chemin n'était pas long. Brivæ et Brea furent donc regardés comme désignant le même lieu. Cauvin ne s'était pas aperçu que de deux ponts il avait fait une villa.

Chose encore plus singulière, il s'est demandé, dans un autre article, si Brives ne serait point le Buccus légué par saint Domnole aux moines de Saint-Vincent, de sorte qu'on lit sur la même ligne, comme pouvant avoir une signification identique : Brivæ, Buccus, Brea (2).

Cauvin n'a pas été plus heureux pour deux autres villæ, données par saint Bertrand à l'abbaye de la Couture. Il traduit encore Ludna par Saint-Georges-du-Bois, près du

---

(1) *Géographie ancienne du diocèse,* p. 71.

(2) *Ibidem,* p. 76.

Existait-il même deux villæ, nommées Brea? Nous ne le pensons pas. Si l'on rapproche les deux passages du testament, on peut constater que le second sert tout simplement à compléter le premier. Saint Bertrand parle d'abord de la villa, qui lui avait été donnée par Daulfus, et que cependant il avait été obligé d'acheter, « quem mihi Daulfus per donationis titulum contulit et ego postea mihi comparavi » ; puis, il mentionne d'autres terres voisines, qu'il avait jointes à son acquisition précédente pour arrondir le domaine et le constituer tel qu'il était au moment où fut dicté le testament, « velut quæque subjunxi, velut ipsam villam cum omni integritate, sicut a me præsenti tempore possidetur ». Mais il ne dit pas comment s'appelle le

Mans, et il pense que Sabonarense est le même lieu que Sabonariæ.

Ludna ou Ludina ne désigne même pas notre Loudon. L'abbé Voisin et dom Piolin placent ce domaine du côté de Bordeaux avec les villæ comprises dans la même phrase, et leur opinion semble très-rationnelle, car le Ludna, traversé par la Via Saturniacensis, appartenait alors à un laïque.

Quant au Sabonarense, dom Piolin a jugé que c'était Sabonères, pays situé dans le diocèse de Toulouse. Saint Bertrand y avait fait planter de la vigne. Le sentiment du docte bénédictin est parfaitement en rapport avec l'idée que le pontife nous donne de ses nombreuses possessions, disséminées sur tant de points du royaume de Clotaire II. D'ailleurs, la villa du Labricin, nommée Savonnières, paraîtra bientôt comme la propriété de la cathédrale.

Enfin le testament fait mention d'un Luciacus, qui ne peut être Lucé-sur-la-Veuve. Cauvin lui-même est d'avis qu'il s'agit de Lucé-sous-Ballon.

§ IV.

Le mouvement religieux du VIe siècle, arrêté un instant par Badégisile, avait donc repris sa marche sous saint Bertrand avec une force extraordinaire. Il continue encore pendant près de cent ans et se manifeste par de nouvelles fondations et par des dons généreux.

Saint Hadouin (623-654) reçoit d'un riche seigneur, nommé Alanus, douze villæ ainsi que plusieurs autres pro-

vendeur. Ce n'est que plus loin, vers la fin, que revenant sur la villa Brea, comme il l'a fait pour d'autres domaines, il donne le nom du personnage avec lequel il avait traité. C'était Theudoaldus, probablement un parent du donateur Daulfus, qui, après avoir attaqué les dispositions de ce dernier, avait fini par céder tout l'héritage à l'évêque, moyennant une somme d'argent. Quant à la position de la villa, elle est toute trouvée. Brée-sur-la-Jouanne répond parfaitement au Brea du testament.

priétés d'une moindre importance. Loudon était au nombre de ces villæ. Il faut lire l'histoire touchante d'Alanus : elle révèle en partie les mœurs et les idées de l'époque.

Le même évêque fonde l'abbaye d'Evron, aide saint Longis à bâtir le monastère de la Boisselière, près de Mamers, et donne de grands biens à ces nouveaux sanctuaires. Celui de la Boisselière obtient, entre autres possessions, la dixième partie de Loudon (1).

Après saint Béraire, qui construit l'abbaye de Tuffé, grâce aux libéralités d'une pieuse veuve, nommée Lopa, et prépare au Mans un lieu digne de recevoir le corps de sainte Scholastique, vient le vénérable Aiglibert (670-705).

On était au temps d'Ebroïn : la lutte entre les Neustriens et les Austrasiens avait recommencé sous les Maires du palais avec une fureur, qui couvrait de sang et de ruines une grande partie des royaumes francs.

Des hommes avides, profitant des troubles, envahissent sur plusieurs points les biens de notre Eglise. Quelques-uns s'emparent du monastère de Saint-Georges-des-Bois et des biens de cette communauté. Aiglibert défend avec vigueur l'antique fondation de saint Innocent. Il obtient du roi Thierry un diplôme, qui lui permet d'évincer les usurpateurs : puis il reconstruit les bâtiments sur un plus vaste plan et les soixante religieux, qu'il y établit, sont soumis à la règle de saint Benoît.

L'abbaye de Saint-Calais a part aux bienfaits du même pontife. Saint Siviard la gouvernait et construisait une nouvelle église en l'honneur de saint Pierre. Aiglibert, pour l'aider, lui donne deux villæ dépendant de la cathédrale, Lantionum et Savonnières (2).

(1) Dedit ei Domnus Hadoindus..... totam decimam partem villæ suæ sedis ecclesiæ, cujus vocabulum est Lucdunum (*Gesta Pontif. Cenom.*).

(2) Hic autem Domno Siviardo abbati suo construere præcepit et fabricare, exornare atque consummari adjuvavit in monasterio Sancti Carilefi ecclesiam in honore S. Petri, ad quam et tradidit ex rebus suæ sedis ecclesiæ S. Mariæ et S. Gervasii villulas duas, id est, Lantionum et Savonerolas... (*Ibidem.*)

C'est à saint Siviard que l'on doit la belle Vie de Carileph. L'illustre abbé fonde un petit monastère sur le domaine de Savonnières et y meurt vers l'an 681 (1).

On a conservé aussi un règlement d'Aiglibert, par lequel les religieuses de Sainte-Marie devaient jouir de toutes les dîmes de Tresson, de Loudon et de quelques autres domaines ecclésiastiques (2).

Béraire II ne fait que passer (705-710).

Le bienheureux Herlemond, qui le remplace (710-724), établit le monastère de Saint-Ouen à l'orient de la cité, près des remparts, et l'une des terres, dont il le dote, porte le nom de Pruillé (3). Mais on ne peut guères savoir s'il est question ici de Pruillé-le-Chétif ou de Pruillé-l'Eguillé. Cauvin se prononce pour le premier : il aurait dû dire pourquoi. Au reste, il se trompe en appliquant au Pruillé de la Quinte le surnom de Gaudin. Des textes formels, que nous produirons, quand le moment sera venu de parler plus longuement de notre Pruillé, montrent que Proliacus Gaudini et Proliacus super Viduam sont un seul et même lieu.

(1) *Acta Sanctorum,* ad diem 1 martii, *Vita S. Siviardi, abbatis.*

(2) In Dei nomine Aiglibertus episcopus in Christo sanctæ ecclesiæ filiis omnibus agentibus vel missis discurrentibus de villis sanctæ ecclesiæ de Media Quinta, Tritio.... Lucduno.... cognoscatis quod nos concessimus monasterio S. Mariæ, ubi Deo sacrata Ada abbatissa præesse videtur, omnes decimas de suprascriptis villis, tam de annonis quam agrario, vinum, fenum, omnium pecudum, seu furmatico, vel undequaque decimas redebetur, totum et ad integrum ad ipso monasterio censemus et jubemus ut absque ulla dilatione ad missos ipsius dare faciatis, et, ut diximus, ipsam decimam omni tempore ipsi monasterio habeat concessam, et ut certius credatis, manu nostra subter firmavimus... *(Gesta Pontif. Cenom.)*

(3) Ideo nos pro Dei intuitu pertractantes una cum consensu confratrum vel concivium nostrorum seu et fidelium laïcorum, convenit nobis ut vico aliquo qui vocatur Artini super alveum Liddo constructum et villa nuncupante Proliaco seu et Pensire in pago cenomanico..... ad sacrum prædictum oratorium plena gratia concedere deberemus..... *(Ibidem.)*

CHAPITRE III.

PÉRIODE CARLOVINGIENNE.

§ I.

La mort d'Herlemond coïncidait avec les débuts de la puissance de Charles-Martel. Ce prince des Francs austrasiens, qui guerroyait sans cesse, au nord ou au midi, pour replacer sous le joug les peuples soumis autrefois à Dagobert Ier, n'avait pas de domaines à distribuer aux leudes. C'était cependant le seul moyen de retenir près de lui ces compagnons farouches et avides. Comme ils menaçaient de s'en aller, il adopta un parti, qui devait opérer une véritable révolution dans l'état social de l'époque. Il laissa prendre à ses guerriers ou il leur livra lui-même les biens de l'Eglise et par cette mesure inique se forma toute une classe nouvelle de propriétaires aux dépens des évêchés et des monastères.

Dans le Maine, le désordre fut au comble. On vit un homme ambitieux et hardi, nommé Rotger, s'emparer du pouvoir, usurper le titre de comte, prolonger la vacance du siège épiscopal, faire main-basse sur les biens ecclésiastiques et les donner à titre de bénéfices à ceux qui l'avaient soutenu dans son entreprise.

Deux de ses fils le secondèrent avec ardeur : ils s'appelaient Karivius et Gauziolène. Le second parvint même, contre toutes les règles, à se faire sacrer évêque vers le temps où Charles-Martel écrasait les Arabes près de Poitiers. Loin de défendre les intérêts, que sa nouvelle charge eût dû lui rendre si chers, il aida son père et son frère à rendre presque complète la ruine de la cathédrale et celle des communautés religieuses. Sa vie est une suite d'actions honteuses ou criminelles, sur lesquelles les *Actes* jettent un voile par respect pour la bienséance.

Le trait suivant suffirait seul pour rendre sa mémoire odieuse.

Charles-Martel était mort. Pépin, voulant tout à la fois ménager les nouveaux possesseurs, dont il avait besoin, et donner à l'Eglise des marques de déférence, avait dépossédé Gauziolène et mis à sa place Herlemond II. Gauziolène, soumis en apparence, laisse le nouvel évêque administrer le diocèse pendant près de neuf ans ; puis, il l'invite à un festin, lui fait crever les yeux et remonte sur le siège de saint Julien (1). L'appui de ses partisans paraît même si redoutable au roi, que celui-ci se contente d'appliquer au prélat criminel la peine du talion et de lui adjoindre un chorévêque !

Dans la suite, Charlemagne, guidé également par la raison d'Etat, se montra aussi indulgent que son père. Gauziolène ne mourut qu'en 770. Lors de son intrusion, l'indigne pontife avait trouvé trente-six abbayes, déjà frappées par les mesures de Rotger, mais conservant encore une certaine force. A sa mort, ces mêmes établissements étaient déserts ou à peu près : il les avait livrés à des laïques, après en avoir chassé et ruiné les habitants (2).

On se figure facilement ce qu'étaient devenues nos villæ sous le régime inauguré par Rotger.

Tresson seul paraît dans les documents qui nous restent de cette époque troublée.

(1) Gauziolenus quadam die Domnum Herlemundum ad epulandum in suam domum invitans, ipsum suosque qui cum eo venerant inebriari studens, machinari certavit quod ibi Domnus Herlemundus a suis suisque conductis cæcatus esset, et ita machinando injuste et per malum ingenium ejus ibi eruti sunt oculi. *(Gesta Pontif. Cenom.)*

(2) Triginta et sex monasteriola in ipso episcopatu erant, quando Gauziolenus episcopatum tyrannica potestate adsumpsit, in quibus monachi sub regula degentes sancte et regulariter vivebant. Sed quando ipse defunctus est, quod pudet dicere, pauci et quasi nulli in his monachi remanserunt, quoniam ille eos indesinenter ejicere studuit et laïcis et secularibus hominibus ipsas cellulas beneficiario jure possidendas tradidit... *(Ibidem.)*

3

Depuis que les religieux de Saint-Vincent du Mans avaient pris possession de ce vaste domaine, ils l'avaient, pour ainsi dire, transformé. L'ancienne habitation, où demeurait autrefois Habundantius, n'avait pu leur suffire, le nombre des tenures s'étant rapidement augmenté, grâce à l'humanité avec laquelle ils traitaient leurs colons. Ils avaient dû, au bout d'un certain temps, bâtir sur divers points des granges ou celles, plus rapprochées des nouveaux habitants ; puis, à côté de chacune de ces granges, un manoir pour loger quelques moines sous la conduite d'un prieur, et un modeste oratoire pour célébrer le service divin.

C'est du moins de cette manière que procédaient ces admirables colonisateurs sur toutes les terres qui leur appartenaient, et nous ne voyons pas pourquoi ils auraient agi autrement à Tresson. Ainsi s'expliquerait tout naturellement la création, près de l'Etangsort et de la Veuve, de quelques prieurés, qui devaient servir de noyau à des paroisses. L'un de ces prieurés avait été établi sur la rive droite de l'Etangsort, à peu de distance de Brives. Il sera dans la suite appelé Curia Domini, Courdemanche, sans doute à cause des événements que nous allons raconter. Les autres occupaient très-probablement les lieux où se formeront plus tard les bourgs de Saint-Pierre, de Saint-Vincent et de Montreuil. Quant à la demeure primitive des religieux, qui avait été comme la ruche d'où s'échappent les essaims, elle sera également le centre d'une paroisse et gardera le nom antique de Tresson.

Du temps de Gauziolène, notre villa ainsi organisée tomba au pouvoir de Karivius.

Les moines furent chassés de leurs prieurés. Dans ces maisons, si paisibles autrefois, l'on n'entendit plus que les voix rudes et menaçantes des guerriers que le nouveau maître y avait placés. Les colons gémirent sous un joug auquel ils n'étaient pas accoutumés.

Karivius affectionnait surtout le manoir bâti près de Brives,

Il venait souvent s'y installer et terrifiait les habitants du voisinage par des crimes nombreux. Il avait fait périr par le fer ou par le poison des hommes puissants qui l'entravaient dans ses entreprises. Peut-être s'était-il ainsi emparé des villæ de Pruillé et de Challes, envahies d'abord par d'autres laïques.

La vengeance ne pouvait manquer d'éclater tôt ou tard. Un soir, comme il revenait de la chasse et regagnait sa maison de campagne, il fut attendu et tué par le fils d'une de ses victimes dans le lieu même où le père avait été assassiné.

L'histoire ajoute que le théâtre de ce tragique événement fut le *Campus Daulfus* (1).

Une pareille fin produisit sans doute dans tout le pays une émotion profonde. Karivius, en effet, était sinon le premier, du moins le second personnage du diocèse.

D'un autre côté, en raison même de sa position élevée, il devait être entouré, non seulement au Mans, mais encore à la campagne, d'une foule de serviteurs et de fidèles. Aussi, il est difficile de se représenter le chef militaire du Maine, revenant le soir, comme un simple chasseur, tout seul, à pied, harassé, sifflant ses chiens et tombant tout à coup, frappé par un ennemi qui l'avait attendu au coin d'un bois ou dans un chemin creux. Celui, qui avait tenu Pépin lui-même en échec sous les murs du Mans, ne pouvait chasser que princièrement. Dans ce cas, l'opinion de l'abbé Voisin sur la nature du *Campus Daulfus* prêterait singulièrement à une mise en scène bien plus en rapport avec le rang et la puissance de Karivius. On ne blesserait nullement la vraisemblance en supposant, par exemple, que le frère de Gauziolène avait organisé une chasse magnifique dans le *Brogilus Censurius*. Après avoir avec ses compagnons de plaisir abattu nombre de grosses pièces, il aurait chevauché

(1) In Campo Daulfo, ubi Tritio usque Privas defluit in Viduam.... (Le Corvaisier, *Histoire des Evesques du Mans.*)

à leur tête vers le camp de Daulfus, qu'il croyait gardé par ses hommes et d'où il faisait trembler toute la région voisine. Il devait s'y reposer un instant, donner ses ordres, puis gagner sa maison de l'Etangsort, et là fêter largement les exploits de la journée. Mais en entrant dans le camp, il n'aurait rencontré que des conjurés, dont le chef l'aurait étendu à ses pieds pour venger un père assassiné à la même place (1).

§ II.

Les évêques, successeurs de Gauziolène, avaient une rude tâche à remplir. Il s'agissait, pour eux, de réparer, autant que possible, les pertes immenses que l'Eglise du Mans venait d'essuyer.

Hodingue, effrayé des difficultés, auxquelles il se heurta dès son arrivée, partit au bout de deux ans.

Le chorévêque Mérole, mis à sa place, montra plus de résolution et de patience (772-785). Il trouva d'ailleurs dans Charlemagne un protecteur animé des meilleures intentions.

Ce prince avait déjà, lors de son avénement, fait rendre à la cathédrale un certain nombre de domaines, dont sept sont désignés spécialement dans les *Actes*. De plus, il avait réglé, conformément aux prescriptions du concile de Lestines, tenu en 743, que ceux de ses leudes, qui possé-

---

(1) Dom Piolin, s'appuyant sur les mots « Ubi Tritio usque Brivas defluit in Viduam », est d'avis, comme Pesche, que le *Campus Daulfus* se trouvait au confluent de la Veuve et de l'Etangsort. Nous ne reviendrons pas sur ce que nous avons dit de cette fameuse limite de Tresson. Au reste l'auteur, cité par Le Corvaisier, s'est exprimé de telle sorte que l'on peut donner à sa phrase un tout autre sens. Selon nous, il a simplement voulu dire que le lieu, où s'était accompli le meurtre de Karivius, était voisin du ruisseau, nommé Tritio, qui va se jeter dans la Veuve à Brives.

Nous ne voyons pas, en outre, ce qui autorise dom Piolin à affirmer que le domaine, appelé Curia Domini, appartenait depuis longtemps à la cathédrale, lorsque Karivius s'en empara : c'était une propriété de l'abbaye de Saint-Vincent, faisant partie de la villa de Tresson.

daient des biens de l'Eglise, pourraient les garder pendant leur vie à titre de bénéfices, en payant à la cathédrale les nones, c'est-à-dire, la neuvième partie du revenu de ces biens et en contribuant à l'entretien ainsi qu'à la restauration des édifices religieux. Ils devaient aussi s'acquitter de la dîme, devenue obligatoire pour les hommes libres.

De passage au Mans vers 776, Charlemagne soutint les efforts de Mérole pour mettre le clergé à l'abri des plus pressants besoins. Les bénéficiers ecclésiastiques furent tenus de faire renouveler leurs titres par l'évêque et de s'engager à servir un cens, outre les nones et la dîme. Les actes contenant de pareilles conditions s'appelaient précaires, precariæ (1).

Quelques détenteurs étant morts, d'autres n'ayant pas rempli les obligations auxquelles ils s'étaient soumis, leurs bénéfices furent rendus à la cathédrale par ordre du roi. Sept abbayes furent aussi reconnues comme propriétés de l'Eglise du Mans, qui put en disposer. Saint-Vincent et Saint-Ouen figurent parmi ces anciennes fondations ; mais il n'est pas question de leurs dépendances.

Mérole consacra le reste de sa vie à consolider et à étendre des conquêtes si nécessaires. Le clergé ne fut plus exposé à périr de faim et les sanctuaires restitués commencèrent à se repeupler de religieux.

Parmi les actes réparateurs du pontife, il en est un qui

(1) Domnus Carolus regnum suum circumiens usque ad Cenomanicam urbem pervenit, ecclesiam S. Mariæ et SS. Gervasii et Protasii oppido destructam reperiens, et clerum ac populum desolatum et contristatum propter hoc sive propter eorum indigentiam inveniens, cœpit cogitare qualiter hoc citissime emendatum fieret. Tunc ergo præcepit ut omnes, qui res S. Mariæ et S. Gervasii ejus ex largitione habebant per precarias ipsius urbis episcopi, atque successores eorum easdem res sub censu haberent et census ex eis ad jam dictam matrem ecclesiam persolverent. et quando de hoc sæculo migrarent, ipsas res episcopus ejusdem civitatis, vel clerus, absque ullius contradictione vel judicis consignatione reciperent, et ad eorum stipendiis et luminaribus ac restaurationibus ecclesiæ emendandum et restaurandum revocarent..... (*Gesta Pontif. Genom.*)

concerne Savonnières. Les moines de Saint-Calais comptaient parmi leurs pertes celle de ce domaine. Ils le regrettaient d'autant plus que les restes de saint Siviard y reposaient. Mérole leur rendit la villa et le petit monastère, qui avaient été envahis par Gauziolène et les moines donnèrent en échange deux de leurs terres, Courcebœufs et Mont-Trentin (1).

Après l'évêque Joseph, justement puni pour des crimes honteux qui, du moins, n'avaient pas compromis la fortune renaissante de l'Eglise, Francon-le-Vieux continue les travaux du bienheureux Mérole (794-816). Il obtient de Charlemagne deux diplômes célèbres, l'un de 796, l'autre de 802.

Il s'agit toujours d'assurer à la cathédrale la propriété d'un certain nombre de ses anciens domaines, dont les détenteurs voulaient jouir sans être astreints au paiement des nones, du cens et de la dîme.

Le premier ne renferme aucun détail sur nos villæ, ni sur celles des environs. Il paraît que les laïques, qui les tenaient à titre de bénéfices, s'acquittaient de leurs obligations.

Le second, au contraire, nous intéresse particulièrement. Six ans s'étaient écoulés. De nouvelles tentatives avaient été faites pour éluder les ordres du souverain. L'évêque manquait de ressources pour la restauration des édifices et pour l'entretien de ses clercs. Charlemagne, ému d'une pareille situation, reconnut les droits de l'Eglise-mère sur vingt autres abbayes ou monastères. Leurs détenteurs devaient se soumettre aux règlements précédents. L'abbaye de Saint-Georges-des-Bois fait partie de la liste. Vient ensuite une longue énumération de vici et de villæ, dont la cathédrale était déclarée également propriétaire. Les leudes, qui en percevaient les fruits, étaient menacés de perdre ces bénéfices, s'ils ne payaient pas chaque année régulièrement les redevances stipulées. Parmi ces domaines étaient ceux

(1) *Amplissima collectio,* I, 36.

de Loudon et de Challes. Le diplôme contient aussi les noms de quelques localités voisines : Bouloire, Connerré, Pont-de-Gennes, Ecommoy, Outillé (1).

(1) In nomine Patris et Filii et Spiritus Sancti, Carolus, serenissimus Augustus, à Deo coronatus, magnus et pacificus imperator..... Notum esse volumus quia...... sacerdotes et canonici clerici S. Gervasii..... cum consensu et licentia..... Pontificis Franconis..... in nostram advenerunt præsentiam et conquesti sunt quod nonas et decimas sive census, undè necessarios sumptus habere debeant, fideles nostri qui res S. Gervasii beneficiario munere possidebant, aut negligenter persolverent, aut penitus reddere differrent, petieruntque ac suppliciter deprecati sunt ut nostra imperialis potestas efficeret qualiter de iisdem rebus decimæ et nonæ partibus prædictæ ecclesiæ pleniter ac absque ulla dilatione persolverentur, et ædificia ejusdem ecclesiæ sive domus episcopalis et fratrum..... refacta et restaurata fierent. Insuper humiliter flagitantes postulaverunt ut villarum nomina.. .. in præcepto nominatim adscribi præcepissemus ne aliquo malo ingenio aut qualibet calliditate aut potentia alicujus divitis hæ villæ vel hæ res a jure ecclesiæ alienatæ futuris fierent temporibus...... Quorum deprecationes..... libenter audivimus..... et monasteriola vel cellulas seu vicos vel villas quas nostra largitione et jure præfixæ ecclesiæ nostri fideles habere dinoscuntur, nominatim in hoc præcepto inscribere jussimus....... id est, monasterium S. Petri..... et monasterium S. Georgii..... De vicis vero publicis vel villulis jam dictæ ecclesiæ quas fideles nostri nostra largitione habent, omnino præcipimus ut nonæ et decimæ ab eisdem fidelibus libenter et pleniter persolvantur..... id est..... de villa Lucdono..... et Bonlir..... de Conedralio et de Geneda..... et Calla..... et Scomiaco...... et Hostiliaco..... Data in mense aprilis, VIII kalend. maii, anno II Christo propitio gloriosi imperii nostri et XXXIV regni nostri in Francia. (*Gesta Pontif. Cenom.*)

Parmi les villæ se trouvent encore Luciacus et Withlena. Cauvin traduit Luciacus par le Grand-Lucé. Il faut observer que Luciacus est joint à Monte, de Luciaco et Monte. Déjà, dans le testament de saint Bertrand, l'on voit réunis Luciniaco et Monte. Il s'agit sans doute des mêmes localités, malgré une légère variante. Dom Piolin n'a pas remarqué cette ressemblance. Après avoir traduit, d'accord avec l'abbé Voisin, les mots Luciniaco et Monte du testament par Lugny et Montmain, il fait ici de Luciacus Lucé ; quant à Monte, il n'en parle pas. Nous nous en tenons à sa première interprétation. Ainsi, Lugny et Montmain (Eure-et-Loir), donnés par saint Bertrand et détenus sous l'évêque Francon par des leudes, sont reconnus comme propriétés de l'Eglise du Mans. Notre Lucé doit encore être mis hors de cause, Villaines-sous-Lucé également. Withlena étant placé immédiatement après Tredento, Trans, ne serait-il point Villaine-la-Juhel, qui n'est pas éloigné du bourg de Trans ?

§ III.

A Francon-le-Jeune (816-832), dont les Actes louent la piété, mais qui ne paraît pas avoir poursuivi avec ardeur la restauration temporelle de son Eglise, succéda saint Aldric, l'un de nos plus grands évêques.

Dans l'espace de huit ans et malgré de longues absences, il construit un aqueduc, un cloître pour les chanoines et dans ce cloître une belle église en l'honneur de saint Etienne ; il rebâtit presque complètement la cathédrale et la décore magnifiquement, relève le monastère de Sainte-Marie situé entre les murs de la ville et la rivière, reconstruit l'abbaye et l'église de Saint-Vincent, fonde trois monastères, l'un dans la forêt voisine au nord de la cité, l'autre à Teloché, le troisième dans la condita de Connerré ; il crée aussi sept hospices, dont deux subsisteront longtemps.

Les biens de l'Eglise l'occupent sans cesse. Il les améliore, bâtit à neuf ou refait cent quatre-vingt-deux mansionilia ou demeures de colons avec les dépendances nécessaires à des exploitations agricoles, élève de nombreux troupeaux de chevaux, de bœufs, de vaches, de porcs, de moutons et de chèvres. D'un autre côté sa sollicitude pour la splendeur du culte n'a pas de bornes, comme le témoignent les règlements que ses disciples nous ont transmis. Il défend avec la plus grande activité les droits de la cathédrale. Ami et confesseur de Louis-le-Débonnaire, il sait mettre à profit ces deux titres pour obtenir de son souverain une protection constante et des diplômes , dont quelques-uns ne nous sont pas étrangers (1).

(1) Des contemporains de saint Aldric ont écrit sa vie sous le titre de *Gesta Aldrici*. Une copie de cette vie, remontant au XIe siècle, est conservée à la bibliothèque du Mans sous le n° 99. Baluze en a inséré la plus grande partie dans le troisième volume de ses *Miscellanea*, p. 1-179. C'est de l'édition in-8° des *Miscellanea* que nous nous servirons pour les citations et pour les renvois qui vont suivre.

Ainsi, dès son arrivée au Mans, il fait déclarer par l'empereur, qui était venu passer près de lui les fêtes de Noël, que l'abbaye de Saint-Vincent dépendait, non du fisc, comme le voulaient quelques officiers, mais de l'Eglise-mère. Il avait pu heureusement retrouver une copie authentique du testament de saint Domnole, et les auteurs de sa Vie ayant inséré cette pièce dans leur travail, sans faire d'allusion à une diminution quelconque des biens donnés en 572, nous sommes autorisé à conclure d'une pareille production que les limites de Tresson n'avaient subi aucun changement depuis la mort du donateur. Pruillé touchait donc toujours Tresson.

Le diplôme relatif à Saint-Vincent concernait également le monastère de Saint-Ouen. Il est daté du quatre des calendes de janvier, la dix-huitième année du règne de Louis (1).

Quelques jours après, le six des ides de janvier, Aldric en obtient un autre, qui assurait à la cathédrale la propriété et la jouissance de Neuville (Nova-villa), du breuil voisin (Brogilus Casalis) et d'autres domaines assez nombreux. L'empereur avait donné ces terres en bénéfice à Herembertus, l'un de ses fidèles, croyant qu'elles appartenaient au fisc (2). C'est dans le Brogilus Casalis que le Pontife bâtit son premier monastère et le dédia au Sauveur. Des restes de l'antique monument existent encore : ils forment la partie la plus curieuse de l'église actuelle de Saint-Pavace (3).

(1) *Gesta Aldrici*, p. 22, 23.

(2) *Ibidem*, p. 24, 25.

(3) Saint Aldric dota richement son monastère du Sauveur (V. *Ibidem*, p. 74, 75). Parmi les villæ qu'il lui donna, l'on compte celle de Lucé, « villam Luciacum cum omni integritate ». Cauvin et dom Piolin sont d'avis qu'il est encore question ici du Grand-Lucé, mais ils ne donnent pas de preuve à l'appui de leur sentiment. Nous venons de montrer, à propos de l'affaire de Saint-Vincent, qu'il n'était pas possible de croire à l'existence de notre Lucé en 832. Ne pourrait-on pas regarder le Luciacus, dont il s'agit, comme désignant le domaine, où fut bâtie plus tard l'abbaye de Beaulieu près du Mans ? Primitivement, cette abbaye s'est appelée Notre-Dame de Luceau ou de Lucé.

L'année suivante, Louis se trouvant au Mans, à son retour d'Aquitaine, accueille avec bonté une nouvelle demande de notre évêque. Les détenteurs des biens ecclésiastiques méprisaient les conventions établies du temps de Charlemagne. C'était le résultat naturel des tristes événements dont souffrait l'empire, depuis le partage entrepris par un père aveugle en faveur de Charles, son dernier fils. L'autorité impériale était fortement menacée, mais elle faisait encore illusion jusqu'à un certain point. Le prince, qui devait être déposé pour la seconde fois dès le mois d'octobre suivant, confirme par une déclaration solennelle le diplôme accordé à Francon-le-Vieux en 802. Il emploie les mêmes termes pour rappeler les doléances du pontife et de ses prêtres ; il nomme les mêmes domaines et finit par les mêmes menaces contre ceux de ses fidèles qui ne tiendraient pas compte de ses ordres. Challes, Loudon et les lieux voisins, mentionnés par Charlemagne, reparaissent donc dans le diplôme de Louis-le-Pieux. La seule différence entre les deux pièces consiste dans l'énumération de vingt-trois nouveaux bénéfices, signalés par Aldric comme étant aux mains de leudes cupides et contempteurs des droits de la cathédrale. Parmi ces derniers bénéfices se trouvent ceux de Pruillé et de Tresson (1). Ainsi nos trois villæ appartenaient alors à des bénéficiers laïques, dont les efforts tendaient à rompre définitivement les faibles liens qui les attachaient encore à l'Eglise-mère sous le rapport temporel.

La bonne volonté montrée par l'empereur et ses menaces elles-mêmes ne pouvaient pas toujours arrêter la rapacité des leudes. De son côté, l'évêque faisait preuve d'une vigilance infatigable : il ne perdait aucune occasion d'obtenir justice. Etant un jour à Poitiers près de Louis, il lui apprend que son Eglise a été victime de nouvelles attaques et il reçoit un diplôme conforme à ses désirs, daté des calendes de

(1) *Gesta Aldrici*, p. 27-32.

mars 837. Après avoir dans ce diplôme rappelé et confirmé encore une fois les actes de son glorieux père en faveur de l'Eglise du Mans, ceux notamment de 796 et de 802, l'empereur revient d'une manière particulière sur cinq villæ, qu'il avait fait restituer à la cathédrale. Ces villæ étaient : Lugdunus, Callisamen, Tridens, Bonalla et Baladon. Il ordonne aux juges publics et à ses fidèles de les respecter et de n'y rien entreprendre contre les droits de l'évêque (1).

On voit, en effet, quelques pages plus loin, dans les *Gesta Aldrici*, un leude puissant, nommé Banzlegbus, qui est décoré du titre de comte et chargé de commander sur les marches du Sonnois, céder à la cathédrale la villa de Loudon. Cette cession paraît volontaire, grâce peut-être aux formules officielles qui l'accompagnent. Elle est approuvée et notifiée par l'empereur dans un diplôme signé au palais d'Aix-la-Chapelle, le XI des calendes d'avril 839. La date est sans doute altérée, à moins que l'acte n'ait été soumis à la signature du prince que longtemps après la restitution déclarée à Poitiers en 837 (2).

Challes, rendu à la même époque, avait été donné en bénéfice à un autre comte, Agbertus, qui remplissait près de Louis les fonctions d'Ostiarius et de Consiliarius. On lit dans les *Gesta Aldrici* l'acte, nommé précaire (3), par lequel

(1) Præcipientes igitur jubemus ut nullus judex publicus..... nec aliquis ex fidelibus nostris in dictis villis..... ad causas audiendas vel inferendas et requirendas aut tributa vel freda exigenda aut mansiones vel paratas faciendas, aut teloneum exigendum, nec fide jussores tollendos aut homines ipsius ecclesiæ tam ingenuos quam servos qui super terram ejusdem residere videntur injuste distringendos... ... ullo unquam tempore ingredi audeant.... (*Gesta Aldrici,* p. 38-43.)

(2) *Ibidem*, p. 103-105.

(3) Precaria de villa Callisamen quam fecit Aldricus Agberto vasso dominico tempore Hludovici piissimi Augusti.

Domno sancto ac venerabili clero basilicæ S. Mariæ semper virginis sanctorumque martyrum Gervasii et Prothasii, quæ est constructa infrà muros Cenomanis civitatis, quam Aldricus episcopus in dominatione et regimine habere videtur, ejusque congregationi ex ipsa consistenti, ego enim in Dei nomine Agbertus, dum et mea fuit petitio et vestra decrevit

Agbertus s'était engagé à payer chaque année, le jour de la saint Martin d'hiver, à l'église de S. Gervais vingt-cinq sous d'argent, plus les .nones et la dîme de tous les fruits de sa terre. Suit le diplôme (1) délivré à Poitiers et rédigé mot

voluntas, villam vestram de ratione ipsius basilicæ, cujus vocabulum est Callisamen, cum omni integritate nobis ad usandum tenere permisistis, in ea vero ratione ut dum ego advivo tenere et dominari debeam, et post meum Deo jubente discessum partibus S. Mariæ et S. Gervasii et S. Prothasii revertere faciatis, et convenit nobis ut annis singulis ad festivitatem S. Martini hibernaticam argenti solidos XXV transolvere debeam, aut decimam et nonam pleniter persolvam de omni reditu, et si negligens aut tardus exinde apparuero, fidem exinde facere debeam et ipsam villam perdere non debeam. Et ut hæ precariæ uno tenore conscripto omni tem‑pore firmæ ac stabiles permaneant, manu nostra et aliorum nobilium nostrorum subterfirmandas esse decrevimus. Actum Pictavis civitate, publice, anno XXVII imperii Domini Hludovici piissimi Augusti, IX kalendas februarii. S. Agberti, etc... (p. 170-171.)

(1) Exemplar præcepti Domini Hludovici piissimi imperatoris de villa Callisamen quod fecit.prædictus imperator cenomanicæ matri ecclesiæ et Aldrico ejusdem urbis episcopo.

In nomine Domini Dei et Salvatoris nostri Jesu Christi, Hludovicus divina repropitiante clementia imperator Augustus. Si fidelium nostrorum justas et rationabiles petitiones ac postulationes quas pro utilitate et exaltatione sanctæ Dei Ecclesiæ exposcunt, ad optatum effectum perducimus, non solum regiam atque imperialem consuetudinem in hoc exercemus, sed etiam eos nobis promptiores, ut credimus, atque devotiores facimus. Idcirco omnibus fidelibus sanctæ Dei Ecclesiæ et nostris præsentibus et futuris notum esse volumus quia Agbertus comes et ostiarius atque consiliarius noster nobis innotuit quod quamdam villam sitam in pago cenomanico, nomine Callisamen, de jure cenomanicæ matris ecclesiæ per nostrum beneficium possideret, de qua singulos annos nonas et decimas atque legitimos census partibus præfatæ matris ecclesiæ et ejusdem ecclesiæ rectoribus persolveret. Qua de re memoratus Agbertus pertractans casum fragilitatis humanæ et pavescens ultimum vocationis diem, timensque ne præfata villa aliquo cupiditatis suæ stimulo vel quolibet ingenio a jure præscriptæ matris ecclesiæ alienata fieret, ideoque divino fervens amore, adiit clementiam nostram suppliciter deprecans, ut memoratam villam cum omnibus ad se pertinentibus partibus prædictæ cenomanicæ sedis ecclesiæ et Aldrico ejusdem urbis venerabili episcopo præsentaliter nostra imperiali auctoritate redderemus, et hanc redditionem per nostrum præceptum futuris temporibus firmius eidem Ecclesiæ ejusque rectoribus possidendam confirmaremus. Cujus petitionem ob amorem Dei et reverentiam ejusdem sancti loci servorumque Dei inibi Domino famulantium libenter audivimus, et deprecationem ac pium desiderium ejus ad optatum effectum perducere

pour mot comme le précédent. Mais chacun de ces documents si curieux porte une date également altérée. Celle du diplôme est antérieure à l'autre, qui ne peut elle-même cadrer avec les déclarations de 837.

On doit juger, par ces détails, des nombreuses négociations entamées et suivies avec persévérance par le pontife, pour obtenir la restitution de quelques autres bénéfices ou le paiement des sommes et des denrées dues annuellement par les bénéficiers.

Mais on éprouve un véritable étonnement, quand on considère toutes les difficultés qu'il lui fallut surmonter, pour achever en si peu de temps les constructions de toute sorte,

dignum duximus. Quapropter per hoc nostræ auctoritatis præceptum statuentes decernimus atque jubemus, ut quemadmodum sæpedictus Agbertus, fidelis noster, memoratam villam cum omni integritate, sicut illa die qua sub jure nostræ potestatis erat, quando a largitione nostra ipsum beneficium accepisse constat, pro emolumento animæ nostræ et stabilitate imperii nostri memorato venerabili Aldrico episcopo ad partem præscriptæ suæ sedis Ecclesiæ præsentaliter reddidimus, ut in perpetuo in utilitates et usus ejusdem Ecclesiæ Deoque in ea deservientium permaneat. Idcirco suggerentibus atque humiliter postulantibus prædictis fidelibus nostris, memorato videlicet Aldrico venerabili episcopo et Agberto jam dicto, hoc nostræ confirmationis atque redditionis præceptum sæpedicto Aldrico vel ad partem jam dictæ urbis fieri jussimus, per quod decernimus atque jubemus ut nullus sub ditione imperii nostri degens ullo unquam tempore de prædicta villa vel de omnibus ad eam pertinentibus in quibuscumque pagis vel locis sæpedicto Aldrico suisque successoribus ullo unquam tempore inquietudinem facere aut quamlibet calumniam ingerere præsumat, sed liceat ei et successoribus ejus quieto ordine memoratam villam cum omnibus locis et territoriis sive mancipiis et cum omnibus ad se pertinentibus jure ecclesiastico tenere et possidere et quidquid pro opportunitate et commoditate præfatæ sedis Ecclesiæ exinde facere decreverint, liberam in omnibus habeant futuris temporibus potestatem faciendi. Et ut hæc nostræ redditionis auctoritas perpetuam obtineat firmitatem, manu propria subter eam firmavimus et de annulo nostro sigillari jussimus.

Signum Hludovici serenissimi imperatoris.

Maginarus notarius ad vicem Hugonis recognovi et subscripsi. Data XVI kal. decembris anno Christo propitio XXVI imperii Domini Hludovici piissimi Augusti, indictione secunda.

Actum Pictavis civitate publice in dei nomine feliciter. Amen. *(Gesta Aldrici, p. 171-173.*)

mentionnées plus haut. Les bâtiments, élevés sur tant de points divers à l'usage des colons et de leurs bestiaux, durent seuls lui coûter des soins infinis. Notre petite contrée ne fut pas oubliée. Cinq mansionilia furent construits sur le territoire de Tresson, un sur celui de Pruillé. Challes n'eut rien. Dans les environs, deux villæ eurent part aux travaux de l'évêque : Savonnières et Lhomme (1).

Le Saint nous donne aussi dans son testament la plus haute idée de son industrie et de sa charité. On serait tenté de citer ce document tout entier. Quelques mots seulement sur les dispositions qui nous regardent d'une manière spéciale.

Aldric ordonne de faire dix parts égales du vin, des grains, des légumes et des fourrages, qui se trouveront sur ses biens propres et sur ceux de l'évêché, puis d'en donner la quatrième aux moines de Saint-Calais, à ceux de Savonnières ainsi qu'au monastère d'Entramınes (2).

La cathédrale et le successeur d'Aldric devaient posséder les troupeaux de chevaux, de bœufs, de vaches, de porcs, de brebis et de chèvres formés sur sept domaines, au nombre desquels était Pruillé (3).

A l'abbaye de Saint-Calais et à la celle de Savonnières

(1) Fecit mansionilia..... in villa Tricionis quinque..... juxta Sabonarias unum, juxta Proliacum Latronum unum....... ad villam Hulduminum unum..... (*Gesta Aldrici,* p. 61-62.)

(2) De reliquo vino cuncto et de omnibus annonis diversi generis et leguminibus sive fœnis per diversa loca et in omnibus villis nostris nobisque commissis reconditis volumus atque præcipimus suppliciter que flagitamus ut decem partes fiant æqua lance divisas..... Quarta largiatur monachis qui sunt in monasterio S. Carilephi et ingressive in Savonariis atque sanctimonialibus monachis quæ sunt Intramnis monasterio. (*Ibidem*, p. 84-85.)

(3) Greges autem jumentorum cum eorum amissariis et vaccarum ac boum seu porcorum et ovium sive caprarum, qui sunt in Breim, in condita noviacense et in Proliaco infra Quintam seu in Nova-villa super fluvium Sartæ.... et in altero Proliaco super fluviolum Viduam, Ecclesiæ nobis commissæ et nostro successori cum omni integritate possidendos et utiliter lucrandos et gubernandos relinquimus. (*Ibidem*, p. 86.)

étaient réservés tous les troupeaux de même nature, nourris sur neuf autres domaines (1).

Quant à ceux, qui étaient entretenus à Ceaulcé, à Chaufour, à Tresson, dans la forêt de Gastines, etc., ils formaient la part des prêtres et des pauvres (2).

Aldric, en écrivant ses dernières volontés, se croyait près de sa fin. Il devait vivre encore pendant dix-sept ans. Mais le reste de sa vie ne fut qu'un long supplice. Le généreux pontife, qui avait exécuté de si grandes œuvres et rêvé pour son Eglise la prospérité la plus brillante, passa ses dernières années au milieu de calamités de tout genre.

Après la mort de Louis-le-Débonnaire, la guerre civile le chassa de son siège. Quand il put revenir au Mans, protégé par Charles-le-Chauve, l'un des vainqueurs de Fontanet, il ne trouva plus rien des richesses, dont il avait disposé dans son testament. Les descendants de Rotger et de Karivius, disent les *Actes*, avaient été un instant maîtres du Maine et ils avaient tout pillé, tout saccagé (3). Vinrent ensuite les expéditions de Charles contre les Bretons. Heureuses ou malheureuses, elles furent pour notre pays la source de maux innombrables. Les troupes franques traversant le diocèse y commettaient d'affreux dégâts : les Bretons, de leur côté, faisaient des courses dévastatrices jusqu'au cœur de la province. La cité épiscopale elle-même dut se rendre en 850 pour éviter les horreurs d'un siège. Enfin, peu de temps avant de mourir, Aldric vit avec terreur s'approcher d'autres

(1) Illi namque greges jumentorum et boum..... omnes integerrime monachis in monasterio S. Carilephi et in cella quæ Savonarias vocatur Domino militantibus absque ulla minoratione aut tarditate dentur. (*Gesta Aldrici*, p. 87.)

(2) Reliquos namque greges jumentorum et boum utriusque generis et ovium.... omnes, qui sunt in silva Wastina..... et in Tricione in diversis mansionilibus..... in Celciaco..... in Callemarcio..... in nostra eleemosyna presbyteris et Dei servis sive pauperibus fideliter et rationabiliter cum omni timore et reverentia distribui disposite imploramus atque rogamus...... (*Ibidem*, p. 89.)

(3) *Ibidem,* p. 145-146.

ennemis plus odieux encore que les Bretons. Les Normands ravagèrent le Perche ; une de leurs flottilles remonta la Loire jusqu'à Blois. Cependant il n'eut pas la douleur de fuir devant leurs bandes ou d'assister au pillage et à l'incendie de sa cathédrale : il s'éteignit doucement en 856.

Onze ans auparavant, il avait accompli un acte, qui montre combien était déjà grande la détresse où l'avait réduit la guerre. Son monastère du Sauveur était presque désert, et il l'avait donné à l'abbaye de Saint-Pierre-des-Fossés, gouvernée par Ingelbert, à condition que cet illustre abbé y établît quelques-uns de ses moines pour célébrer le service divin. Un diplôme royal du six des ides d'octobre 845 avait confirmé cette donation et stipulé que le monastère repeuplé s'appellerait Fiscus dominicus (1).

Mais, en rapportant un pareil fait, nous avons surtout pour but de relever certaines erreurs échappées à Cauvin à propos de ce diplôme.

Notre géographe s'est figuré que le monastère, nommé a r le roi Fiscus dominicus, était autre que celui fondé par saint Aldric dans le Brogilus Casalis. Il croit devoir le placer dans notre *Brogilus Censurius*, à l'endroit, dit-il, où l'on voit maintenant l'église et le bourg de Montreuil-le-Henri. Il pense, en outre, que le breil, qui bornait Tresson du temps de saint Domnole, comprenait les territoires de Montreuil et de Courdemanche (2). Enfin, dans ses notes sur la première de ces deux localités, il devient plus affirmatif. Voici comment il s'exprime : « Montreuil, démembré du territoire de Courdemanche, doit son nom au monastère que saint Aldric y avait fondé : il se nommait auparavant le Breil (3) ».

Pour répondre à de pareilles assertions, il suffirait de rappeler que l'auteur lui-même a reconnu Brives comme

(1) V. *Capitul. Regum Franc.* édit. 1780, 14ᵉ5.
(2) *Géographie ancienne du diocèse du Mans*, p. 313.
(3) *Ibidem*, p. 420.

une des limites de Tresson (1). Or, si Brives servait de limite à la villa donnée par saint Domnole, le breil en question ne pouvait se trouver entre ce point et Tresson. Si, au contraire, le *Brogilus Censurius* comprenait les territoires de Courdemanche et de Montreuil, Tresson ne s'étendait pas jusqu'à Brives.

Mais Cauvin s'est chargé de détruire de ses propres mains tout l'échafaudage, que lui avait fait élever une malheureuse interprétation du diplôme de 845. Dans son article consacré au Brogilus Casalis, il parle du monastère du Sauveur en termes conformes à la vérité. Il reconnaît que c'est bien ce monastère, que saint Aldric avait été obligé de soumettre à Ingelbert, et il cite à l'appui de cette nouvelle thèse le diplôme de 845 (2).

Certes, on ne pouvait désirer une meilleure réfutation. Il faut donc regarder l'abbaye du Sauveur et le Fiscus dominicus comme un seul et même établissement. Courdemanche ne doit pas non plus être appelé Fiscus dominicus, et si Montreuil tire son nom, ce qui ne fait pas de doute, d'un petit monastère bâti sur son territoire, cette celle n'a point été une fondation de saint Aldric. Enfin, est-il besoin de revenir sur la position du *Brogilus Censurius?* N'est-on pas en droit de considérer comme chimérique celle que lui assigne Cauvin?

§ IV.

Cent trente et un ans séparent la mort de notre évêque de celle du dernier roi carlovingien. Pendant ce long espace de temps, s'accomplit une de nos plus grandes révolutions.

En 987, le système féodal existe dans toute sa force. Le pouvoir central est, pour ainsi dire, annihilé. Les ducs et

(1) *Géographie ancienne du diocèse du Mans,* p. 76.
(2) *Ibidem,* p. 69-70.

les comtes ne sont plus des officiers révocables, chargés de le représenter dans les différentes cités. Leurs fonctions sont devenues viagères, puis héréditaires. Ils jouissent de tous les droits régaliens : le titre seul de roi leur manque. Au-dessous d'eux s'agitent des seigneurs de tout rang, leurs vassaux à des degrés divers, tantôt dévoués, tantôt rebelles, selon la passion et l'intérêt du moment.

Mais ce n'est pas sans d'horribles déchirements qu'un changement pareil a pu se produire. Guerres entre les fils de Louis-le-Débonnaire, guerres entre les rois et leurs grands officiers, luttes sanglantes entre ces derniers, dont chacun voulait se tailler de plus vastes possessions aux dépens de ses voisins, tout s'était réuni pour favoriser les progrès des Normands. De leur côté, ces pirates par leurs incursions, qui durèrent près d'un siècle. n'avaient pas moins contribué à la création du nouvel état de choses.

Notre Maine, en particulier, avait été saccagé par ces forbans. Ils avaient pris et repris le Mans, brûlé ou renversé ses églises et ses monastères, démantelé ses murailles, détruit les chefs-lieux de conditæ, rasé ou incendié les habitations principales de la plupart des villæ.

Parmi les abbayes, que leur situation au milieu des terres n'avait pu sauver de la fureur des barbares, on compte celles de Saint-Calais et de Saint-Georges-des-Bois. Le petit monastère de Savonnières avait subi le même sort et il ne se relèvera pas. Ses moines n'avaient échappé au massacre qu'en fuyant jusqu'à Senlis, chargés des restes précieux de saint Siviard. On avait vu ainsi de tous les côtés des religieux emporter sur leurs épaules, à la lueur des incendies, les châsses, qui renfermaient les ossements de leurs saints, et chercher au loin des retraites sûres, pour y cacher les dépôts sacrés confiés à leur dévouement.

Au milieu de la terreur et de la confusion causées par tant de catastrophes, les détenteurs des biens ecclésiastiques avaient cessé de payer les cens, les nones et la dîme : le temps des précaires était bien fini. Les terres elles-mêmes, restituées complètement à l'Eglise-mère, avaient été pour la plupart envahies de nouveau par des hommes, qui cherchaient plus à s'enrichir qu'à combattre les guerriers du nord. Ils allèrent jusqu'à s'emparer des églises, des cimetières, des dîmes et des offrandes. Il faut lire la plainte célèbre de Gontier, l'un des successeurs de saint Aldric, pour connaître les violences auxquelles s'étaient portés les nouveaux maîtres des biens de l'Eglise. On peut dire qu'ils avaient été les dignes alliés des Normands.

Cependant, le pays tout entier, après les premiers moments de stupeur et de désarroi, s'était hérissé de forteresses. Aux anciens centres ruinés avaient succédé des donjons, placés sur les hauteurs ou sur tout autre point propre à la défense. Chaque possesseur, grand ou petit, voulait mettre à l'abri d'un coup de main le fruit de ses rapines ou son héritage légitime.

Notre petite contrée, durant cette période douloureuse, reste enveloppée dans une obscurité profonde. Il en est de même pour Vaas et pour ses environs.

Aucun document ne nous fait connaître d'une manière particulière les ravages commis par les Normands dans cette partie du diocèse. On ne peut non plus y suivre pas à pas l'organisation féodale, qui fut la conséquence de tant de désastres.

Mais comment douter que là, comme ailleurs, des bandes de pirates aient exercé leur rage contre les hommes et contre les édifices? La destruction, disent les historiens, s'étendit sur tous les points du territoire.

Quant aux détails relatifs à l'établissement des nouvelles institutions, si la plupart doivent rester ignorés, les plus importants ressortent forcément de faits postérieurs bien connus.

Ainsi, il faut placer à la fin du IXe siècle ou au plus tard vers le commencement du Xe, la transformation de la condita vedacensis en une grande seigneurie, dont les limites furent d'abord celles de l'ancienne circonscription. Le siège lui-même de l'autorité fut déplacé et porté à deux lieues de Vaas, vers l'est. Le nouveau chef-lieu était un castrum formidable, bâti au fond d'une vallée étroite, facile à intercepter en cas d'invasion et séparée du Loir par une haute colline (1).

Sa position le fit appeler Castrum Lit, Château-du-Loir, et il donna bientôt naissance à une ville du même nom, qui fut jusqu'en 1790 l'un des principaux centres du Maine.

Au nord et à l'est de la forêt de Bercé, le nouveau régime avait à la même époque transformé nos trois villæ en un certain nombre de fiefs, dont le principal, composé d'une partie de Pruillé, s'étendait entre la Veuve, le ruisseau de Rifroger et celui des Morcines. C'était, pour nous servir d'un terme féodal, le fief dominant.

Sa situation centrale n'avait pas dû être étrangère à la suprématie dont il jouissait, et qu'il gardera jusqu'à la Révolution.

Rien ne montre qu'il ait appartenu d'abord à une famille particulière, assez puissante pour imposer son autorité de Brives au Gué-de-l'Aune et de l'Etangsort au Narais. Tout prouve, au contraire, qu'il était possédé par les maîtres de Château-du-Loir.

Ceux-ci, pour le défendre, avaient eu soin d'y construire un fort, à la pointe de la colline septentrionale.

C'est au pied de ce fort, nommé Castrum Luciaci (2), que s'éleva la ville de Lucé.

(1) On pense que les premiers travaux de ce fort datent du règne de Charles-le-Chauve. Il paraît même que, du temps des Saxons et des Bagaudes, les Romains avaient placé dans ce lieu une de leurs stations militaires. Ce qui est certain, c'est qu'on y a trouvé des médailles impériales.

(2) Il est impossible de savoir d'où vient le nom de Lucé. L'emplacement du donjon avait-il été autrefois couvert par un bois sacré, lucus? Ou bien avait-il été habité par un colon de Pruillé, d'une certaine notoriété, nommé

Elle se développa d'une manière assez rapide. Par ces temps calamiteux, on éprouvait le besoin de vivre à proximité d'un solide donjon, entouré de fossés et de palissades, afin de s'y réfugier à l'approche de l'ennemi. Il faut dire aussi que les moyens, dont on usait alors pour attirer la population, ne furent pas négligés. Parmi les privilèges octroyés à la ville naissante, nous mentionnerons celui d'un marché. La construction d'une église contribua également à augmenter le nombre des habitants.

Il existait bien sur l'emplacement actuel de Notre-Dame de Villaines, ou tout auprès, une chapelle servant déjà d'église paroissiale. On n'en saurait douter d'après quelques titres du siècle suivant, où elle est appelée Ecclesia de Villanis (1). Mais, malgré la faible distance, qui séparait Lucé de cette chapelle, le trajet était incommode et pouvait offrir des dangers en cas de guerre. Une église, au contraire, placée sur la colline, à quelques pas du nouveau fort, au-dedans des barrières et des fossés, permettait aux fidèles de suivre les offices de jour et de nuit avec plus de sécurité.

Lucé devint ainsi le centre d'une paroisse contiguë à celle de Villaines et formée, comme cette dernière, aux dépens de l'ancienne villa de Pruillé.

La même époque vit certainement se dessiner toutes nos autres paroisses. Dans le cours du XIe siècle, en effet, paraîtront celles de Tresson, de Montreuil, de Courdemanche,

Lucius? L'abbé Voisin, de son côté, prétend que sous les Romains s'élevait dans le même lieu un sacellum consacré à Diane Lucine. C'est une explication fort ingénieuse assurément, mais qui ne repose sur aucune donnée positive. L'auteur a sans doute voulu reporter ainsi jusqu'au paganisme l'origine d'une coutume singulière qui était encore en usage à Pruillé lors de la Révolution.

(1) L'époque, à laquelle cette chapelle avait été fondée, n'est pas connue. Mais si l'on considère ce qu'avaient dû faire les moines de Tresson avant l'arrivée de Karivius, on est en droit de penser que les clercs bénéficiers de Pruillé avaient imité leurs voisins, et bâti une grange avec un manoir et un oratoire sur ce point de la vallée de la Veuve pour ceux de leurs colons, qui demeuraient entre la rivière et le *terminus proliacensis*.

de Saint-Pierre, de Saint-Vincent, de Pruillé et de Volnay avec le caractère d'institutions, dont l'existence devait déjà remonter assez loin dans le passé. Les circonscriptions religieuses de Challes et de Saint-Mars-de-Locquenay resteront seules dans l'ombre. Mais, comment croire que le mouvement, qui, depuis la fuite définitive des pirates, tendait à grouper les populations autour d'une nouvelle église ou d'un oratoire récemment restauré, ne se soit pas produit également sur tous les points de notre petit territoire ?

Vers la fin du Xe siècle, une guerre entre le comte de Vendôme, Bouchard Ratepilate, et notre comte Hugues Ier, fils de David, modifia l'état de choses que nous venons d'indiquer sommairement. Elle avait été provoquée par l'évêque Sigefroy, d'indigne mémoire, qui, après avoir eu recours à la simonie pour succéder au vénérable Mainard, siégea de 960 à 995, dépouilla l'Eglise au profit des siens et donna par sa vie scandaleuse l'exemple le plus funeste au clergé du diocèse (1).

Dans cette lutte le comte du Maine perdit sa suzeraineté sur le Labricin et sur une bonne partie de l'antique condita de Vaas. C'est, en effet, depuis ce temps-là que le Labricin, sous le nom de Bas-Vendômois, s'est étendu jusqu'à Marçon, Chahaignes et Ruillé. Un quartier de la forêt entre Chahaignes et la Vallée-des-Pierres, près de Follet, dut également être

(1) Oritur contentio inter Segenfredum et Hugonem Cenomanensium comitem. Quibus litigantibus, exivit præsul sine consilio a civitate, ira plenus. Qui exiens causa vindictæ venit ad Burgardum, vindocinensem comitem...... Dedit ei sexaginta quatuor altariorum relevationes, synodos et circuitiones... Qui (Burgardus) ejus querimonias vel promissiones audiens, promisit ei adjutorium se facturum. Inito autem certamine, vidit episcopus sibi nihil proficere, sed magis guerra contra se convalescente ad detrimentum sui, non ad honorem.... fecit pacem cum comite..... Ille tamen, cum deberet pro rebus ecclesiæ a se perditis culpam recognoscere, et pro tanto facinore peccata deflere, proh dolor ! ad cumulum damnationis suæ recepit mulierem, nomine Hildeburgam, in senectute, quæ concepit et peperit filios et filias... Quibus mortuis, unus superstes, nomine Albericus, remansit, quem adultum ditavit pater rebus ecclesiæ..... *(Gesta Pontif. Cenom.)*

compris dans le lot du vainqueur. Ainsi s'expliquerait la dépendance féodale du territoire presque tout entier de Saint-Pierre.

La famille, qui possédait Château-du-Loir, fut donc gravement atteinte dans sa puissance : elle s'était vu enlever la moitié environ de sa grande seigneurie.

Mais d'amples compensations sur d'autres points allaient bientôt lui rendre moins amères les pertes qu'elle venait de subir. Dès le commencement du siècle suivant, elle sera maîtresse de l'Oizéais, du Belinois, de la plus grande partie de Loudon et même de quelques terres plus éloignées, soit par suite d'une de ces guerres privées, dont l'histoire n'a pas conservé le souvenir, soit grâce à de riches alliances. Le mariage d'Haimon avec Hildeburge, de la maison de Bellême, pourrait expliquer, du moins en partie, un pareil agrandissement.

CHAPITRE IV.

PÉRIODE FÉODALE.

1re Partie.

DU COMTE HUGUES Ier A LA MORT DE GEOFFROY MARTEL.

Au XIe siècle, les ténèbres répandues sur notre petite contrée depuis les incursions des pirates ne se dissipent pas complétement. Cependant, grâce au Pontifical, aux cartulaires et à l'historien Orderic Vital, nous sommes en possession de faits nombreux qui placent dans un certain jour les personnes et les choses.

Mais avant d'exposer ces faits, il n'est pas inutile de donner une idée générale du milieu dans lequel ils se sont produits.

L'expédition de Bouchard n'était que le prélude d'événements autrement graves.

Pendant plus de cent ans, les comtes du Maine furent en butte aux attaques tantôt sourdes, tantôt ouvertes de leurs puissants voisins, les seigneurs de Bellême, les maîtres de l'Anjou et ceux de la Normandie (1). Parfois, la victoire les favorisa ; mais le plus souvent elle leur fut contraire. Tour à tour et à diverses reprises, les troupes angevines et normandes entrèrent au Mans ; la province souffrit d'affreux ravages ; il fallut reconnaître une autre suzeraineté que celle du roi.

Or, à une époque où le pouvoir royal était incapable de contenir dans de justes bornes des feudataires avides et disposant de véritables armées, un pareil résultat n'a rien d'étonnant : le faible, quoi qu'il fît, devait succomber.

Pour montrer avec quelle ardeur le Maine était convoité, il suffit de dire que la Croisade n'avait pas arrêté les hostilités dans nos campagnes. Guillaume-le-Roux y portait le fer et la flamme, pendant que les Croisés mouraient par milliers de soif et de fatigue sur la route de Jérusalem.

Au reste, il faut convenir que des luttes intestines avaient souvent secondé les envahisseurs. Sans parler de minorités toujours énervantes et de compétitions funestes, on avait vu jusqu'à deux prélats, successeurs immédiats de Sigefroy et appartenant comme lui à la famille de Bellême, laisser la crosse pour l'épée, lever des soldats et combattre contre les successeurs du comte Hugues Ier. Le peuple lui-même, dans un moment d'exaspération, avait ajouté aux désastres déjà si grands les horreurs d'une jacquerie. En même temps il avait établi la première de ces communes que les rois devaient favoriser plus tard. Mais Louis-le-Gros n'était pas encore là pour soutenir cet essai d'émancipation. L'œuvre des bourgeois du Mans, commencée dans le sang, n'avait eu qu'une existence éphémère : à peine née, elle avait disparu à la suite d'une déroute aussi meurtrière que ridicule (2).

(1) **Vendôme** a également exercé sur le Maine jusqu'en 1040 une influence néfaste.

(2) Hersendis igitur Gaufridus de Meduana tutor et quasi maritus effectus, cum adversus cives occasiones quæreret, et novis quibusdam exactionibus eos moliretur opprimere, consilium inierunt qualiter ejus conatibus obsisterent, nec se ab eo vel quolibet alio injuste opprimi paterentur. Facta itaque conspiratione, quam *Communionem* vocabant, et ipsum Gaufridum

Cependant, malgré les orages qui bouleversaient la société, les sentiments religieux étaient toujours vivaces. Chassés ou refoulés au fond des cœurs lors des emportements de la passion, ils reparaissaient bientôt avec une force merveilleuse. Ces hommes de guerre, ces politiques, à qui l'ambition faisait commettre des crimes atroces, cherchaient ensuite à les racheter par des fondations pieuses. Ils rivalisaient de zèle avec les évêques et d'autres personnages éminents pour relever et pour doter les monastères ruinés au IXe siècle. Saint-Vincent, la Couture, Saint-Calais, Saint-Georges-des-Bois, Evron purent ainsi renaître de leurs cendres. De nou-

et ceteros regionis proceres, quamvis invitos, sacramento suæ conspirationis obligari compellunt, cujus conjurationis audacia *innumera scelera* commmiserunt, passim plurimos sine aliquo judicio condemnantes, quibusdam pro causis minimis oculos eruentes, alios vero pro culpa levissima suspendio strangulantes : *castra* quoque vicina diebus sanctis quadragesimæ, immo dominicæ passionis tempore, irrationabiliter succendentes. Dum itaque quidam ex primoribus regionis, Hugo scilicet de Silliaco, quibusdam injuriis adversùm se conjuratorum animos irritasset, subitò per totius regionis populos legatos miserunt, contrà præfatum Hugonem qui sacris eorum institutionihus obsistebat tumultuosæ multitudinis agmina concitantur : congregatoque exercitu, Episcopo et singularum ecclesiarum presbyteris præeuntibus cum crucibus et vexillis, ad castrum Silliacum furibundo impetu diriguntur. Cùm autem haud procul a castro consedissent, Gaufridus ipsorum comitatui fraudulenter adjunctus non longè ab eis castra posuit, et clàm cum hostibus per internuntios collocutus, ad dissipandos conjuratorum conatus modis omnibus laborabat. Facto ergo mane, adversarii de castro egressi, cum exercitum ad pugnam provocare cœpissent, nostris repentino clamore excitis et in occursum hostium irruere properantibus, et proditorum machinatione rumor in castris subitò exortus est, falso asserentium quorumdam sceleratorum consensu, adversariorum partibus esse traditam civitatem. Rusticorum itaque multitudo, hinc timore hostium, illinc falso rumore perterrita, projectis armis, in fugam conversa est ; in qua fuga quanti capti, quanti vulnerati, quanti a semetipsis in torrentibus et in semitarum angustiis oppressi atque exstincti sunt, non est opusculi præsentis evolvere. Et, ut de ceteris taceam, tam nobilibus quam ignobilibus, quos non solum milites sed et mulierculæ passim per agros velut damulas pro arbitrio capiebant, ipse quoque Episcopus (Arnaldus), proh dolor! ab ipsis comprehensus et custodiæ mancipatus est. Qua de re civitas nostra in luctu et tremore posita huc atque illuc velut navis absque gubernaculo ferebatur...... *(Gesta Pontif. Cenom.)*

velles abbayes sortirent de terre : une multitude de prieurés furent créés ou restaurés.

Les petits seigneurs suivirent les grands. La plupart commencèrent à restituer gratuitement ou moyennant une faible somme les églises,les chapelles, les cimetières, les droits sur les offrandes, les dîmes et même quelques-unes des terres dont leurs ancêtres s'étaient emparés. Il se rencontrait bien certains héritiers qui refusaient de reconnaître de telles libéralités. De là naissaient de vives contestations. Mais les récalcitrants s'adoucissaient, quand on leur promettait, pour prix de leur adhésion, quelques solidi, ou même un présent en nature, un palefroi, du blé, du seigle, etc.

Tel est le spectacle offert par le Maine depuis les dernières années du Xe siècle jusqu'au commencement du XIIe. On dirait deux drames immenses se déroulant côte à côte.

Le premier, avec ses scènes sanglantes, nous montre nos pères se battant contre l'étranger et se déchirant de leurs propres mains.

Le second s'accomplit loin du fracas des armes, sans le secours des cachots et des supplices. Cependant, il est plein de passion : c'est, sous mille formes diverses, la lutte violente que se livrent l'instinct rapace et la crainte des jugements de Dieu chez ces guerriers, accoutumés dès leur jeunesse à fouler aux pieds les droits des plus faibles Il a pour dénouement, non les larmes et les ruines, mais une restitution ou une fondation religieuse.

Tous les faits, que nous allons rapporter dans ce chapitre et dans le suivant, se rattacheront à l'un ou à l'autre de ces drames.

§ Ier.

Haimon est le premier des seigneurs de Château-du-Loir et de Lucé dont le nom soit parvenu jusqu'à nous (1). Il n'est bien connu que par son mariage avec Hildeburge,

(1) On l'appelait aussi Hamon, Hamelin.

l'une des filles du puissant Yves de Bellême. On ignore le rôle qu'il a joué dans les événements politiques et militaires de son temps. Devenu par sa femme le beau-frère du nouvel évêque, Avesgaud (1), fut-il pour le comte Hugues Ier, qui avait tant à se plaindre de la maison de Bellême, un vassal fidèle dans la bonne comme dans la mauvaise fortune ? Et plus tard, sous le fils d'Hugues, Herbert Eveille-Chien, lorsque la lutte soutenue par l'ardent prélat pour défendre ses droits, surtout celui de monnayage, dégénéra malheureusement en guerre civile, embrassa-t-il ouvertement la cause d'Avesgaud ? Alla-t-il combattre avec lui contre Herbert, soit en rase campagne, soit derrière les remparts de la Ferté récemment élevés, appuyant ainsi son autre beau-frère, Guillaume Talvas (2), qui disputait le Sonnois au comte du Maine ?

En tout cas, l'on ne peut douter qu'Haimon n'ait tenu l'un des premiers rangs parmi les seigneurs du pays.

Il n'avait pas seulement dans sa main les vassaux, qui relevaient de lui directement ou par moyen à cause de son grand fief de Château-du-Loir.

Tous les possesseurs des terres de l'Oizéais et du Belinois, ceux d'une bonne partie de Loudon étaient aussi ses hommes de foi à des degrés divers. On voit, en effet, pendant le reste du siècle, ses héritiers commander en qualité de suzerains aux seigneurs de ces petites régions. Or, rien ne montre qu'ils aient fait des conquêtes ou des acquisitions dans cette partie du Maine. Les principales forteresses, Vaux, Belin, Mayet, Outillé, confiées à la garde de châtelains dévoués, leur avaient donc été transmises par Haimon.

Quant à remonter plus haut, il faut y renoncer : on est arrêté par une obscurité qui défie le regard le plus perçant.

Il est même impossible de reconnaître quelle fut la part

(1) Avesgaud, neveu de Sigefroy, a gouverné l'Eglise du Mans de 995 à 1035.

(2) Guillaume de Bellême, Ier du nom, successeur d'Yves, « immani vitiorum mole pressus », a fondé l'abbaye de Lonláy, puis Saint-Léonard de Bellême.

réelle d'Hildeburge dans la formation d'une puissance féodale aussi considérable, et cependant la fille d'Yves Ier n'était pas venue sans dot à Château-du-Loir.

On sait seulement que l'évêque Avesgaud avait donné à sa sœur, sans doute comme cadeau de noces, l'église de Parigné, fondée sur le domaine de Loudon à une époque inconnue. Il s'était entendu avec ses chanoines pour la distraire des possessions de la cathédrale avec tous les biens qui en faisaient partie. (1).

Le successeur d'Haimon parle de cette église dans son testament. Il nous apprend que son père et sa mère l'avaient entièrement reconstruite (2).

Le même, dans une lettre écrite à propos de reliques de saint Melaine, donne sur la vie de son père quelques détails curieux, qui dépeignent si bien tout un côté des mœurs de ce temps, que nous ne pouvons les passer sous silence. Voici comment Dom Piolin les a résumés :

« Rorans, mère d'Haimon, se trouvant dans un village qui faisait partie de son douaire, nommé Argentré, peu éloigné de la ville de Laval, tout à coup un incendie se déclare et fait en un moment d'affreux ravages. Déjà les flammes touchaient les granges de Rorans, voisines de l'église du lieu, lorsque cette dame se rappelle qu'elle a dans ses bagages les reliques du saint évêque de Rennes. Elle fait apporter la châsse et l'oppose aux flammes, qui tombent d'elles-mêmes, comme sous l'action d'une pluie subite et abondante.

» Rorans en mourant laissa les reliques de saint Melaine à son fils Haimon. Celui-ci les transporta en son fief de

(1) Emit a canonicis suis ecclesiam de Prorigniaco et ecclesiam de Loiaco, et dedit unam Hildeburgi sorori suæ primogenitæ, et alteram Godehildæ germanæ suæ secundæ. *(Gesta Pontif. Cenom.)*

(2) Similiter et ecclesiam.... in territorio Letdunis sitam, Patriniacum vocatam, quam parentes mei jure possederunt et a novo reedificaverunt.... *(Livre blanc,* n° 177.)

Château-du-Loir, où éclatèrent bientôt de nouveaux prodiges. Le saint pontife, par la vertu de ses ossements sacrés, rendit la vigueur à plusieurs malades, éclaira des aveugles et guérit toutes sortes d'infirmités. Mais surtout il infligea des châtiments sévères à tous ceux qui eurent la témérité de faire de faux serments sur sa châsse.......

» Lorsque Haimon allait recevoir l'hommage de ses vassaux, il se faisait suivre par l'un de ses chapelains, spécialement chargé de transporter les reliques de saint Melaine, et pour témoigner de la vénération qu'elles inspiraient, on ne manquait jamais d'entretenir constamment devant elles un cierge allumé.

» Un jour que ce seigneur prenait son logement chez l'un de ses plus riches forestiers, le chapelain les déposa le soir sur un monceau de blé. Le cierge, qui brûlait devant les reliques, ayant touché la châsse, y mit le feu, le reliquaire fut entièrement consumé ; mais le voile, dans lequel les reliques étaient contenues, demeura intact, et ce qui rendit le prodige plus surprenant encore, c'est que la légère étoffe était environnée de toutes parts de charbons qui s'y étaient éteints (1). »

Haimon paraît aussi dans une charte de l'abbaye de Saint-Aubin. Il avait reçu de Foulques Nerra deux églises du diocèse d'Angers, « ecclesias de Comburniaco et de Artesiaco », enlevées aux moines de Saint-Aubin par ce comte d'Anjou. Lorsqu'il maria sa fille Rotrude à Guy de Laval, il lui donna pour dot ou pour partie de sa dot la première de ces églises, et gratifia de la seconde Gaudin de Malicorne (2).

Enfin, si nous ne nous trompons, un autre acte d'Haimon a pu également échapper à l'oubli. Mais pour s'en rendre compte, il faut retourner un peu en arrière.

Hugues Ier, lorsque la guerre lui laissait quelque répit,

(1) *Hist. de l'Eglise du Mans*, t. III, p. 225-226.
(2) Collection D. Housseau, n° 427.

n'épargnait aucun effort pour faire disparaître les ruines amoncelées par les Normands. Second fondateur et bienfaiteur de Saint-Pierre-de-la-Cour, il avait entrepris la restauration de la Couture. Après avoir rebâti cette abbaye, d'après les plans de l'illustre abbé Gauzbert, il lui avait donné et fait donner plusieurs églises avec les biens nécessaires pour leur entretien. L'une de ces églises s'élevait dans la vallée de la Hune, à l'ouest et à peu de distance de la Via Saturniacensis : c'était celle de Volnay, « ecclesia de Volonaco ». Elle remplaçait sans doute une chapelle fondée autrefois par des prêtres de Challes ou par l'un des leudes qui avaient joui de cette villa. Comme une partie des terres, cédées sous la pression du comte Hugues à ce nouveau centre religieux, se trouvaient dans la mouvance de Lucé, il est fort probable qu'Haimon, sinon son prédécesseur, avait été appelé à confirmer les dons faits par ses sujets (990-1007).

Dans la suite, Avesgaud, qui n'était pas encore détourné de ses devoirs d'évêque par des idées belliqueuses, et qui cherchait à rendre plus solennelle la fête de saint Julien, conclut dans ce but un accord avec les moines de la Couture. Il leur abandonna ses droits de rélévation d'autel dans leurs églises de Solesmes, de Volnay, etc., et les moines prirent l'engagement de se rendre processionnellement à la cathédrale, chaque année, le 27 janvier, pour y chanter les vigiles et une grand'messe en l'honneur de l'apôtre du Maine.

Cet accord, qui privait le prélat d'un assez gros revenu, fut l'objet d'une charte signée l'an 1009 par Avesgaud et par plusieurs dignitaires du Chapitre. En tête des laïques, qui la signèrent également, l'on voit un chevalier, nommé Haimon (1).

____

(1) Ego Avesgaudus, Dei gratia cenomanensis præsul, dedi monachis S. Petri ad Culturam suorum relevationes et recompensationes altarium S. Petri de Solesmis, S. Vincentii de Volonaco... in eo scilicet pacto atque tenore ut quotannis in die festo S. Juliani.. ad nostram matrem ecclesiam

Nous sommes d'avis qu'il s'agit ici du seigneur de Château-du-Loir et de Lucé. Sa présence, en effet, n'a rien d'étrange dans une pareille circonstance : elle s'explique, au contraire, tout naturellement, quand on considère les libéralités dont quelques-uns de ses vassaux s'étaient montrés prodigues envers l'église de Volnay. Peut-être avait-il cédé aux religieux, qui la desservaient sous les ordres d'un prieur, quelque chose de son propre domaine. Ce qui est certain, c'est que jusqu'à la fin du régime féodal, des terres situées tout près de Lucé ont relevé censivement du prieuré de Volnay (1).

§ II.

Outre sa fille Rotrude, Haimon avait eu d'Hildeburge quatre fils : Gervais, Guillaume, Robert, surnommé Bouchard ou Brochard, Ursio. (2).

cum sua processione conveniant... Signum Avesgaudi præsulis, S. Guillelmi decani... S. Haimonis militis... *(Livre blanc*, n° 181.)

(1) A deux pas de la ville, près de Vaucillard (*vulgo* Versailles), plusieurs maisons et jardins, formant le lieu du Cormier, devaient encore au prieuré de Volnay, vers le milieu du siècle dernier, un cens annuel de douze deniers le jour de S. André.

Mr de Lucé, qui a bâti le château actuel, ayant acheté ces biens, fit abattre les maisons et réunit à son parc la plus grande partie des terres : le reste fut confondu avec le chemin de la Chevalerie.

C'était donc à lui de payer désormais le cens dû par les anciens possesseurs du Cormier. Voilà pourquoi l'on voit le sieur Michel Haudry se transporter, en sa qualité de procureur de la baronne de Lucé, à la maison abbatiale de Volnay, dans le courant de 1787, et « rendre par déclaration les d. biens à très-haut et très-illustre seigneur, Mgr Louis Sylvestre de la Chastre, vicaire-général de Nevers, abbé commendataire de l'abbaye de la Couture... »

Le bordage voisin, nommé la Maison-Neuve, relevait également pour partie du même prieuré. (Extraits des registres du château de Lucé).

(2) Ursio, sorti comme son frère Gervais de l'école déjà célèbre de la cathédrale, est devenu chancelier de France et évêque de Senlis. Guillaume est peu connu. Quant à Robert, il laissera un fils dont nous aurons à parler assez longuement.

Gervais, qui lui succéda, était né le 2 février 1007 à Cohémon, près de Château-du-Loir. Il occupe une grande place dans l'histoire du Maine.

Doué des qualités les plus brillantes, instruit sous les yeux d'Avesgaud avec une sollicitude paternelle, il fut élevé de bonne heure aux dignités ecclésiastiques et il semblait destiné à remplacer son oncle sur le siège épiscopal.

Le clergé et le peuple l'élurent, en effet, lorsqu'on eut appris qu'Avesgaud était mort à Verdun en revenant de la Terre-Sainte (1035).

La même année, le comte Herbert Eveille-Chien était aussi descendu dans la tombe, laissant un fils et trois filles : Hugues, Gersende ou Hersende, Biothe et Paule (1).

Comme Hugues II n'était pas encore, à cause de son âge, capable de tenir les rênes du gouvernement, Herbert Baccon, son grand-oncle paternel, exerçait l'autorité.

Aux yeux du vieux tuteur, c'était déjà trop de deux évêques sortis de la maison de Bellême et devenus par l'appui, qu'ils trouvaient dans leur famille, des adversaires redoutables pour les comtes du Maine. C'est pourquoi Gervais se vit refuser l'entrée du Mans. Il ne put prendre possession de sa chaire qu'en 1037, après de nombreuses négociations.

Cependant il vécut d'abord en paix avec Herbert Baccon. Mais il donna d'un autre côté libre carrière à son humeur batailleuse. Ayant convoqué ses vassaux, il marcha à leur tête contre Geoffroy Martel, comte de Vendôme, qui avait montré de la tiédeur pour lui faire ouvrir les portes du Mans.

On doit penser que ce n'était pas pour se venger d'un tel procédé qu'il entrait à main armée dans le Bas-Vendômois. Il voulait sans doute profiter des embarras de Geoffroy pour

____

(1) Gersende fut d'abord mariée avec Thibault III, comte de Blois, puis avec Azzon, marquis de Ligurie. Biothe épousa Gauthier, comte du Vexin, et Paule devint la femme de Lancelin, sire de Beaugency.

reprendre la partie du fief de Château-du-Loir enlevée par Bouchard Ratepilate. Le comte de Vendôme était alors en guerre avec son propre père, Foulques Nerra, comte d'Anjou.

Les succès de Gervais furent rapides et faciles. Il s'empara de tout ce qui avait appartenu à ses ancêtres et poussa même plus loin ses conquêtes. Mais de pareils avantages devaient bientôt disparaître. Le seul fruit durable de ses victoires fut le retour du Bas-Vendômois tout entier sous l'autorité spirituelle de l'Eglise du Mans. Geoffroy Martel avait été obligé de renoncer aux droits cédés honteusement par l'évêque Sigefroy sur soixante-quatre autels de ce riche pays.

Peu de temps après, le comte de Vendôme achevait la construction de la Trinité, qu'il avait entreprise pour le rachat de ses crimes. La dédicace de l'abbaye se fit au milieu de fêtes splendides (1040). Gervais, comme pour cimenter la paix conclue avec Geoffroy, prit part à ces fêtes avec son frère Guillaume. Il avait déjà, dans le but de plaire au comte, donné des terres à l'un des prieurés de la Trinité, fondé sur le domaine de Villedieu, et nous relevons ce détail, parceque Gervais avait signé ou confirmé dans son château de Lucé la charte dressée à cette occasion (1).

Cependant les rapports entre l'évêque et Baccon prenaient de l'aigreur de jour en jour. Gervais, emporté par l'ambition, résolut de se débarrasser d'un rival odieux. Après lui avoir aliéné la plupart des esprits, il conduisit lui-même au com-

(1) Gervasius... suggerentibus comite Gosfredo et Agnete comitissa, dat Vindocino riparium quoddam torrentis apud Villam Dei... et tali ratione confert ut monachi stagna ibi faciant copiosa, XII denarios in festivitate SS. Gervasii et Prothasii persolventes.

Auctoritate autem pontificali sub gravi anathemate prohibemus ne quis unquam ipsa stagna præsumat invadere. — S. Gervasii præsulis, qui hoc scriptum fieri præcepit et propria manu firmavit, S. Guillelmi, fratris ejus...

Episcopaliter actum sive roboratum apud *Luciaci* castrum, VII kal. julii, anno Incarnationis Domini Mxxxviii, Henrico rege. *(Cartularium vindocinense.)*

5

bat ceux qu'il avait excités à la révolte, ne craignant pas de déchaîner ainsi sur tout le pays le fléau de la guerre civile. Baccon résista vainement : abandonné de son propre pupille, il fut obligé de quitter la province.

La famille de Bellême, dans la personne de Gervais, était donc arrivée à ses fins : elle était réellement maîtresse du Maine, car Hugues II ne voyait plus que par les yeux de l'évêque.

Mais celui-ci ne se dissimulait pas les dangers qui menaçaient son pouvoir. Privé d'alliés, il ne pouvait lutter avantageusement contre Geoffroy Martel, que la mort de Foulques Nerra venait de faire comte d'Anjou, et qu'il savait décidé à tout entreprendre pour commander dans le Maine. Il chercha par conséquent à se créer des amis parmi les feudataires voisins, jaloux eux-mêmes de la puissance du comte angevin.

Il se crut enfin à l'abri, quand il eut obtenu pour Hugues II la main de Berthe, fille d'Eudes, comte de Blois, et veuve d'Alain, duc de Bretagne. A l'est, à l'ouest et au nord, il devait, en effet, compter sur des appuis sérieux : Guillaume-le-Bâtard lui-même le favorisait.

Or, de tels résultats, qui semblaient un gage de paix, furent au contraire le signal d'une guerre aussi funeste pour lui que pour le Maine tout entier.

A peine Hugues II était-il parti avec ses hommes d'armes pour aller épouser Berthe, que Geoffroy se mit en campagne et fondit sur Château-du-Loir, comme s'il eût voulu se venger d'abord de son ancien vainqueur (1044). La place résista vaillamment. Gervais, quoique surpris par une attaque aussi brusque, put néanmoins organiser la défense. Bien plus, il riposta par une invasion sur les terres de l'ennemi : Vendôme fut un instant menacé.

Mais le comte d'Anjou, sous prétexte de traiter de la paix, sut attirer l'évêque dans un piège et le retint prisonnier (1).

(1) Videns ergo Gaufridus quod consilio episcopi ad ruinam et ad suum detrimentum Hugo comes uxorem fortissimam duxisset, Judam

Alors les Manceaux subirent revers sur revers. Hugues, après avoir combattu avec courage, finit par être assiégé dans le Mans et mourut de douleur (1051).

On voit, au début de la guerre, une diversion faite par le duc de Normandie. Elle n'aboutit qu'à une effusion de sang bien inutile (1). Quant aux maîtres de la Bretagne et du Blésois, leur intervention n'a pas laissé de traces apparentes.

Les habitants du Mans découragés se soumirent ; Geoffroy entra dans la ville et prit le pouvoir en main. Il devait le garder près de sept ans, tout en déclarant qu'il gouvernait au nom d'Herbert II, fils du malheureux Hugues.

Lorsque Gervais apprit la triste fin du comte du Maine et la victoire de Geoffroy, il courba la tête. Tout espoir de

portans in pectore, mandavit in dolo Gervasium, ut traderet eum, quem traditum misit in carcerem ac tenuit eum in vinculis, sperans se pro hoc Castrum Lit habiturum. Sed nihil ei profecit, quia illud bene custodierunt milites castellani.. *(Gesta Pontif. Cenom.)*

(1) Geoffroy Martel s'était avancé hardiment jusqu'à Domfront : il avait pris cette place, puis Alençon. Guillaume parvint à le chasser de ces deux postes importants, dont il augmenta les fortifications, et il bâtit un château à Ambrières.

Nous croyons devoir citer ici quelques lignes d'Odolant Desnos pour montrer comment le futur maître du Maine traitait ses ennemis : « Aussitôt que ceux-ci (les Angevins) aperçurent le duc Guillaume, plusieurs d'entr'eux s'arment d'une peau et vont frapper contre les palissades du fort qui joignait le camp angevin, en criant : A la pel ! A la pel ! Par là, ils voulaient insulter à la naissance du duc, qui avait pour mère Arlette, fille d'un pelletier de Falaise, dont le duc Robert avait été amoureux. Le prince irrité jure par la resplendeur de la lumière de Dieu, son jurement ordinaire, qu'il punira avec la dernière sévérité les coupables et ordonne sur le champ qu'on prépare tout pour l'assaut. Le fossé est bientôt comblé par les fascines et par les décombres des bâtiments voisins. Les Normands assaillent en même temps le fort (Alençon) et le camp des Angevins. Ceux-ci se défendent vaillamment. Malgré leur résistance, les retranchements sont forcés, un grand nombre d'Angevins tombent victimes du fer et des flammes, le reste n'échappe à un pareil sort que par une prompte fuite. Trente-deux, pris dans le fort du boulevard, ont pieds et mains coupés par ordre du duc. Il fait jeter les membres mutilés dans le château et menace d'un pareil traitement la garnison, si elle ne se rend sur le champ : intimidée par cet exemple, elle se soumet... » *(Histoire d'Alençon et de ses seigneurs*, t. 1, p. 131-132.)

recouvrer son autorité était perdu : le seul bien, auquel il
pût aspirer, était la liberté. Mais, pour sortir de sa prison, il
fut obligé de céder son héritage au comte d'Anjou et de
s'engager à ne pas rentrer dans sa ville épiscopale, tant que
vivrait le nouveau maître du Mans (1).

Ses fidèles, enfermés dans Château-du-Loir, avaient
repoussé pendant sept ans les assauts des Angevins. Ils pro-
menaient, dit-on, autour des remparts les reliques des patrons
de leurs églises et se croyaient invulnérables sous cette
égide sacrée. Lorsqu'ils avaient vu que leur comte était
mort, que leur évêque et seigneur restait dans les fers, et que
le ciel ne faisait pas de miracles en leur faveur, ils avaient
battu avec rage les statues des saints, qu'ils accusaient de
les avoir mal servis (2).

Dès le commencement de la guerre, le prieuré de Saint-
Guingalois et le bourg, situés au pied du donjon, avaient été
saccagés, puis livrés aux flammes. Il n'est guères possible de
croire que les ennemis aient borné là leurs ravages pendant
un siège aussi long. Les autres forteresses dépendant de
Château-du-Loir, celle de Lucé surtout, qui n'était qu'à deux
lieues du Bas-Vendômois, durent sans doute subir plus d'une
attaque, et il est facile de s'imaginer ce que souffrirent alors
les campagnes voisines.

Quant à Gervais, dépouillé de son patrimoine et voyant
tous les seigneurs trembler devant le comte d'Anjou, il
n'avait plus qu'à prendre le chemin de l'exil.

Il se retira en Normandie, à la cour de Guillaume. Reçu
avec honneur et comblé de présents, il passa quelques
années près de son hôte. Peut-être nourrissait-il le secret
espoir d'entraîner le duc dans une nouvelle entreprise contre
Geoffroy, lorsque son ambition fut détournée inopinément

(1) Gervasius, vitæ diffidens, castellum Lit reddidit hacque lege de carcere
exivit, hoc insuper sacramento ut intrà civitatem cenomanicam non intra-
ret, dum Gaufridus viveret. (*Cenomania.*)

(2) De Petigny, *Histoire archéologique du Vendômois.*

d'un autre côté. Le roi Henri lui offrait l'archevêché de
Reims. Il s'empressa d'accepter et de monter sur le siège de
saint Rémy, après avoir renoncé à celui de saint Julien
(1055).

Nous ne pouvons suivre pas à pas le prélat guerrier dans
son nouveau diocèse. Disons seulement qu'il méritait la
haute position à laquelle le roi l'avait appelé. Gervais possédait des qualités, qui brillèrent du plus vif éclat, dès que
l'éloignement l'eut affranchi des préoccupations d'une lutte
ardente. Quatre papes l'honorèrent de leur estime et de leur
amitié. Tout en gouvernant l'Eglise de Reims, il devint
archi-chancelier de France. Sa mort, arrivée en 1067, priva
la papauté d'un défenseur zélé et la royauté d'un conseiller
aussi ferme qu'habile (1). Que n'eût pas fait dans notre
Maine un homme de cette taille, s'il eût pu échapper au
piège de Geoffroy Martel et renoncer aux projets ambitieux !

Au reste, pendant le peu de temps qu'il avait dirigé
l'Eglise du Mans, il ne s'était pas seulement distingué par
une turbulence et par des aspirations trop mondaines. Il
avait été pour le Chapitre un bienfaiteur insigne. Il avait
fondé dans la cathédrale quatre anniversaires richement
rétribués : le premier était pour son oncle Avesgaud, le
second pour son père Haimon, le troisième pour sa mère
Hildeburge et le dernier pour lui-même. En outre, les chanoines avaient reçu de lui des biens considérables et des
présents magnifiques, sans compter les églises retirées par
ses soins des mains de certains laïques (2).

Celles de Parigné et de Pruillé lui appartenaient à titre
d'héritage : il en avait également doté les membres de son

______

(1) Voir l'*Histoire littéraire de la France*, t. VII, p. 572-580.

(2) Citons seulement trois églises du Belinois: Saint-Ouen, Laigné,
Moncé. La dernière appartenait à Herbran, l'un des hommes de Gervais.
La charte, qui rapporte la cession faite à la cathédrale par Herbran, est
signée en présence d'autres fidèles du seigneur de Château-du-Loir,
Ingelbaud de Loudon, Alhéric, frère d'Ingelbaud; et Gilbert de Belin.
(*Livre Blanc*, n° 179.)

Chapitre, leur faisant remise en même temps de toutes les coutumes et redevances féodales auxquelles ils étaient tenus envers lui pour leurs terres relevant de Château-du-Loir (1).

D'un autre côté, il s'était montré tellement généreux envers les chanoines de Saint-Guingalois, qu'il passait pour le second fondateur de ce sanctuaire, si maltraité par les Angevins.

Saint-Vincent avait aussi participé aux bienfaits de l'évêque.

A la mort d'Avesgaud, l'antique abbaye était sortie de ses ruines. Grâce à la munificence de ce prélat et des autres membres de la famille de Bellême, les nouveaux bâtiments et les cloîtres étaient à peu près terminés, ainsi que la belle et grande église, qui devait traverser près de huit siècles avant de tomber, non pas au milieu de la tempête, mais par un temps calme, sous le marteau de démolisseurs ineptes. Gervais avait achevé l'œuvre commencée par ses proches, et les religieux, dont il avait augmenté le nombre, étaient rentrés par ses démarches pressantes en possession de quelques-uns de leurs anciens domaines, entre autres, de Sarcé et de Coulongé. Il les avait même enrichis de grands biens pris sur son patrimoine propre (2).

§ III.

Le cartulaire de Saint-Vincent renferme d'autres preuves de la bienveillance de Gervais pour l'illustre maison fondée

(1) Similiter et ecclesiam quamdam, me vivente, dimidiam, et decedente, totam, nisi ante placuerit,... Patriniacum vocatam. .. (*Livre blanc*, n° 177.)

Dominus Gervasius dedit et canonicis universas consuetudines et exactiones quæ a prædictorum canonicorum terris patri persolvebantur, pertinentes ad Castrum Lit vocatum... Item ecclesiam de Proiliaco cum eadem potestate, Curteauram vocatam.... (*Gesta Pontif. Cenom.*)

(2) Gervasius in monasterio S. Vincentii constituens ordinem monachorum res etiam quæ eidem loco ablatæ fuerant ab ipsis eas injuste tenentium manibus commutando seu redimendo restituit, inter quas Sarciacus et Colongiacus : multa etiam de proprio addidit... *(Cenomania.)*

par saint Domnole, et quelques-unes nous intéressent tout particulièrement.

Ainsi, l'on voit dans ce recueil précieux que l'évêque avait donné à l'abbaye l'église de Saint-Vincent-du-Lorouer (1). Possesseur du droit de rélévation d'autel dans cette église, il avait dû profiter de la mort du prêtre séculier, qui la desservait, pour rendre aux moines un des oratoires fondés par leurs prédécesseurs sur le vaste territoire de Tresson (2).

On voit également que Gervais avait usé de son influence sur ses vassaux de Lucé pour les engager à favoriser Saint-Vincent, et que six d'entre eux avaient répondu à son appel.

Occupons-nous un instant de ces personnages avant de dire ce qu'ils ont fait. Il nous a paru curieux de reconstruire aussi complétement que possible la famille de chacun, à l'aide des chartes du temps de Gervais et de titres postérieurs. Nous avons essayé la même chose pour ceux des témoins qui plus tard deviendront aussi des bienfaiteurs de l'abbaye.

Voici le résultat de notre travail :

La première famille, qui se présente, avait pour auteur Hugues, surnommé De-super-Viduam, et mort selon toute apparence depuis peu d'années. Hugues avait laissé deux fils et une fille : Hélinand, Guillaume et Rohet.

Hélinand était marié avec N., fille d'Odon de Noyen. Il ne faut pas confondre ce gendre d'Odon avec Hélinand, dont le père, Herbran, avait cédé l'église de Moncé au chapitre de la cathédrale. Quant à Odon, les moines de Saint-Vincent devaient le regarder comme un de leurs amis : il leur avait

(1) Hoc ad præsentium futurorumque memoriam scriptum esse volumus quod Gervasius dedit ecclesiæ SS. martyrum Vincentii et Laurentii ecclesiam de Laboratorio, quam habebat apertam propter relevamentum......
(*Cartularium S. Vincentii,* n° 225.)

(2) C'est du moins de cette manière que nous croyons devoir interpréter le mot *apertam* employé par le cartulaire. D'après Du Cange, un bénéfice était dit « vide, ouvert, apertum » lorsque son possesseur venait de mourir. « Aperti honores, aperta beneficia, aperta feuda dicuntur, cum vacant nec possessorem habent ».

donné l'église de Noyen , « de Noviomo » , et nous verrons comment il se conduisit envers eux à Tresson.

. Notre Hélinand eut de son mariage une fille unique, nommée Gersende , qui épousa Hubert Ribole. Dépouillé par l'évêque pour une cause inconnue, puis remis en possession de ses biens par le neveu de Gervais, il céda dans la suite tout ce qu'il avait à son gendre et à sa fille, puis il alla demeurer à Tours.

On connaît quatre fils d'Hubert Ribole et de Gersende : Foulques, Geoffroy-le-Roux , Hugues et Hubert-le-Jeune.

. Ainsi s'explique la possession par les Riboles de certaines terres de Courdemanche et de Saint-Vincent-du-Lorouer. La Riboulière, située dans une position agréable sur la rive droite de l'Etangsort, entre Brives et Courdemanche, appartenait sans doute à cette famille, dont elle rappelle le nom. Aux Riboles succéderont par alliance les Courcillons, seigneurs des Etangs.

Guillaume , frère d'Hélinand, mourut jeune sans laisser de postérité. S'était-il marié ? Le cartulaire ne nous l'apprend pas.

Rohet, nommée aussi Rahet, Rohardis, était femme de Mathfredus Pille-Voisin. Le surnom de Pille-Voisin , que le cartulaire donne à d'autres seigneurs du pays , suffirait à lui seul pour montrer quelle était la violence des mœurs.

Mathfredus et Rohet avaient un fils et quatre filles : Raherius, Inguencina, Eremburge ou Adelaïde , Ingelberge, Avelina. Le mari d'Inguencina était Hubert à la Belle-Chaussure , « pulchrè calceatus » ; celui d'Eremburge s'appelait Albert.

Le chef de la seconde était Succherius de Lucé. Il avait un fils et une fille. Le fils se nommait Etienne. Le nom de la fille n'est pas connu. Mais on sait qu'elle avait épousé Richer. Dans une charte on voit Richer, « miles », gendre de Succherius.

Nous croyons que Gervais avait confié à Succherius la garde de son donjon de Lucé.

La troisième est fort incomplète. Son chef, Hilduin,
surnommé Druus, était vassal d'Hélinand. La femme
d'Hilduin s'appelait Hadvisa. Devenue veuve, elle se maria
en secondes noces avec Gosselin de Semmur, fils de Drogon,
qui paraît dans beaucoup de chartes jusqu'à la fin du siècle.
Quelques-unes des terres de cette famille étaient situées dans
la paroisse de Courdemanche.

La quatrième se composait de deux branches, celle de
Geoffroy, dit Leonius, et celle de Payen, qui portait le
même surnom.

La femme de Geoffroy s'appelait Inguencina : elle avait
donné à son mari deux fils : Gervais et Hugues.

Payen, marié avec Odelina, eut deux filles : Hersende et
Inguencina.

Geoffroy et Payen n'étaient pas frères. Le dernier était
sans doute neveu du premier : on ne le voit pas du temps
de notre évêque.

Ils possédaient l'un et l'autre des domaines dans la paroisse
de Tresson.

La cinquième n'est connue que par deux de ses membres :
Gautier, surnommé Bigot, et sa femme Alexandria. Deux
des hommes de Gautier, « Wauterii milites », paraissent dans
l'une des chartes où il est question de ce seigneur : ils
s'appelaient Hubert d'Averton et Martin.

La sixième portait le surnom d'Espichel. Il y avait deux
frères ou deux cousins : David Espichel, Hubert Espichel.
L'un des fils du premier est connu : il se nommait Robert.
Ceux du second étaient : Hugues-le-Roux, Gaudin, Bouchard
et Gilduin. Toute cette famille demeurait dans la paroisse
de Tresson.

Nous n'avons pu trouver que deux membres de la septième : Normand de Montreuil et son fils Robert.

De la huitième on ne connait que le père, nommé
Fulcogius de Montreuil, et ses deux fils : Morinagius et
Machabée.

La neuvième avait pour chef Gontier de Souligné. Jean de la Guierche, frère de Gontier, eut pour fils Herbert et Guy. Cette famille, outre plusieurs terres relevant de l'évêché, possédait des fiefs dans la paroisse de Villaines-sous-Lucé. Une sœur d'Herbert fut mariée avec Petit des Roches, qui deviendra maître de ces fiefs.

Un seul membre de la dixième est nommé dans le cartulaire, c'est Lethfridus, vassal d'Hélinand. Il demeurait dans la paroisse de Courdemanche.

Voyons maintenant les actes auxquels ont pris part quelques-uns des membres de ces familles, soit comme donateurs. ou vendeurs, soit comme témoins ou parties consentantes. Nous les plaçons entre 1038 et 1044, parceque Gervais non-seulement les a tous inspirés, mais signés ou approuvés pour la plupart. C'est, en effet, pendant ces six. années que l'évêque fut libre de s'occuper de Saint-Vincent. Avant 1038, sa première guerre avec Geoffroy Martel avait dû l'absorber tout entier ; puis, de 1044 à 1051, sa seconde guerre et sa captivité ne lui avaient pas permis de rendre de nouveaux services à l'abbaye. Dans les actes où il paraît, il est nommé Gervasius archipræsul, ce qui prouve tout simplement, à notre avis, que l'on a commencé à faire des copies des originaux, lorsqu'il occupait avec tant d'éclat le siège archiépiscopal de Reims.

ACTES SIGNÉS EN FAVEUR DES MOINES DE 1038 A 1044.

1^{or}. — *Odon* de Noyen et *Geoffroy Leonius* donnent à Dieu et à Saint-Vincent tous leurs droits sur l'église de Tresson, « quidquid in dominio habent in ecclesia de Trecione », et ce du consentement d'*Hélinand*, de la femme d'*Hélinand*, fille d'*Odon*, de la femme de *Geoffroy Leonius* et de ses fils, dont l'aîné reçoit une paire de souliers en cuir de Cordoue, « unos sotulares de Corduan ». Parmi les témoins se trouve

Eudes, écuyer de *Geoffroy*, « Eudo, Gaufridi armiger (1) ».

En outre, *Odon*, avec l'approbation d'*Hélinand* et de la femme de ce dernier, donne à Dieu et à Saint-Vincent la dîme du moulin de Tresson, « decimam molendini de Trecione ». Les témoins sont nombreux. On remarque, entre autres, le chanoine Gradulfe, *Gontier* de Souligné, *Fulcogius* de Montreuil, le grammairien Teuduinus (2).

2e. — *Hélinand*, fils d'*Hugues De-super-Viduam*, vend à l'abbé de Saint-Vincent, Avesgaud (3), la terre et les prés de la Mauvière (4), « terram de Malveria cum pratis », pour un cheval du prix de 4 livres. Il vend également à l'abbé Avesgaud pour une once d'or la moitié du moulin de Courcelles, « dimidium molendini de Curcellis (5) ». De plus, il accorde aux moines de Saint-Vincent-du-Lorouer et à leurs colons la permission de conduire leurs porcs dans son bois, « in bosco suo pasnagium porcorum », et d'y prendre tout ce dont ils auront besoin pour se chauffer, pour construire des maisons et même pour faire du cercle, « ad ardendum, ad construendas domos et ad circulos faciendos. »

Il déclare aussi que ceux de ses hommes, qui voudront vendre ou donner à Saint-Vincent quelque chose de leurs terres, pourront le faire sans craindre d'opposition de sa part.

L'évêque Gervais était présent avec un certain nombre de

(1) *Cartulaire de Saint-Vincent,* nº 207.

(2) *Ibid.*

(3) Avesgaud, proche parent de l'évêque Gervais, a gouverné l'abbaye de Saint-Vincent de 1040 à 1065 ou 1066.

(4) Nous ne croyons pas nous tromper en traduisant *Malveria* par la *Mauvière*. Cette belle propriété, si bien placée au confluent de la Veuve et du ruisseau de Clairaunay, avait dû être cultivée dès le temps des Romains : elle était en effet traversée ou bornée par le chemin qui de Brives conduisait au dolmen ou près de ce vieux témoin de l'âge druidique. Nous ne savons à quelle époque les moines l'ont aliéné. Au siècle dernier, c'était une terre censive, relevant du fief de Clairaunay.

(5) Une autre charte nous apprend que ce moulin était situé dans la paroisse de Courdemanche, « molendini de Curte dominica ».

ses fidèles. Comme suzerain d'*Hélinand*, il confirme ce que son vassal vient de stipuler en faveur des religieux. Après le prélat signent : Drogon, chapelain, Boson, *Cleophas* (1), Herbran, *Odon* de Noyen, Hugues, fils de Guillaume, Guillaume d'Ourne, Hamelin Espinardus, *Hubert Espichel*, *Gautier Bigot*, *Succherius*, Engelbaud de Loudon (2).

3ᵉ. — *Mathfredus* et *Rohet* approuvent les ventes et concessions faites par *Hélinand*. L'abbé Avesgaud, pour prix de leur consentement, leur donne une vache et son veau, « vaccam cum vitulo ». Parmi les témoins, qui sont presque tous les mêmes que dans la charte précédente, on remarque *Normand* de Montreuil (3).

4ᵉ. — Quelque temps auparavant, *Hélinand* avait donné aux moines l'église de Courdemanche, « ecclesiam de Curte dominica », et les terres situées autour de cette église jusqu'au domaine d'*Hilduin*, plus une petite métairie, « unum bordagium terræ (4) ».

5ᵉ. — A la prière de Gervais et du consentement d'*Hélinand*,

(1) Malleran, seigneur de Nouâtre, « de Noviastro », en Touraine, avait trois fils : Gannelon, Cleophas et Manric. C'était un des fidèles les plus dévoués de Foulques Nerra et de Geoffroy Martel. Il leur avait rendu de grands services dans leurs luttes contre la maison de Blois et il avait reçu de Geoffroy, à titre de récompense, le droit de forestage dans la partie de la forêt de Bercé enlevée à Château-du-Loir. Ce droit donnait des prérogatives importantes et se rapprochait sensiblement de celui de propriété. Malleran et Gannelon étant morts, Cleophas avait été investi du même privilège. On ne peut expliquer sa présence parmi les hommes de Gervais que par sa soumission à l'évêque après la défaite de Geoffroy en 1038. La fortune ayant abandonné Gervais, il dut pour garder son droit de forestage faire un nouveau serment de fidélité à Geoffroy. On le verra plus tard parmi les bienfaiteurs de Saint-Vincent. Ce qui est remarquable, c'est qu'il a laissé son nom au canton de Bercé dont il jouissait. Pendant plusieurs siècles, les mots *Forest de Cleophas*, ou tout simplement *Cleopas*, *Cloipas*, serviront à désigner la partie de Bercé soumise autrefois au fils de Malleran de Nouâtre. (V. un travail de G. de l'Estang, *Bulletin de la Société d'Agriculture, Sciences et Arts de la Sarthe*, t. XIV. p. 195-202.)

(2) *Cartulaire de Saint-Vincent,* nᵒ 230.

(3) *Ibidem,* nᵒ 231.

(4) *Ibidem,* nᵒ 229.

Hilduin donne aux religieux la dîme de la terre qu'il possède près de Courdemanche, dans le fief d'*Hélinand*, « quam habet ad Curtem dominicam de beneficio Helinandi ». Il cède aussi d'autres droits ecclésiastiques attachés à cette terre, « sepulturam cum pane et candela suæ terræ ». En retour, les religieux associent *Hilduin* aux prières de leur communauté.

Parmi les témoins figurent *Odon* de Noyen, *Gautier Bigot*, *Succherius* de Lucé, *Hubert Espichel* (1).

6e. — Le même *Hilduin*, d'accord avec sa femme *Hadvisa*, donne une métairie située dans la villa de Courdemanche-sur-la-Veuve, « unum bordagium terræ in villa quæ dicitur Curtis dominica super fluvium Viduæ (2) ».

7e. — *Lethfridus* vend à l'abbé Avesgaud pour 40 sous de deniers la terre de Fontaine, « terram de Fontana ». En outre, les moines s'engagent à le faire participer aux prières de leur communauté. *Hélinand* accorde son consentement à cette vente et reçoit 5 sous de deniers. L'évêque approuve également la transaction. Au nombre des témoins se trouvent *Raherius*, fils de *Mathfredus*, André, prêtre, Hildegarius, prêtre, Regnault, forestier (3).

8e. — *Succherius* de Lucé vend à l'abbé Avesgaud une métairie comprise dans le fief d'*Hélinand*. L'évêque et *Hélinand* donnent leur consentement. *Succherius*, outre une somme de 6 sous de deniers, reçoit l'assurance qu'il aura part aux prières des moines (4).

---

(1) *Cartulaire de Saint-Vincent*, nº 232.

(2) *Ibidem*, nº 249. Ce titre montre que dès lors la paroisse de Courdemanche s'avançait jusqu'à la vallée de la Veuve, du côté de Chantemêle et de Brives.

(3) *Ibidem*, nº 234. Il s'agit sans doute du lieu de Fontaine, près de Saint-Georges.

(4) *Ibidem*, nº 235.

§ IV.

Il est probable que Geoffroy Martel n'avait pas attendu la fin du siège de Château-du-Loir pour reprendre ce que Gervais lui avait enlevé lors de la guerre de 1037-1038. La captivité de l'évêque lui donnait toute liberté à cet égard.

C'est également avant d'arracher à son prisonnier la cession de Château-du-Loir lui-même et de tout l'héritage laissé par Haimon, que le comte d'Anjou a dû incorporer au Bas-Vendômois le fief important de Montreuil, formé d'une partie de l'ancienne villa de Tresson.

A la suite d'une attaque contre le donjon de Lucé, il n'aura pas voulu sans doute se retirer les mains vides.

Cette annexion ne sera pas temporaire. Sauf quelques modifications amenées par des événements, dont le souvenir est effacé, elle durera autant que le régime féodal. On lit, en effet, dans un registre du château de Lucé : « Les seigneurs de Montreuil relevent de Lucé a foy et hommage simple leur droit de chastellenie, haute justice et mesures a bled, mais a l'esgard de leur moyenne et basse justice, leur domaine et leurs subjects, les relevent du fief du Petit-Vaux en Ruillé, qui les reporte au seigneur du d. Ruillé, lequel les tient de la chastellenie de Lavardin ».

A l'époque où Geoffroy Martel s'en rendit maître, le fief de Montreuil était-il tenu par Normand ou par Fulcogius ? Ces deux personnages, qui viennent de paraître comme témoins, n'étaient-ils au contraire l'un et l'autre que des arrière-vassaux de Lucé ?

Quoi qu'il en soit, voici le fait par lequel le comte d'Anjou se révèle comme seigneur suzerain. Cet homme, aussi remarquable, par son courage que par son habileté, menait de front les intrigues les plus perfides et les constructions religieuses. Nous l'avons vu bâtir la Trinité de Vendôme. Pendant qu'il gardait Gervais dans une étroite prison, après lui avoir tendu un piège infâme, il relevait de ses ruines l'abbaye de Saint-Georges-des-Bois et la dotait généreusement (1045). Son œuvre subsiste encore en partie et excite l'admiration des connaisseurs (1). Outre de grands biens, il donnait au sanctuaire restauré par ses soins les églises de Saint-Martin-des-Bois, de Lavardin, de Saint-Jacques-des-Guérets, de Saint-Arnoul, de Villefranche, de Saint-Rémi et de Montreuil. Cette dernière devait occuper l'emplacement où les moines de Saint-Vincent avaient autrefois construit un de leurs oratoires : l'antique fondation avait conservé le nom de Montreuil, Monasteriolum, ce qui indiquait bien sa destination primitive.

Des religieux de Saint-Georges-des-Bois vinrent habiter près de cette église et la desservir sous les ordres d'un prieur. Plus tard, lorsque les moines, par une mesure générale, seront forcés de rentrer dans leurs maisons-mères, la cure de Montreuil gardera le titre de prieuré-cure et c'est l'abbaye de Saint-Georges qui choisira dans son sein et présentera chaque titulaire jusqu'à la Révolution.

Dom Piolin signale d'autres prieurés fondés par Saint-Georges-des-Bois, du temps même de Geoffroy ou peu d'années après la mort de ce comte. Il n'a pas fait mention de celui de Vazon, situé dans la paroisse de Lucé. Nous sommes porté à croire que l'existence de cet établissement

(1) « Geoffroy rebâtit les vieux cloîtres et éleva la magnifique chapelle dont on peut encore admirer les voûtes élégantes et hardies, soutenues par des colonnes à chapiteaux richement sculptés ; ces constructions, dont le caractère se rapproche déjà du grand style architectural du XIIe siècle, datent probablement des dernières années de la vie du fondateur, de 1050 à 1060 ». En note, on lit : « La nef de l'église a été abattue depuis 1792 : il n'en reste que le chœur, dont on a fait une chapelle, où sont les tombes du dernier possesseur et de ses parents. Cet édifice, précieux débris d'un des monuments les plus remarquables de la grande époque de Geoffroy Martel, est dans un état fâcheux de dégradation. Ses murs sont tapissés d'une mousse verdâtre, et l'eau de pluie, filtrant à travers les voûtes, tombe sur les dalles du sanctuaire; on voit encore quelques vestiges des anciens cloîtres dans les bâtiments d'habitation et surtout dans la vaste pièce qui sert de cuisine..... » (De Pétigny, *Histoire archéologique du Vendômois*, p. 172-173.)

date également du XIe siècle. Il est regrettable qu'aucun titre de cette époque ne vienne appuyer notre opinion et nous donner les noms des bienfaiteurs. Plus tard, nous aurons occasion de citer quelques-uns des religieux de Saint-Georges qui ont vécu dans cette charmante retraite (1).

CHAPITRE V.

PÉRIODE FÉODALE.

2me Partie.

DU COMTE HERBERT II A LA MORT D'HÉLIE DE LA FLÈCHE.

§ I.

Geoffroy Martel garda-t-il Château-du-Loir et les dépendances de ce grand fief? Ou bien, faisant taire son ressentiment contre la famille de Gervais, rendit-il cet héritage à l'un des frères de sa victime ?

Si l'on tenait compte seulement du caractère du prince angevin et de sa haine pour tout ce qui se rattachait à la maison de Bellême, on pourrait affirmer qu'il ne se dessaisit de sa proie qu'au moment où, dégoûté des biens de ce monde, il s'enferma dans l'abbaye de Saint-Nicolas d'Angers pour y mourir sous le froc, comme le dernier des moines.

Ce qui est certain, c'est que Robert, frère de Gervais, paraît au Mans, en qualité de seigneur de Château-du-Loir,

(1) La chapelle du prieuré de Vazon existe encore, à peine défigurée par les aménagements qu'on y a faits pour loger le fermier. Ses murs épais, la robuste charpente de sa voûte, dont le lambris a été enlevé, semblent défier le temps. Elle est parfaitement orientée. La grande porte était au couchant : une verrière placée au-dessus de l'autel, au levant, devait inonder de lumière le petit vaisseau : mais elle a disparu avec la fenêtre et l'autel. A droite, on voit encore une crédence qui s'enfonce de près d'un pied dans le mur méridional.

quatre ans au plus après le décès de Geoffroy Martel, c'est-
à-dire, en 1064.

De graves événements venaient d'agiter profondément le
Maine. Le jeune Herbert II, à peine délivré de la tutelle
odieuse du comte d'Anjou, était mort lui-même dès 1062,
après avoir fiancé sa sœur Marguerite à Robert, fils aîné du
duc de Normandie, et légué son comté à Guillaume (1).
Celui-ci n'avait eu garde de refuser.

Cependant Gauthier, comte du Vexin, et sa femme Biothe,
fille d'Herbert Eveille-Chien, étaient accourus au Mans.
Soutenus par Geoffroy-le-Barbu, l'un des héritiers de
Geoffroy Martel, ils avaient pris possession du comté aux
acclamations des Manceaux.

Mais bientôt le duc de Normandie s'était présenté dans le
Maine à la tête d'une nombreuse armée, avait ravagé la
province et pris la capitale. Biothe et Gauthier, tombés en
son pouvoir, avaient été envoyés au château de Falaise
(1063), où leur cruel vainqueur devait les faire périr par le
poison (2).

Pendant que Guillaume était au Mans, occupé à consolider sa conquête, il eut occasion de signer, comme témoin,
une charte faite en faveur de l'abbaye de Marmoutier. Ses
nouveaux vassaux, qui l'entouraient, signèrent après lui.
C'est au bas de cette charte que se trouvent le nom de notre
Robert et celui de son fils Gervais (3).

On ne sait rien de la part prise par Robert aux affaires de
son temps. Sa femme s'appelait Elizabeth. Il avait quatre
fils : Gervais, que nous venons de citer, Adam, Robert

(1) Marguerite mourut avant la célébration du mariage et fut enterrée
dans l'abbaye de Fécamp.

(2) Orderic Vital.

(3) Guillelmus, dux Normannorum, quin etiam sublimis nobilitas Cyno-
manorum, ex quibus nonnullos subter scribere providimus utillimum fore
et in futurum prodesse : Radulfus, vicecomes, Hubertus, filius ejus,
Robertus de Castro Lit, Gervasius, filius ejus, Rainaldus de Secusa,
Wulgrinus, episcopus.... (*Cartularium Majoris Monasterii, de rebus*
Cenom.)

et un autre Gervais, qui fut engagé dans les ordres.

On doit placer sa mort au commencement de 1067, au plus tard. De cette année date, en effet, une charte importante, concernant le prieuré de Saint-Guingalois. Gervais y paraît, comme seigneur de Château-du-Loir. A côté de lui, on voit sa mère Elizabeth, ses trois frères Adam, Robert et Gervais (1).

C'est vers le même temps que l'archevêque de Reims terminait sa carrière.

Gervais devait garder l'héritage de son oncle pendant trente ans, au milieu de révolutions qui font de la fin du XIe siècle l'une des époques les plus troublées de notre histoire.

Déjà Guillaume, avant de tenter la conquête de l'Angleterre, avait été obligé de revenir dans le Maine. La garnison normande, qui occupait le Mans, avait été massacrée par Geoffroy de Mayenne. Après avoir repris, démantelé, brûlé en partie la malheureuse cité, le duc avait assiégé le château de Geoffroy, était entré par ruse dans cette place et avait forcé son ennemi à se soumettre. En vain la noblesse avait essayé, malgré ce grave échec, de secouer le joug en s'appuyant sur Geoffroy-le-Barbu. Elle n'avait réussi qu'à se donner deux maîtres au lieu d'un. Le duc avait cédé à Geoffroy-le-Barbu la suzeraineté du Maine, mais il s'était réservé la possession du comté.

Quand on apprend au Mans dans quels embarras était engagé le vainqueur d'Hastings, un nouveau soulèvement se fait à l'instigation de Geoffroy de Mayenne et alors commencent les plus dures épreuves. Dans l'espace de vingt-trois ans (1067-1090), le Maine se donne ou subit dix gouvernemehts différents.

Azzon, marquis de Ligurie, et sa femme Hersende, fille d'Herbert Eveille-Chien, leur fils Hugues, les chefs de la

(1) V. dans la *Revue historique et archéologique du Maine*, t. IV et V, le travail intéressant de M. l'abbé R. Charles sur le prieuré de St-Guingalois.

Commune, Geoffroy de Mayenne, sous le nom d'Hersende,
ne peuvent se maintenir. Ensuite viennent Foulques-le-
Réchin, frère de Geoffroy-le-Barbu, le roi Guillaume, son
fils, Robert de Normandie, qui voient également leur autorité
foulée aux pieds.

Hélie, seigneur de la Flèche, petit-fils de Lancelin de
Beaugency et de Paule, la troisième fille d'Herbert Eveille-
Chien, fait bientôt place lui-même au fils d'Hersende,
rappelé d'Italie par Geoffroy de Mayenne.

Mais l'Allobroge, « ignavus Allobrox », ne tarde pas à se
rendre odieux.

Alors Hélie le décide facilement à retourner « en Ligurie »,
lui donne comme indemnité 10,000 sous d'or et devient
maître du comté.

Les Manceaux devaient enfin, sous ce dernier descendant
de leurs anciens comtes, jouir de quelques années de repos.

L'on ignore quel rôle a joué Gervais de Château-du-Loir
dans tous ces bouleversements. Faute de génie ou d'ambition, il est resté dans l'ombre, comme son père Robert et son
grand-père Haimon. Cependant, il occupait une trop grande
place parmi les seigneurs de son temps pour avoir pu se
tenir à l'écart. Il a dû se prononcer pour ou contre les divers
prétendants qui viennent de passer sous nos yeux.

L'événement capital de sa vie, celui du mariage de sa
fille Mathilde avec Hélie, serait de nature à faire croire que
le seigneur de Château-du-Loir inclinait vers le parti angevin,
malgré sa parenté avec les maîtres de Bellême.

Grâce au cartulaire de Saint-Vincent, nous pouvons du
moins suivre Gervais sur une scène moins agitée, et constater qu'il a été pour la grande abbaye, à l'exemple de son
oncle, un protecteur et un ami.

On voit dans le même cartulaire (1) et dans une charte de
Saint-Guingalois qu'après la mort d'Eremburge, mère de
Mathilde, il avait épousé Garsende.

(1) N° 319.

Cette seconde femme ne lui donna point d'héritier. Il a
dû mourir en 1097 : du moins, après cette année, on ne
trouve plus son nom.

§ II.

Le comte Hélie devint donc, du chef de sa femme Mathilde,
seigneur de Château-du-Loir, de Lucé et de toutes les autres
possessions de Gervais.

En parlant de son mariage avec Mathilde, Orderic Vital
appelle cette dernière « generosa conjux ».

On ne peut guères non plus regarder comme surfait le
portrait suivant qu'il a laissé de notre comte : les éloges
donnés par un ennemi doivent être mérités (1) :

« C'était, dit-il, un seigneur brave, rempli d'honneur et
aimable par ses vertus sociales. Il était d'une haute taille,
d'une force extraordinaire, nerveux et sans embonpoint. Il
avait le visage basané, la barbe hérissée, les cheveux tondus
comme un prêtre. Il parlait avec agrément et facilité. Les
gens tranquilles et soumis n'avaient qu'à se louer de sa
douceur, mais il traitait rudement les brouillons et les
rebelles. Il observait et faisait observer rigoureusement les
lois de la justice. Pénétré de la crainte le Dieu, il pratiquait
avec ferveur tous les exercices de la religion. Sa piété tendre
et affectueuse lui faisait souvent verser des larmes dans la
prière. Il jeûnait fréquemment et passait régulièrement tous
les vendredis sans manger. Les églises trouvèrent en lui

(1) Erat enim probus et honorabilis et multis pro virtutibus amabilis.
Corpore præcellebat, fortis et magnus statura, gracilis et procerus, niger
et hirsutus, et instar presbyteri benè tonsus. Eloquio etiam erat suavis et
facundus, lenis quietis, asper rebellibus, justitiæ cultor rigidus et in timore
Dei ad opus bonum fervidus. Quantæ pietatis esset in orationibus ac devo-
tionis indicabànt ejus genæ crebro madentes lacrymis. Defensionibus
ecclesiarum eleemosynisque pauperum et jejuniis admodum vacavit, et
singulis hebdomadibus feria sexta in veneratione passionis Christi ab omni
cibo et potu ex integro abstinuit. »

un zélé défenseur, et les pauvres un père charitable (1) ».

Tranquille possesseur du Maine, grâce à l'indolence de Robert, duc de Normandie, le comte Hélie gouvernait, en effet, avec une justice qui lui avait gagné les cœurs de ses sujets. Ainsi, le trop fameux Robert de Bellême (2), ayant molesté indignement les colons des religieux de Saint-Vincent et de la Couture, et n'écoutant aucune représentation, il n'avait pas hésité à marcher contre ce parent de Mathilde. Il l'avait vaincu, après un vif combat près du ruisseau de Riolet, dans le Sonnois, et pour couvrir la province de ce côté, il avait bâti le château de Dangeul.

Pendant le séjour du pape Urbain II au Mans (1096), il avait pris la croix et dès l'année suivante, il devait partir pour la Terre-Sainte en même temps que le duc de Normandie. Mais Robert, qui manquait d'argent, avait engagé son duché à son frère, le roi d'Angleterre, Guillaume-le-Roux, pour la somme de 600,000 livres. Guillaume pouvait par conséquent faire valoir tous les droits de Robert et réclamer le Maine. Il était nécessaire de s'assurer des intentions du monarque. Hélie, plein d'inquiétude, était allé à Rouen pour lui demander son amitié.

L'entrevue du roi et du comte est racontée par Orderic Vital. C'est une des scènes les plus curieuses parmi toutes celles que l'on doit à l'historien des Normands (3).

(1) V. *Histoire de l'Eglise du Mans*, t. III, p. 551. — L'*Art de vérifier les dates,* éd. de 1818, t. XIII, p. 101.

(2) « La barbarie de Robert de Bellême le rendait insupportable aux gens de sa maison, à ses amis et à ses vassaux. Il regardait comme un jeu de faire arracher les yeux, couper les pieds et les mains, et se plaisait, comme le sicilien Phalaris, à recourir à des supplices inouïs pour torturer les malheureux. Ceux qu'il jetait dans ses prisons pour quelque faute souffraient des tourments indicibles de la part de ce tyran, plus cruel que Néron, Dèce ou Dioclétien..... » (Orderic Vital, trad. Louis du Bois, collection Guizot.)

(3) Cum autem ipse Robertus ducatum suum Regi Guillelmo, fratri suo, commisisset, Helias ad curiam Regis Rothomagum venit, Regis amicitiam deprecaturus. Cui cum respondit Rex ut ipse comes prius sibi comitatum

Guillaume-le-Roux avait nettement déclaré qu'il voulait reprendre l'héritage de son père et l'on s'étonne qu'Hélie ait pu s'en revenir sain et sauf. Dans ces temps de violences et de force brutale, on ne lâchait pas facilement un ennemi désarmé.

Le comte Hélie avait donc renoncé à la croisade. Il ne lui restait plus qu'à prendre ses mesures pour repousser le roi.

C'est alors qu'il faut placer la mort de Gervais. La vue des maux, qui allaient fondre sur ses possessions, fut épargnée au vieux seigneur de Château-du-Loir (1097).

§ III.

Cependant Guillaume, engagé dans d'autres affaires, ne mit pas immédiatement ses menaces à exécution. Il avait assez de ses démêlés avec les Bretons et les Flamands. Ce ne fut qu'au commencement de 1098 qu'il arriva dans le Maine.

L'armée anglo-normande, conduite par le roi et par Robert de Bellême, prit la route de Dangeul. Il tardait à Robert de renverser cette forteresse qui gênait ses mouvements et lui rappelait sa défaite. Mais les chemins et les passages des rivières étaient si bien gardés par les troupes d'Hélie que l'expédition fut manquée.

cenomanicum dimitteret, quem pater suus tenuerat, dixissetque Helias avorum suorum esse seque de eo libenter cum Rege placitaturum, respondit iterùm Rex ensibus et lanceis placitandum. « Ego igitur, inquit Helias, contra inimicos Dei proficisci habens in animo, contra inimicum veritatis cruce signatus pugnabo, infixo sacro signo crucis in clypeo meo, galea, sella et freno, ut miles Christi, ne populus Dei mihi a Deo commissus prædonibus tradatur. Tempore opportuno, per clementiam Dei, votum peracturus sum ». — « Et ego, inquit Rex, centum mille lanceas cum vexillis, et currus pilis et sagittis onustos quantocius Cenomanis demonstrabo cum multis armatorum legionibus ». — Recedens igitur comes consulatum suum viriliter munivit ; proceres vero ex metu Regis nihil intercedere audentes Heliæ condolebant. (Orderic Vital, livre X.)

Guillaume s'en retourna, laissant de l'argent et de grandes forces à Robert pour continuer la lutte. Ce dernier ne s'acquitta que trop bien de sa commission.

De ses forteresses de Blèves, du Perray, du Mont-de-la-Nue, de Saône, de Saint-Rémy-du-Plain, de Lurçon, d'Aillières, de la Motte-de-Gautier-Clinchamp, de Mamers, etc., il lança sur les terres de la Cathédrale, de la Couture et de Saint-Vincent des soldats qui pillaient, incendiaient et emmenaient avec eux les habitants inoffensifs. Orderic nous apprend ce que Robert faisait de ces malheureux entassés dans ses prisons (1).

Hélie marcha de nouveau contre le seigneur de Bellême pour mettre fin à de pareils attentats et le battit plusieurs fois. Mais il tomba, près de Dangeul, dans une embuscade dressée par Robert, et fut conduit à Rouen devant Guillaume (2).

En apprenant la captivité d'Hélie, Foulques-le-Réchin s'empressa de venir au Mans. Dès le mois de mai, il y fit entrer son armée, disposant tout pour résister au roi d'Angleterre. Suzerain du Maine, il voulait assurer la possession du comté à son fils, Geoffroy Martel, déjà fiancé à la fille d'Hélie, Eremburge.

Guillaume, de son côté, ne perdit pas de temps. Au mois de juin, il partit d'Alençon, arriva sous les murs du Mans après trois journées de marche et commença le siège de la ville. Le manque de vivres lui fit abandonner un instant l'entreprise. Mais, après la moisson, il revint avec une armée plus nombreuse. Alors Foulques-le-Réchin et les Manceaux se résignèrent à traiter, à condition qu'Hélie fût rendu à la liberté.

(1) Undè atrocem guerram in Cenomanos exercuit, et in carcere plus quam trecenti quadragesimæ tempore in vinculis perierunt, qui multam ei pecuniam pro salute sua obtulerant. (Orderic Vital.)

(2) Robertus in insidiis latitabat...... Comitem mox et Heriveum de Monteforti, signiferum ejus, et penè omnes alios comprehendit... Robertus deindè Regi Heliam Rothomagum præsentavit, quem Rex honorificè custodiri præcepit... (Ibidem.)

Le roi répondit à leurs envoyés qu'il donnerait volontiers l'ordre d'élargir Hélie, mais il exigea la remise entre ses mains du Mans et des autres places que son père avait possédées.

Le comte d'Anjou et ses partisans acceptèrent, et le Maine fut encore une fois obligé de subir le joug détesté des Anglo-Normands. Cependant il ne devait pas être soumis longtemps à cette nouvelle épreuve. Après un orage terrible, le calme reviendra.

Ici se présente une scène des plus remarquables :

« Hélie, dit Orderic, étant sorti de la prison de Bayeux, vint à Rouen, tout noir et hérissé. Il dit humblement à Guillaume : Roi puissant, qui commandez à tant de monde, daignez, je vous prie, me secourir par votre grande bonté. Depuis longtemps, j'ai le titre de comte, parceque j'ai possédé par droit héréditaire un noble comté. Mais les destinées ayant changé, je me trouve privé du titre de ma dignité et de mon domaine. En conséquence, je vous prie de m'admettre dans vos armées en me conservant le nom de mon ancienne dignité, et je vous rendrai de fidèles services. Je ne réclame pas la ville du Mans ni les places fortes que j'ai perdues, tant que je n'aurai pas mérité de les recevoir de votre munificence par la loyauté de mes services. Je n'aspire qu'à prendre rang parmi vos serviteurs et à jouir de votre amitié royale.

» Le Roi, plein de générosité, voulait lui accorder cette demande, mais Robert, comte de Meulan, animé du fiel de l'envie, l'en dissuada...... Hélie dit alors avec fermeté : Seigneur Roi, je vous aurais servi de bon cœur, si vous l'eussiez voulu..... Je ne puis supporter patiemment la perte de mon héritage... C'est pourquoi personne ne sera étonné, si je réclame et redemande de toutes mes forces les biens de mon père (1) ».

(1) Orderic Vital, livre X, traduction Louis du Bois.

Malgré ces dernières paroles, dont la fierté égalait l'imprudence, Hélie avait pu sortir de Rouen et regagner le Maine.

Privé de son comté, il se retire dans ses fiefs. Il n'a pas de repos que la Flèche, Château-du-Loir, Lucé, Mayet, Outillé et ses autres forteresses ne soient en parfait état (1).

Au mois de juin suivant, ses préparatifs terminés, il passe l'Huisne, culbute les Normands qui voulaient l'arrêter, entre au Mans avec eux et assiège les forts dans lesquels ils s'étaient réfugiés. Mais il rencontre une défense énergique : la ville est en partie brûlée.

Guillaume, de retour en Angleterre, était à la chasse, quand on lui apprit ce qui s'était passé. Il part immédiatement, gagne le rivage, monte sur le premier navire qu'il trouve et arrive en Normandie. Il rassemble des troupes, marche sur le Mans, traverse sans s'y arrêter la cité abandonnée par Hélie (2), et fait dresser ses tentes au-delà de Pontlieue, dans une plaine, qui s'appelle encore le Camp, sur la route de Tours. Dès le lendemain, il repart.

Hélie, en se retirant, avait ordonné de dévaster tout le pays derrière lui, afin que l'ennemi ne trouvât rien à piller. Il avait fait mettre le feu aux châteaux de Vaux et d'Outillé :

(1) Helias itaque, accepto per terram Regis conductu, liber ad sua gaudentibus amicis remeavit et quinque oppida sua cum adjacentibus vicis instruxit: hæc erant Flechia, Castrum Lit, Majetum, Luceium, Ostilliacum. Sollicita procuratione damna supplevit propriisque negotiis sedulus institit. Ab augusto mense 1098 ad Pascha in pace siluit. Intereà tamen quomodo in hostes ageret callidus cogitavit et cum fidis affinibus tractavit, castella sua vallo atque fossis muniendo et sibi vicinorum amicitias atque auxilia consciscendo.... (Orderic Vital, livre X.)

(2) Helias vero videns Cenomanos amaro ergà eum animo propter urbis conflagrationem, audiens adventum Regis..... a civitate discessit *(Ibid.)*. Tunc vero timor et stupor civium animos invadere cœpit, magnaque populi multitudo cum mulieribus et parvulis, relictis omnibus, Heliam secuta est. Qui vero in urbe remanserunt, quam crudeliter et inhumane ab hostibus suis oppressi, miserum est audire : nisi enim Regis liberalitas prædonum sævientium rapacitatem compescuisset, civitas ad extremum pervenisset excidium. *(Gesta Pontif. Cenom.)*

d'autres places, qui ne sont pas nommées, devaient également être brûlées. Après avoir pris ces mesures, il s'était retranché dans Château-du-Loir, attendant le roi de pied ferme (1).

Guillaume, ayant appris dans sa marche à quelles extrémités s'était porté son rival pour défendre son patrimoine, charge Robert de Montfort d'éteindre l'incendie, qui dévorait le château de Vaux, et de réparer cette place pour son propre service. Puis, il se présente devant Mayet, qu'il espère enlever d'un coup de main, avant d'aller chercher Hélie dans Château-du-Loir. Mais la garnison résiste vaillamment.

Il faut se résigner à faire le siège de la petite citadelle.

Orderic Vital entre alors dans des détails, qui nous touchent de trop près, pour que nous en laissions le moindre de côté.

On était, dit-il, au vendredi. Le Roi, d'après l'avis d'hommes sages, déclare qu'il n'attaquera que le lundi matin, par respect pour la sépulture et pour la résurrection du Seigneur, « pro reverentia dominicæ sepulturæ ac resurrectionis ».

Les soldats d'Hélie profitent de cette trève et augmentent leurs moyens de défense : ils construisent avec des branches d'arbres des claies, qui les mettent à l'abri des traits et des pierres. Au reste, ils sont décidés à combattre jusqu'à la mort pour leur seigneur, « viri pro domino suo usque ad mortem pugnaces ».

L'heure venue, lorsque les assiégeants s'efforcent de combler le fossé avec des fascines, afin de pouvoir arriver jusqu'à la palissade, ils lancent sur ces amas de bois des vases remplis de charbons ardents, et les flammes, favorisées

(1) Porro antequam Rex ad inimici castra venisset, hostilis ipsa manus omnia incendebat, omnemque regionem ultro denudabat, ne malevoli prædones ad diripiendum quid invenirent. Sic Valles et Ostilliacum consumpta sunt, aliaque quam plurima *oppida* ac rura penitus pessumdata sunt. (Orderic Vital.)

par les rayons brûlants d'un soleil d'été, détruisent bientôt les travaux des ennemis.

Cependant, une pierre lancée sur le Roi du haut d'un créneau vient frapper à la tête un homme d'armes d'une force athlétique, qui se tenait près du monarque. Le coup est si violent que les os brisés se mêlent avec la cervelle. A cette vue, les assiégés s'écrient d'un ton moqueur : Voilà de la chair fraîche pour le souper du Roi, « Ecce Rex modo recentes habet carnes in cœnam ! »

Alors Guillaume, attristé, s'éloigne du fossé, prend à part les principaux chefs de son armée et leur demande ce qu'il faut faire.

La vive résistance de la place et le danger, qu'il venait de courir, avaient diminué son ardeur.

C'est pourquoi, de l'avis de ses conseillers, il change de plan et ordonne de partir pour Lucé le lendemain, dès la pointe du jour, « suos Luceium diluculo abire præcepit ».

L'armée s'éloigne donc de bon matin et prend la route de Lucé.

L'historien ne dit pas si Guillaume entra de vive force dans le donjon. Il parle seulement des dégâts commis par les troupes du roi. Il nous représente les vignes arrachées, les arbres fruitiers coupés, les maisons brûlées, tout le pays enfin, qui était très fertile, ravagé par le fer et par le feu, « ac diversis ad desolationem hostilis patriæ ferramentis usi, vineas extirpaverunt, fructiferas arbores succiderunt, macerias et parietes dejecerunt, totamque regionem, quæ erat uberrima, ferro et igne desolaverunt ».

Ensuite, le roi ramène de Lucé au Mans ses soldats chargés de butin, et il retourne triomphant en Angleterre, après avoir laissé de bonnes garnisons dans la Tour-au-Roi, au Grand et au Petit Mont-Barbet (1).

Ainsi, malgré tant d'efforts pour vaincre la mauvaise

____

(1) Orderic Vital, livre X.

fortune, non seulement Hélie restait dépouillé de son comté, mais encore il se voyait privé d'un grand nombre de fidèles, qui avaient succombé dans la lutte, et appauvri par les ravages qu'avaient subis ses terres et celles de ses vassaux.

De plus, il avait imploré vainement la protection de son suzerain. Foulques-le-Réchin et le fiancé d'Eremburge lui-même semblaient l'avoir abandonné : il était à la merci du roi qui pouvait revenir et lui enlever ses propres domaines.

Un autre malheur lui était réservé. Mathilde, cette épouse vaillante, qui avait partagé ses espérances et ses déboires, mourut au mois de mars suivant, à la fleur de l'âge, emportée sans doute par le chagrin (1).

Tout s'était donc réuni pour accabler l'ancien comte du Maine. Il vivait dans le deuil et dans la crainte, lorsqu'une étrange nouvelle vient le tirer tout à coup de son abattement. Guillaume n'était plus : il avait été blessé mortellement à la chasse dans la Forêt-Neuve (2).

C'était pour Hélie un coup de fortune inattendu. Il vole au Mans, où il est reçu avec la joie la plus vive, et assiège les Normands retirés dans le château et dans les deux forts voisins. Ce premier succès lui ramène le comte d'Anjou. Foulques-le-Réchin arrive avec ses hommes d'armes pour le soutenir.

Au bout de quelques mois, la face des choses était complétement changée. La garnison ennemie s'était retirée. Le Maine, heureux d'avoir à sa tête son chef national, commençait à goûter les douceurs d'une paix qui devait durer dix ans.

(1) Noverint universi.... quod anno ab Incarnatione Domini 1099, VI kalendas aprilis, XVᵃ die ante Pascha..... venit in capitulum nostrum, monachorum scilicet Majoris Monasterii apud Castrum Ledi habitantium, Helias, comes cenomanensis, et ibi pro anima uxoris suæ Mathildis ante paucos dies defunctæ, per quam habebat honorem Castri Ledensis, sancto Guingaloeo atque nobis capellam suam ad pedes turris memorati Castri sitam dedit cum omnibus pertinentiis. *(Cartulaire de Marmoutier.)*

(2) Anno 1100, die secunda augusti, Rex Guillelmus inter venandum sagitta percussus interiit. (Orderic Vital.)

Orderic Vital explique fort bien comment s'était fait un pareil revirement.

Les chefs de la garnison, ayant obtenu une trève, avaient envoyé des courriers en Normandie et en Angleterre pour savoir s'ils devaient se rendre ou attendre des secours.

Robert, qui arrivait de la Terre-Sainte, avait engagé les assiégés à remettre les forts entre les mains du comte Hélie. Ses fatigues, disait-il, lui commandaient le repos.

De son côté, Henri, le nouveau roi d'Angleterre, dernier fils du Conquérant, avait répondu qu'il était trop surchargé d'affaires pour s'engager par orgueil dans des entreprises étrangères.

En réalité, les deux frères, qui allaient bientôt se disputer l'héritage de leur père, avaient eu la même pensée en ne poursuivant pas la guerre contre Hélie. Chacun d'eux voulait se faire un allié de notre comte, dont la valeur était connue.

Les commandants de la Tour-au-Roi et des deux autres forts avaient donc déclaré qu'ils étaient prêts à se rendre, non parcequ'ils étaient à bout de forces, mais parcequ'ils devaient obéir aux ordres de leurs maîtres, et ils étaient sortis de la ville sains et saufs, escortés par les troupes d'Hélie (1).

§ IV.

Les historiens du temps s'accordent à dire avec quel soin Hélie, rétabli dans sa dignité, s'est efforcé de faire disparaître les traces de l'horrible lutte qui venait de finir.

Plein de prudence, il sut préserver son comté de nouvelles invasions. Acceptant avec résignation la situation, que lui

(1) Helias vero cum 200 militibus eos per urbem incolumes eduxit, ne a civibus quorum domos anno præterito combusserant læderentur. (Orderic Vital.)

avaient imposée les événements, il ne chercha point à réclamer une indépendance perdue depuis si longtemps. Il préféra rester le fidèle vassal du comte d'Anjou et lorsqu'il dut se prononcer dans l'intérêt de ses sujets entre les deux fils de Guillaume, il paya généreusement la paix que lui avait accordée le roi d'Angleterre.

Ainsi, au mois de mai 1106, on le voit sous les murs du château de Candé combattre à côté de Geoffroy Martel contre les barons de Foulques-le-Réchin, qui s'étaient révoltés. C'est là que fut tué, traîtreusement, dit-on, le fiancé de sa fille Eremburge. La même année, l'avant-veille de la Saint-Michel, il était à Tinchebray, dans l'armée du roi Henri, et par une charge habile il décidait du sort de la bataille (1). Robert de Normandie, vaincu, était emmené en Angleterre, où il devait mourir au bout de vingt-quatre ans de captivité.

Après ces deux expéditions, qui ne pouvaient qu'affermir la paix, Hélie ne paraît pas avoir repris les armes.

Il avait la plus grande affection pour l'évêque Hildebert. Cet illustre prélat, qui pendant les troubles précédents avait souffert, comme ses deux prédécesseurs Arnaud et Hoël, la pauvreté, l'exil et la prison, exerçait de son côté sur notre comte une douce influence. C'est à son inspiration sans doute qu'il faut attribuer la plupart des bienfaits qui signalent les dernières années d'Hélie. La munificence de ce prince s'étendait, non-seulement sur tous les monastères du Maine et sur beaucoup de simples paroisses, mais encore sur des cloîtres étrangers, comme ceux de Saint-Aubin et du Mont-Saint-Michel.

(1) Fœdus et amicitiam cum Henrico rege inierat Helias, imo et cum Roberto, ejus fratre, Normanniæ duce. Sed cùm res Roberti præ ejus ignavia et malorum consiliis pessumire videret, Henrico favit. Cui apud Tinchebraïcam pugnam victoriæ causa fuit, anno 1106. Cum enim Cenomani et Britones cum Helia comite in campo longius ab exercitu constituti essent, in ipso pugnæ impetu Helias cum suis subito irruit et e latere inermes ducis pedites percussit.... (Orderic Vital.)

Le chapitre de Saint-Julien, l'abbaye de Saint-Vincent reçurent des faveurs exceptionnelles.

Hélie mourut le 11 juillet 1110, après avoir fiancé sa fille Eremburge à Foulques-le-Jeune, fils du Réchin et de la trop célèbre Bertrade.

Il s'était marié en secondes noces, l'année précédente, avec Agnès, fille de Guillaume, comte de Poitiers, qui avait été répudiée par Alphonse, roi de Castille et de Léon, pour cause de parenté.

Son corps fut enterré, au milieu d'un deuil général, dans l'église abbatiale de la Couture (1).

§ V.

La vie du comte Hélie nous appartenait au même titre que celle de l'évêque Gervais.

Mais, pour ne pas couper notre récit, nous avons dû laisser de côté tout un ensemble de faits qui concernent spécialement Lucé et les campagnes voisines.

Quoique d'un ordre différent, ces faits ne méritent pas moins notre attention que les travaux de défense exécutés à notre donjon dans les derniers mois de 1098 et le passage funeste des troupes de Guillaume pendant l'été de 1099.

Il est temps de les exposer avec ceux de même nature,

______

(1) « On lui éleva, dit dom Piolin, à gauche de l'autel majeur, un tombeau sur lequel il était représenté en habit de guerre, le casque ou le pot de fer en tête, avec son écu de forme triangulaire, chargé d'une croix ancrée, la hache pendante dans un long fourreau. Ce tombeau était regardé comme l'un des plus beaux monuments de ce genre ». (*Histoire de l'Église du Mans,* t. III, p. 550.)

Hélie avait eu six frères dont l'histoire a été résumée par Orderic Vital dans les lignes suivantes : « Heliæ sex fuerunt fratres, quorum duo priores Guisbertus et Enoch post militiam monachi facti sunt. Reliqui vero quatuor Goffredus et Lancelinus, Milo et Guillelmus immatura morte præventi sunt. »

qui remontent à l'époque où l'évêque Gervais était obligé de s'en aller en exil.

On a déjà vu les moines de la Couture établis à Volnay, le Chapitre de la cathédrale mis en possession des églises de Parigné et de Pruillé, les religieux de Saint-Vincent installés dans celles de Saint-Vincent-du-Lorouer, de Tresson et de Courdemanche, l'abbaye de Saint-Georges-des-Bois gratifiée de celle de Montreuil. On a constaté aussi la cession de quelques terres, de dîmes et d'autres droits ecclésiastiques, formant, pour ainsi dire, les premières assises de la nouvelle fortune territoriale du clergé dans notre petit pays.

De 1051 à 1110, même mouvement.

C'est surtout en faveur de Saint-Vincent que les donations et les ventes prennent un développement remarquable.

Dans ces actes, pleins de détails curieux, reparaissent la plupart des personnages du temps de l'évêque Gervais et avec ces bienfaiteurs se présentent tous les membres de leurs familles, dont nous avons fait le tableau. D'autres familles, inconnues jusqu'ici, entrent également sur la scène.

Voyons d'abord comment étaient composées les plus considérables d'entre ces dernières. Nous passerons ensuite à l'analyse des titres que le cartulaire de l'abbaye nous a conservés.

La première avait pour chef Thibaud de Lucé, surnommé Pille-Voisin, fils d'Hubaud. La femme de Thibaud s'appelait Aaliz ou Adelaïs et était fille de Gosselin. Il se pourrait que ce Gosselin fût le second mari d'*Hadvise*.

Nous sommes aussi porté à croire que Thibaud a été chargé pendant un certain temps de la garde du château de Lucé par Gervais, neveu de l'évêque. On le voit paraître dans un certain nombre de *plaids*, *placita*, présidés par son suzerain à Mayet, à Château-du-Loir, etc.

Son frère, dont on ignore le nom, avait été assassiné.

Les membres connus de la seconde étaient Elizabeth, dont le mari n'est pas nommé, et ses quatre fils Drogon,

Lambert, Arnaud, Ingelbaud. Cette famille demeurait dans la paroisse de Tresson et elle avait été cruellement éprouvée : Arnaud était mort sous les coups de son propre frère Lambert.

La troisième habitait également Tresson. L'un de ses membres, Pierre, s'était fait moine à Saint-Vincent : il avait pour frère Gilon et pour sœur Odierne. On ne connaît pas la femme de Gilon : son beau-père s'appelait Jean. Le mari d'Odierne n'est pas nommé : ses fils étaient Girard et Robert de Monte-Acuto. Un grand malheur était venu fondre aussi sur cette famille : Girard avait été tué.

Bencelin de Coulombœuf, « de Collo-Bovis », était le chef de la quatrième. Habitait-il ordinairement Villaines ? Sa femme s'appelait Hersende et elle lui avait donné quatre fils : Odon, Geoffroy, Herbert, Wenes. L'épouse d'Odon se nommait Mansella.

Bencelin, comme beaucoup d'autres seigneurs du temps, avait fini par entrer à Saint-Vincent pour y mourir sous le froc.

De la cinquième on ne connaît que Robert, surnommé Gaffardus, sa femme Renoldis et son fils Hugues, qui était clerc. Nous croyons qu'ils demeuraient dans la paroisse de Courdemanche.

La sixième était représentée par Wiscelinus de Vaux. Une sœur de ce Wiscelinus avait épousé Fulcoius Bocel, d'où Payen Bocel. Nous pensons que Wiscelinus était seigneur de Vaux en Courdemanche et non de Vaux en Belin. Son entrevue avec l'évêque Hildebert et Guillaume, abbé de Saint-Vincent, est fort intéressante. Devenu vieux, il avait pris l'habit de chanoine à Luceau. La mauvaise foi de son neveu Payen suscite aux religieux de notre abbaye des embarras dont ils ne peuvent se tirer que par des concessions onéreuses.

La septième comprend seulement Geoffroy de Saint-Jean et sa femme Ermengarde, sœur d'un certain Wittotus. Elle paraît avoir habité Lucé.

De la huitième on connaît Albert de Silliaco, sa femme Eremburge, ses deux fils Hugues et Guillaume, ses deux filles Richeldis et Eremburge. Cette famille était également de Lucé ; du moins le cartulaire nous autorise à le penser.

La neuvième avait pour membres Jean, fils de Gauzbert de Lucé, et ses deux fils Jean et Ernulphe : ce dernier était clerc.

La dixième se composait de Girard-le-Veneur, de sa femme Eremburge et de sa fille Lamberga, mariée avec un certain Robert de Saint-Christophe. Cette famille était sans doute de Lucé, comme celle de Gauzbert.

On ne connaît de la onzième que trois membres ; les deux frères Hugues de Alvoz et Jacquelinus, et leur mère, nommée Basilia. Nous ne savons où ils demeuraient.

Gautier de Curbeton était le chef de la douzième : il avait un fils, nommé Jean. Le cartulaire nous montre ce Gautier dans sa maison de Saint-Cenard, « in domo Wauterii apud Sanctum-Cenardum ». Il y avait donc, dès le XIe siècle, une habitation d'une certaine importance près des ruines du petit monastère fondé par saint Cenard ou Siviard. Au XVIe, on voit des seigneurs de Saint-Cenard. Gautier était-il l'un de leurs plus anciens prédécesseurs ? Au reste, même dans ce cas, il pouvait posséder d'autres fiefs. Nous sommes porté à croire qu'il était seigneur de Corbion en Villaines. Curbeton, Corbeton, Corbéon, Corbion nous semblent, en effet, les diverses formes du même mot. Au siècle dernier, on trouve encore très-fréquemment Corbéon dans les actes officiels.

Enfin, la treizième était représentée par Ebrard et par son fils. Le comte Hélie leur avait confié la garde de son château de Lucé. Dans le cartulaire, ils sont appelés « vicarii de Luceio ». Ebrard portait le nom de Latro.

Voici maintenant les actes.

Comme la plupart ne sont pas datés, nous avons dû prendre pour base de classement les noms des abbés de Saint-

Vincent (1), qui se trouvent heureusement dans un grand nombre de ces titres. Lorsque cette ressource nous a manqué, nous avons tenu compte des noms d'autres personnages et de certains faits qui ne permettaient guères de confondre les époques.

ACTES PASSÉS EN FAVEUR DES MOINES DE 1051 A 1110.

1er. — *Mathfredus Pille-Voisin* et sa femme *Rohet* vendent à l'abbaye deux arpents de pré situés à Saint-Vincent-du-Lorouer au chevet de l'église, « ad caput ecclesiæ Sancti-Vincentii, quæ sita est super fluvium Viduæ », et ce pour 17 sous de deniers mançais. *Albert*, mari de leur fille *Eremburge*, s'était d'abord élevé fortement contre cet acte : il finit par l'approuver ainsi qu'*Eremburge*. Les deux autres filles de *Mathfredus*, *Ingelberge* et *Avelina*, donnent également leur consentement.

Témoins : *Geoffroy Leonius*, sa femme *Inguencina* et son fils *Gervais*, *Succherius*, *Etienne*, fils de *Succherius*, Hubert de Vaux, Gautier de Pruillé, « Wauterius de Prulliaco (2) ».

2e. — *Succherius* de Lucé et Mathfredus Faber vendent à l'abbaye, du consentement de leurs femmes et de leurs enfants, les deux tiers de la dîme d'une métairie située près de Lucé, « duas partes decimæ cujusdam bordagii quod simul habebant juxta Luceium ». Ils reçoivent chacun 10 sous. En outre, *Etienne*, fils de *Succherius*, a 8 deniers.

Témoins : *Fulcoius* de Montreuil, *Thibaud Pille-Voisin*, fils d'*Hubaud*, Ernulfe-le-Gros, Girard Pille-Voisin, *Gaudin*, fils d'*Hubert Espichel*, Ingelbaud de Loudon, Ingelbaud et Isembard, prêtres, Gautier, clerc, etc. (3).

(1) Avesgaud a gouverné l'abbaye de Saint-Vincent jusqu'en 1066 ; Regnauld, de 1068 à 1077 ou 1078 ; Ramnulfe, de 1080 à 1102 ou 1103 ; Guillaume II, de 1103 à 1109.

(2) Cartulaire de Saint-Vincent, n° 250.

(3) *Ibidem*, n° 282.

3e. — *Cleophas*, fils de *Malleran* de Nouâtre, accorde à perpétuité à l'abbé Avesgaud le panage et le parcours dans sa forêt de Bercé pour cent porcs, « dedit perpetualiter in foreste sua de Burceio pasnagium et percursum centum porcorum in glande et filgeria ».

Ce n'est pas de sa part un don gratuit, comme l'indique la phrase suivante : « Monachi autem orationes cum eleemosinis loci eidem largiti sunt : dederunt etiam ei viginti solidos denariorum alia de nulla causa, nisi caritatis intuitu. »

Témoins : Hubert, fils de *Cleophas*, Wauterius de Ascheron, Gauzbert, forestier, Guillaume, ancien abbé d'Evron, etc.

Geoffroy de Mayenne (1), suzerain de *Cleophas*, donne son consentement à cet acte (2).

4e. — *Jean*, fils de *Gauzbert* de Lucé, vend aux moines pour 30 sous, du consentement de *Gautier Bigot* et de *Fulcogius* de Montreuil, sa part des droits de sépulture dans l'église de Saint-Facile de Lucé, « partem suam sepulturæ Sancti-Facilii Luciacensis » et la dîme de Vau-Regnier, « atque etiam decimam de Vau-Regnier (3) ».

(1) On sait que Geoffroy fut un des plus redoutables ennemis de Guillaume-le-Bâtard. Son château de Mayenne avait été pris et brûlé par le Conquérant. Foulques-le-Réchin voulut s'attacher un homme qui pouvait si bien le seconder dans sa lutte contre le Normand. Il lui donna les terres enlevées à Château-du-Loir, et voilà comment la maison de Mayenne devint maîtresse du pays dont la Chartre était le chef-lieu. « Huic dono palam et legitime facto favit Gaufridus, Haimonis filius, ille ipse cujus castrum Meduanæ fuit, de cujus beneficio constat, dono Fulconis, Andegavini comitis ».

(2) Cartulaire de Saint-Vincent, no 241.

(3) Ainsi, dès le XIe siècle, l'église de Lucé avait pour patron saint Facile. Voici comment Chastelain, dans son *Martyrologe universel*, parle de ce saint. « Ce même jour (7 septembre) saint Facile, honoré comme martyr à Lucé au Maine, où il est patron, et comme confesseur en un prieuré du Poitou, où on le nomme saint Faziou. »

Les Bollandistes ne nous en apprennent pas davantage.

La ferme de Vau-Regnier est à quelques centaines de pas de Lucé, au sud-ouest.

Gautier Bigot reçoit 5 sous, *Fulcogius* 10.

Témoins : *Succherius* et son fils *Etienne*, Odon, prévôt, *Albert de Silliaco*, *Mathfredus*, Ingelbaud et Gautier, prêtres, etc. (1).

5e. — *Hélinand* étant rentré, grâce à Gervais de Château-du-Loir et à Herbert de la Suze, en possession de ses biens, qui lui avaient été enlevés, on ne dit pas pourquoi, par l'évêque Gervais, « quando recuperavit per Gervasium de Castello Lid et per Herbertum de Secusa honorem suum quem Gervasius archiepiscopus sibi abstulerat », approuve et maintient tout ce qu'il avait fait autrefois en faveur de Saint-Vincent.

Témoins : *Raherius*, fils de *Mathfredus*, *Robert de Monte-Acuto* et son frère *Girard*, Hervé de Tresson, etc. (2).

6e. — *Odon* de Noyen ayant repris une partie des droits qu'il avait cédés aux moines sur le moulin de Tresson, l'abbé Regnauld se rend au châtean de Lucé, dans la maison de *Richer*. Il y trouve *Odon* et lui adresse des reproches. Celui-ci reconnaît sa faute et restitue ce qu'il avait pris, « denarios reddidit ». De plus, il donne à l'abbaye la dîme que l'on prélève sur les porcs dans son bois, « decimam pasnagii in bosco suo ».

On voit parmi les témoins *Geoffroy Leonius*, son fils *Gervais*, *Fulcogius* de Montreuil, Hervé de Tresson, *Richer*, gendre de *Succherius*, *Mathfredus Pille-Voisin* (3).

7c. — *Geoffroy Leonius* et sa femme *Inguencina* vendent à Regnauld, abbé de Saint-Vincent, une mansura de terre voisine du cimetière de l'église de Tresson et tous les droits attachés à ce domaine, « scilicet vicariam, bannum, forium et theloneum et pasnagium ». Ils donnent aussi à l'abbaye un arpent de terre situé sur le ruisseau qui coule près de l'église. Ce terrain, autrefois planté en vigne, était alors en gast.

(1) Cartulaire de Saint-Vincent, no 272.
(2) *Ibidem*, no 229.
(3) *Ibidem*, no 208.

De plus, *Geoffroy* et *Inguencina* déclarent que leurs vassaux pourront donner ou vendre aux moines de Saint-Vincent tout ce qu'ils voudront, pourvu qu'eux-mêmes ne perdent rien de leurs droits seigneuriaux sur les objets donnés ou vendus.

Cette vente et ces concessions se font devant la porte de la Motte de Lucé, « ante portam Motæ Luciacensis ».

Témoins : *Gervais* et *Hugues*, fils de *Geoffroy Leonius*, *David Espichel*, *Hubert Espichel* et ses deux fils *Hugues* et *Gaudin*, *Mathfredus Pille-Voisin*, *Etienne*, fils de *Succherius*, les prêtres Gautier et Girard, etc. (1).

8e. — *Gautier Bigot* et sa femme *Alexandria* vendent à l'abbé Regnauld la moitié de la dîme d'une terre, nommée Liragunda, avec les autres droits ecclésiastiques qui y sont attachés, et ce pour 40 sous de deniers, plus un demi-muid de blé. Si l'abbé de Saint-Vincent veut l'autre moitié de la dîme, il l'aura, mais en payant 30 sous pour lesquels elle a été engagée.

Parmi les témoins on remarque *Hubert d'Averton* et *Martin*, « milites antedicti *Wauterii* (2) ».

Le même jour, *Gautier Bigot* renonce au prétendu droit de rélévation d'autel qu'il avait voulu s'attribuer dans l'église de Courdemanche, « reliquit Sancto-Vincentio calumpniam ecclesiæ, quæ vocatur Curia dominica, quam volebat relevare suoque dominio subjugare (3) ».

9e. — *Hubert Ribole* et sa femme *Gersende* contestaient aux moines de Saint-Vincent la possession de certains biens, donnés à l'église de Courdemanche par *Hélinand* pour le repos de l'âme de son frère *Guillaume*. Il s'agissait d'une ouche de terre, d'un pré et de la moitié d'un verger.

Les mêmes voulaient en outre jouir du droit de rélévation d'autel dans la dite église, cédé également à l'abbaye par *Hélinand*.

(1) Cartulaire de Saint-Vincent, n° 209.
(2) *Ibidem*, n° 233
(3) *Ibidem*, n° 246.

Or, toutes ces libéralités avaient été approuvées par l'évêque Gervais, par Robert et par les autres héritiers du prélat.

Regnauld, abbé de Saint-Vincent, se rend à Tours, où *Hélinand* s'était retiré, après avoir abandonné à son gendre et à sa fille tout ce qu'il possédait, « postquàm fecisset donum de sua re *Huberto Ribole* ». Il l'amène au Mans, le fait paraître devant la Cour, et *Hélinand* y affirme le bon droit de l'abbaye. Les juges en conséquence repoussent les prétentions d'*Hubert Ribole*, « hoc judicio tenet nunc per Dei gratiam Sanctus-Vincentius res prædictas quæ sunt in Curte dominica...... »

Parmi les personnages, qui assistent au jugement, on remarque *Hélinand*, *Jean*, fils de *Gauzbert* de Lucé, *Foulques* et *Hubert Ribole*, fils d'*Hubert* et de *Gersende*, Regnauld, abbé de Saint-Vincent (1).

10ᵉ. — Geoffroy de Mayenne assure aux moines de Saint-Vincent-du-Lorouer la possession libre et tranquille de tous leurs biens situés dans son fief, tant ceux qui leur ont été donnés ou vendus que ceux qu'ils pourront acquérir.

Fait dans la chambre de l'évêque Arnaud, le jour de sainte Scholastique, en présence du d. évêque, de l'abbé Regnauld, de *Pierre*, moine, de la comtesse Gersende, d'*Herbert de la Guierche*, et de plusieurs chanoines parmi lesquels était Herbert de Semmur, sans doute frère de notre *Gosselin* (2).

11ᵉ. — *Hubert* « à la Belle-Chaussure » et sa femme *Inguencina* donnent à Dieu et à Saint-Vincent, du consentement de *Mathfredus* et de *Rohet*, la terre, nommée Villa-Livast, que la d. *Inguencina* avait eue pour dot (3). Pour reconnaître cette libéralité, les moines les associent aux

(1) Cartulaire de Saint-Vincent, nᵒ 248.
(2) *Ibidem*, nᵒ 247.
(3) Il est impossible de ne pas reconnaître dans Villa-Livast le domaine, appelé Virlivas ou Virlivois, qui a formé jusqu'à la Révolution une petite seigneurie, relevant de *l'abbé et du convent de Saint-Vincent lez le Mans*. Il a toujours fait partie de la paroisse de Saint-Vincent-du-Lorouer.

prières de la communauté et leur remettent la somme de 50 sous de deniers.

Fait dans le marché de Lucé, « in mercato de Luciaco », en présence de plusieurs témoins (1).

12e. — *Geoffroy de Saint-Jean*, « miles », avait fait avec les moines un échange. Il leur avait donné la moitié de la dîme d'une de ses métairies, et ceux-ci lui avaient cédé un arpent de pré qu'ils tenaient de la générosité de *Thibaud* de Lucé, fils d'*Hubaud*.

Sa femme *Ermengarde* étant morte peu de temps après, et ayant été enterrée à Lucé dans le cimetière de Saint-Facile par l'abbé Ramnulfe, « cujus obsequium Ramnulfus, abbas Sancti-Vincentii, Luciaco in cimeterio Sancti-Facilii celebravit », il laisse à l'abbaye l'autre moitié de la dîme.

Témoins : Isembard, Ingelbaud et Guillaume, prêtres, *Thibaud* de Lucé, fils d'*Hubaud*, *Succherius*, *Wittotus*, frère de la défunte, etc. (2).

13e. — *Gersende*, veuve d'*Hubert Ribole*, cesse de disputer aux moines la possession d'une métairie et de deux arpents de pré, situés près de Courdemanche, en considération de la cession que lui font l'abbé Ramnulfe et les d. moines d'un arpent de terre commandant son moulin. Elle donne en outre à Saint-Vincent la dîme de ce moulin et toutes celles qu'elle pourra, durant sa vie, acquérir dans la paroisse de Courdemanche.

Le rédacteur de cet acte a soin d'ajouter que toutes les concessions précédentes, ratifiées par *Hugues*, fils de *Gersende*, devant Hugues de Buluria (Bouloire) et Hubert de Ulmeio, ont été faites le jour même où elle avait été investie des bénéfices de son mari et d'un de ses fils, qui était mort également (3).

14e. — Un mois environ après la mort d'*Hubert Ribole*, se

(1) Cartulaire de Saint-Vincent, nos 268, 268 *bis*.
(2) *Ibidem,* no 263.
(3) *Ibidem,* no 253.

termine chez *Hubert Ribole-le-Jeune* un différend, qui s'était élevé entre l'abbé Ramnulfe et Hubert, fils d'Alcherius de Castellis, à propos de la terre de Fontaine, « de terra de Fontana ».

Hubert prétendait que ce domaine avait été vendu à son grand-père par *Hugues-de-super-Viduam.* On lui demande de prouver que son père et sa mère avaient réclamé la d. terre à l'un des cinq abbés, qui avaient gouverné Saint-Vincent avant l'abbé Ramnulfe. Il ne peut fournir aucun témoignage. Alors Gervais de Château-du-Loir le déboute de ses prétentions et le condamne à payer aux moines un dédommagement.

Les juges, qui siégeaient à côté de Gervais, étaient *Hubert Ribole-le-Jeune*, Burdechinus, *Thibaud* de Lucé, fils d'*Hubaud*, Hamelin de Altanosia, etc.

Parmi les témoins on remarque *Gersende*, veuve d'*Hubert Ribole*, ses fils *Foulques* et *Geoffroy*, *Succherius* de Lucé, Geoffroy, surnommé Rubeum-Collum, Herbert, écuyer d'*Hubert Ribole-le-Jeune*, etc. (1).

15e. — Foucher, l'un des forestiers de Gervais de Château-du-Loir, reprochait aux moines de laisser leurs colons de Courdemanche ramasser du gland dans la forêt de *Cleophas :* de plus, il s'arrogeait le droit de panage sur la terre, appelée Thesauraria. Il contestait aussi à l'abbaye le droit de prendre du bois dans la forêt de Gervais pour faire du cercle, des tonnes et des cuves. Enfin, il prétendait que les colons de Saint-Vincent ne devaient ni conduire leurs porcs dans cette partie de la forêt de Bercé, ni même y recueillir du gland.

C'est pourquoi Guillaume, ancien abbé d'Evron, Guillaume et Hugues, moines de Saint-Vincent, vont trouver Gervais et se plaignent devant lui de la conduite de Foucher.

Gervais fait venir son forestier, et d'après les conseils de

(1) Cartulaire de Saint-Vincent, n° 261.

ses fidèles, il lui défend de molester les religieux de l'abbaye. Il déclare en même temps qu'il approuve et confirmc tout ce que son père Robert, son oncle, l'évêque Gervais, et leurs vassaux ont fait en faveur de Saint-Vincent......

Témoins : Eremburge, épouse de Gervais, Ernulfe, doyen, Herbert de Vouvray, plusieurs forestiers, Drogon de Semmur et ses deux fils Hugues et *Gosselin*, etc. (1).

16e. — *Albert de Silliaco* et sa femme *Eremburge* vendent à l'abbaye, du consentement de leurs fils *Hugues* et *Guillaume*, et de leurs filles, *Richeldis* et *Eremburge*, une dîme dans la paroisse de Saint-Facile.

Fait près du château de Lucé, devant l'église de Saint-Facile, « hoc mercatum fuit factum apud Castrum Luciacum ante ecclesiam Sancti-Facilii », en présence de *Thibaud*, fils d'*Hubaud*, sur le fief duquel était assise cette dîme.

Autres témoins : Odelarius, prêtre, Landry, clerc, Alardus, Bernard, prévôt, Regnauld de Rifroger (2) et son fils Odon, Hugues de Valencières (3).

17e. — Le château de Lucé avait été détruit, « Luciaco castello casu destructo (4) ». Pour en rétablir la clôture, Gervais de Château-du-Loir avait donné l'ordre d'enlever la palissade qui entourait l'église de Courdemanche, « castellani jussu Gervasii, *cujus castellum erat*, abstulerunt vallum

(1) Cartulaire de Saint-Vincent, nᵒˢ 227 et 228.

(2) « Raginaldus de Rua-Frogerii ». — Rifroger se trouve au fond de la jolie vallée qui, sur une certaine longueur, sert de limite depuis un temps immémorial entre les deux paroisses de Lucé et de Pruillé. Dès le XVe siècle, il est fait mention du moulin de Rifroger. « Item, le moulin de Ruffrogier avec le cours de l'eaue et le droit des moultans et la moitié de l'estang de Ruffrogier du cousté de devers Pruillé.... » (Extrait de l'aveu de 1406, document du plus grand prix, que nous publierons intégralement, quand nous nous occuperons de la famille de Coesmes.)

(3) Cartulaire de Saint-Vincent, nᵒ 265.

(4) Le mot *casu* est difficile à traduire. Faut-il penser qu'il s'agit ici d'un écroulement produit par l'affaissement subit de la motte, sur laquelle s'élevait le donjon ? Ou bien, le château avait-il été assiégé, puis renversé dans une des guerres qui ont désolé le Maine du temps de notre Gervais ?

de quo ecclesia Sancti-Vincentii Curtis dominicæ cingebatur ».

Peu de temps après, sur les plaintes du moine Hugues, « villæ illius præfecti », Gervais donne à Saint-Vincent, comme dédommagement, une mansura de terre, nommée Cupanis.

Parmi les témoins était Drogon de Semmur (1).

18e. — *Ingelbaud*, fils d'*Elizabeth* de Tresson, avait acheté d'Hugues de Castello Thaniæ, en présence de l'abbé Ramnulfe et de beaucoup d'autres témoins, une mansura de terre, située sur le bord de la Veuve et nommée Arthée, « quamdam mansuram terræ, quæ vocatur Arthaia, super Viduam (2) ».

Il donne à Saint-Vincent le tiers de la dîme de ce domaine (3).

19e. — Du temps de l'abbé Ramnulfe, *Hugues de Alvoz* se fait moine à Saint-Vincent, après avoir donné à l'abbaye la moitié du moulin situé sur la Veuve, au-dessous de Lucé (4). Quant à l'autre moitié, elle est également cédée par *Jacquelinus*, frère du nouveau religieux.

Hugues, *Jacquelinus* et leur mère, *Basilia*, s'étaient entendus auparavant pour donner à Saint-Vincent tout ce qu'ils possédaient dans l'église de Conlie (5).

20e. — *Thibaud* de Lucé, « miles », fils d'*Hubaud*, et sa femme *Aaliz* donnent à Dieu et aux saints martyrs Vincent et Laurent leurs dîmes d'une terre, nommée Mons-Boeria, plus un arpent de vigne, faisant partie de ce domaine. Ils

(1) Cartulaire de Saint-Vincent, nº 251.

(2) La ferme d'Arthée est située sur la rive droite de la Veuve, à peu de distance du château de Corbion : près de cette ferme est un moulin qui porte le même nom.

(3) Cartulaire de Saint-Vincent, nº 295.

(4) Les mots du texte, « medietatem molendini quem habebat subtus Luciacum in Viduâ », sont trop précis, pour que l'on ne reconnaisse pas qu'il s'agit ici du Grand-Moulin de Lucé.

(5) Cartulaire de Saint-Vincent, nº 280.

cèdent aussi à l'abbaye la terre, appelée Gafarderia (1), pour laquelle l'abbé Ramnulfe leur compte la somme de 60 sous, dont 5 seront laissés à la libre disposition d'Aaliz (2).

21e. — *Eremburge*, femme de *Girard-le-Veneur*, donne au prêtre Isembard la dîme d'une mansura de terre, nommée Campus-Haron, à condition qu'après la mort d'Isembard et celle de son neveu Alard, cette dîme appartiendra aux moines.

Plus tard, *Robert de Saint-Christophe* et sa femme *Lamberga*, fille d'*Eremburge*, se présentent dans le chapitre de Saint-Vincent avec Alard, qui est devenu prêtre, et ils confirment les dispositions précédentes.

Ils obtiennent en retour le privilège de participer aux prières de la communauté (3).

22e. — L'abbé Ramnulfe s'étant rendu à Château-du-Loir pour avoir un entretien avec Gervais, le neveu de l'évêque, apprend qu'*Hadvisa*, femme de *Gosselin* de Semmur, était tombée infirme. Il va la voir et la trouve, en effet, retenue au lit. A la suite d'un long entretien avec lui, « et multa locutus fuit cum ea in lecto jacente infirma », *Hadvisa* donne à l'abbaye de Saint-Vincent une mansura de terre, appelée Mansura de Fontibus (4), avec tous les droits féodaux attachés à ce domaine (5).

Parmi les témoins on remarque Ernulfe, chapelain de l'abbé, Geoffroy, forestier de Gervais (6).

(1) La Gafardière ou Gouffardière était voisine du domaine qui avait nom Villa-Livast, « juxta terram..... quæ proprie vocatur Villa-Livast » ; elle fait partie de la paroisse de Courdemanche.

(2) Cartulaire de Saint-Vincent, nos 268, 269. — Au no 258, il est aussi question de la cession de la Gouffardière. *Fulcogius* de Montreuil y est cité, comme témoin, avec ses fils *Morinagius* et *Machabée*.

(3) Cartulaire de Saint-Vincent, no 275.

(4) Nous pensons qu'il s'agit du lieu des Fontenelles, situé dans la paroisse de Courdemanche, à peu de distance de Fosse-Foulou.

(5) « Sicut *Hilduinus Druus*, maritus ejus primus, et sicut *Goslinus*, alius sequens maritus ejus, et ut ipsamet habuit et tenuit cum omnibus consuetudinibus ».

(6) Cartulaire de Saint-Vincent, no 259.

23e. — Payen de Saint-Christophe, « miles », donne aux moines une dîme, dont ils jouiront après sa mort, et pour reconnaître cette libéralité l'abbé Ramnulfe le fait enterrer « honorificè » dans le cimetière de Saint-Vincent du Mans.

Le prêtre Isembard, en prenant l'habit monastique à Saint-Vincent, donne à la communauté la chapelle de Saint-Pierre de Valencières (1) avec toutes les terres et les dîmes appartenant à cette chapelle.

Arnulfe, surnommé Avicularius, fait don de la dîme de sa terre à l'abbaye de Saint-Vincent.

Lambert, « homo Pagani de Sancto Christophoro », cède à la même abbaye, pour l'âme de son seigneur et pour la sienne, la dîme dont il était en possession.

Toutes ces choses, ajoute le cartulaire, faisaient partie du patrimoine d'*Aaliz*, fille de Gosselin et femme de *Thibaud* de Lucé. A la prière de l'abbé Ramnulfe, les deux époux confirment les actes de leurs vassaux dans l'église de Courdemanche, pendant l'octave de Pâques.

Étaient présents, outre le dit abbé, Bernard, prévôt, Guillaume, médecin, Hugues, métayer de Valencières, Alard, neveu d'Isembard, etc.

Pour prix de son consentement, *Aaliz* reçoit de Ramnulfe 20 sous mançais (2).

24e. — Fromond Caules et son frère Nihard contestaient aux moines la possession d'une terre, nommée Plevotaria, prétendant qu'elle avait appartenu à leur mère.

Hugues-le-Roux disait, au contraire, que son père, *Hubert Espichel*, avait joui librement et tranquillement de ce domaine pendant plus de vingt ans, avant de le donner à l'abbaye lorsqu'il s'était fait moine.

(1) Les moines de Saint-Vincent ont fait de Valencières ou Varencières (paroisse de Lucé), un prieuré qu'ils possédaient encore en 1789. Le patron de ce prieuré n'a pas toujours été saint Pierre. On l'a remplacé à une époque inconnue par saint Célerin. Nous parlerons plus tard de la chapelle, qui a disparu, et des biens dépendant du prieuré.

(2) Cartulaire de Saint-Vincent, nos 270, 271.

Par ordre d'*Inguencina*, l'affaire est portée devant la Cour qu'elle préside elle-même dans la galilée de Saint-Facile (1), « præcepto Inguencinæ quæ curiam tenebat in galilæa Sancti-Facilii ».

Les juges étaient : *Gervais,* fils d'*Inguencina*, Hubert de Manlia, Ernulfe-le-Gros, *Geoffroy de Saint-Jean*, *Robert de Saint-Christophe*, Pierre de Monte-Grivolt, *Etienne,* fils de *Succherius,* Girard Pille-Voisin, *David Espichel* et son fils *Robert.* Ils déclarent que si Fromond ne peut prouver que lui ou l'un de ses proches a fait des poursuites au sujet de cette terre du vivant d'*Hubert Espichel*, le dit *Hugues* ne doit pas répondre.

Parmi les témoins se trouvaient *Gaudin* et *Gilduin*, frères d'*Hugues-le-Roux,* Geoffroy Rubeum-Collum, Bernard, prévôt, Regnauld de Rifroger et son fils Odon, Hugues, métayer de Valencières, l'abbé Ramnulfe et quelques-uns de ses moines (2).

25e. — Lorsque *Pierre* s'était fait moine à Saint-Vincent, il avait donné à l'abbaye la terre, nommée Roctariis, située près de Tresson (3). Longtemps après, *Payen Leonius* se met à réclamer les droits féodaux qu'il prétendait posséder sur ce domaine. Mais les moines parviennent à lui faire abandonner toute poursuite en lui payant 5 sous. Sa femme *Odelina* reçoit en même temps 12 deniers, et chacune de ses filles, *Hersende* et *Inguencina*, 2 deniers (4).

26e. — *Gilon,* frère du moine *Pierre,* donne aux saints martyrs Vincent et Laurent, du consentement de sa femme

---

(1) D'après Du Cange, galilæa est synonyme de porticus. Les porches, que l'on voit devant les portes de certaines églises, rappellent donc les anciennes galilées. C'était une galerie où se rédigeaient les actes publics. Au-devant de cette galerie se tenaient les marchés. V. dans l'*Histoire archéologique du Vendômois* la description de la galilée de la Trinité.

(2) Cartulaire de Saint-Vincent, n° 277.

(3) Il s'agit sans doute ici du lieu des Rôtes, situé dans la paroisse de Tresson, non loin du dolmen et sur le bord de la Via Saturniacensis.

(4) Cartulaire de Saint-Vincent, n°s 216, 224.

et de *Jean*, son beau-père, toute la dîme qu'il possède dans la paroisse de Tresson, « totam decimam quam in parrochia de Trecione tenebat ». En retour, il reçoit 2 sous de deniers et 3 mines de blé : de plus, il est associé aux prières de la communauté (1).

27e. — *Odierne*, sœur du moine *Pierre*, « *Petri* monachi », avait donné à l'abbaye, pour le repos de l'âme de son fils *Girard*, qui avait été tué, une terre, appelée Sevalderia.

Son autre fils, *Robert de Monte-Acuto*, protestait contre une pareille générosité. Enfin, à la prière de Gilbert, un des moines de l'abbé Ramnulfe, il renonce à ses réclamations et Gilbert lui donne 3 sous.mançais dans la maison de Bovon à Montmirail, « in domo Bovonis Muscati apud Montem Mirabilem (2) ».

28e. — Algardis, religieuse de Lucé, « quædam sanctimonialis de Luciaco », donne aux moines de Saint-Vincent, pour le rachat de ses péchés et pour le salut éternel de ses parents, la terre du Chêne, « terram de Quercu (3) ». Elle se réserve néanmoins, sa vie durant, la moitié du revenu de ce domaine qu'elle tenait de *Jean*, fils de *Gauzbert*. Après sa mort, l'abbaye en aura la possession et la jouissance entières à tout jamais.

Pour reconnaître ce don, les moines associent Algardis aux prières de la communauté.

Jean accorde son consentement et reçoit 5 sous en présence de plusieurs personnes, entre autres, Bernard et Ingelbaud, prêtres (4).

29e. — L'évêque Hoel et l'abbé Ramnulfe, en revenant de Tours, s'étaient arrêtés à Château-du-Loir et y avaient trouvé

(1) Cartulaire de Saint-Vincent, n° 209.

(2) *Ibidem*, n° 219.

(3) La ferme du Chêne fait partie de la paroisse de Lucé : elle est au nord-ouest de Rideaux, sur le bord de la route de Lucé à Challes.

(4) Cartulaire de Saint-Vincent, n° 273.

l'épouse de Gervais, Eremburge, déjà atteinte du mal dont elle devait mourir.

L'évêque lui donne l'absolution, et Ramnulfe lui promet de faire dire chaque jour une messe à son intention pendant tout le temps qu'elle sera malade, « et abbas quamdiu recumberet unam missam quotidie promisit ».

En retour, Gervais et Eremburge cèdent à Saint-Vincent deux manses de terre, où l'évêque Gervais avait fait établir un étang. Ils abandonnent aussi tous les droits ecclésiastiques attachés à cette propriété.

Fait à Château-du-Loir, devant le lit de la malade, en présence d'Hildegarius, médecin, de Mathilde, fille d'Eremburge, et d'un grand nombre d'autres personnages (1).

30e. — Le fils d'un certain Gautier de Villaines avait tué le frère de *Thibaud*, fils d'*Hubaud*. Pour apaiser *Thibaud*, Gautier lui avait donné un terrain situé près de l'église de Saint - Martin de Lucé, « terram juxta ecclesiam Sancti-Martini de Luceio (2) ».

Dans la suite, *Thibaud* et sa femme *Aaliz* cèdent ce terrain à l'abbaye de Saint-Vincent (3).

31e. — *Robert Gafardus*, sa femme *Renoldis* et leur fils *Hugues*, qui était clerc, se désistent de leurs prétentions sur la terre, appelée Gafarderia. Les moines leur donnent 3 sous, dont 3 deniers pour *Hugues* (4).

32e. — Patrice, fils de Guillaume Tiniosus de Lucé, donne à l'abbaye la dîme de la Devinière (5), telle qu'il la tenait

(1) Cartulaire de Saint-Vincent, no 257.

(2) On ne connait pas le seigneur de Château-du-Loir qui a fondé l'église ou plutôt la chapelle de Saint-Martin de Lucé. Elle était au pied de la basse-motte du château. Nous parlerons plus tard des biens de cette chapelle et des chapelains, dont les noms ont été conservés.

(3) Cartulaire de Saint-Vincent, no 270.

(4) *Ibidem*, no 240.

(5) La Devinière était dans la paroisse de Pruillé. — Au XVe siècle, la borde de la Devinière était tenue à foi et hommage du seigneur de Pruillé par Georget Frogier (Aveu de 1406). Le 9 septembre 1776, un sieur Vérité rendait encore aveu pour partie de ce domaine (Registres du château de

lui-même d'Alcherius de Vallumno et les autres droits ecclésiastiques attachés à ce domaine, « panem videlicet, can-
delam et sepulturam et quidquid ad ecclesiam pertinebat ».

Les moines l'associent aux prières de leur communauté
chantent deux trentains de messes pour le repos de l'âme
d'un homme qu'il avait tué, et le réconcilient avec les
parents de sa victime, « eum participem beneficii nostri
fecimus, et pro anima cujusdam hominis quem ipse occiderat duo missarum trigintalia cantavimus et eum cum
parentibus defuncti concordavimus (1) ».

33°. — *Drogon*, *Lambert* et *Ingelbaud*, fils d'*Elizabeth* de
Tresson, s'étaient rendus maîtres, grâce à une sentence
injuste, d'un domaine appartenant à l'abbaye et situé près
de Tresson. En outre, *Lambert* avait tué son frère *Arnaud*,
« *Arnaldo* quem *Lambertus* occiderat ».

Ils viennent dans le chapitre de Saint-Vincent, amenés
par le moine Gautier Jericho, et pour leur salut, pour celui
de leur mère défunte et de leur frère *Arnaud*, ils donnent
volontairement à l'abbaye la terre dont ils s'étaient emparés.

Le chapitre décide que Gautier Jericho donnera à chacun
d'eux 4 sous, 8 deniers, qu'ils participeront aux prières de la
communauté et que l'on sonnera les cloches pour leurs
parents (2), « signaque nostra pro parentibus eorum
sonavimus ».

34ᵉ. — Le prêtre Alard, dont l'oncle Isembard s'était fait
moine, cède à l'abbaye tout ce qu'il possédait à Champagné,
excepté la moitié des prés qu'il retient sa vie durant. Les

Lucé). Aujourd'hui, dans Pruillé, il n'y a plus de ferme ni de bordage
portant le nom de la Devinière. On serait porté à croire que cette ancienne
borde, qui jouissait du droit d'usage dans la forêt de Bercé pour le chauffage et pour le parcours des porcs, était située près du Tronceray. Il existe,
en effet, à peu de distance de ce lieu, (V. cadastre de la commune de Pruillé.)
une pièce de terre, nommée le Champ de la Devinière, où se trouvait,
disent les voisins, un puits assez curieux. Pour y prendre de l'eau, on descendait jusqu'au fond par un escalier.

(1) Cartulaire de Saint-Vincent, n° 276.

(2) *Ibidem*, n° 220.   8

moines, de leur côté, lui abandonnent, pendant tout le temps qu'il vivra, la chapelle et la terre de Valencières ainsi que la moitié des dîmes appartenant à la d. chapelle, « terram quam apud Valencerias habebamus et capellam, quæ ibi est, cum dimidietate decimarum ipsi capellæ pertinentium ». Après sa mort, ils auront tout son bien, excepté sa terre de Lucé.

Témoins : Landry, prêtre de Lucé, *Geoffroy de Saint-Jean*, etc. (1).

35e. — Geoffroy, surnommé Faltret, étant devenu infirme, donne à l'abbaye une dîme qu'il possédait sur la limite commune des paroisses de Tresson et de Montreuil, « quam habebat inter parrochiam de Trecione et parrochiam de Mosteriolo ».

Son fils Gautier s'oppose d'abord à cette libéralité, mais il s'adoucit bientôt et ratifie le don fait par son père (2).

36e. — *Normand* de Montreuil, « miles », retenu au lit par une grave maladie, envoie son fils *Robert* à Saint-Vincent pour supplier les moines de l'associer aux prières de la communauté, ce qui lui est accordé avec empressement. Alors il donne à l'abbaye tous les droits ecclésiastiques attachés à deux mansuræ de terre qu'il possédait dans la paroisse de Saint-Vincent-du-Lorouer, « quas habebat in parrochia Sancti-Vincentii super Viduam ».

Témoins : *Robert*, fils du d. *Normand* de Montreuil, *Gaudin* et *Bouchard*, fils de *David Espichel* (3).

37e. — En 1096, « eo videlicet anno quo Urbanus Papa fuit Cenomanis », les chanoines de Saint-Zilinius (4) vou-

(1) Cartulaire de Saint-Vincent, no 135.
(2) *Ibidem*, no 212.
(3) *Ibidem*, no 407.
(4) « Canonici Sancti-Zilinii ». Dom Colomb, dans ses *Mémoires pour servir à l'histoire de l'abbaye de Saint-Vincent*, et dom Piolin, dans son *Histoire de l'Eglise du Mans*, n'ont pas dit ce qu'étaient ces chanoines de Saint-Zilinius. Le mot Zilinius est sans doute altéré : Dom Piolin lui-même en donne deux traductions : Saint-Quilinic et Saint-Zilinic.

laient enlever aux moines de Saint-Vincent l'église du Lorouer, « de Laboratorio (1) ».

Le différend est porté devant la cour de l'évêque Hoël. Les moines prouvent que depuis quarante ans et plus ils possèdent tranquillement cette église, et ils obtiennent gain de cause, « et quia monachi ostenderunt se quiete et absque calumpnia eam tenuisse per 40 annos et amplius, judi-catum est quod non deberent respondere ».

Les juges étaient : Geoffroy, doyen, Hildebert, Geoffroy Mulot, archidiacre, et tous les autres chanoines.

Parmi les témoins, on remarque l'évêque, Ebrard, abbé de Saint-Calais, Girauld, abbé de Saint-Aubin, Guillaume Ribole, etc. (2).

38e. — *Gontier de Souligné* donne à Dieu et aux saints

(1) C'est ainsi que le même dom Colomb a traduit les mots « de Laboratorio ». Cependant, à ses yeux, il n'existait encore dans le canton, nommé *Laboratorium*, qu'une seule église, celle de Saint-Vincent. Voici, en effet comment il s'exprime quelques lignes plus loin : « Au reste, notre monastère jouit encore (1764) de cette église, qui est le prieuré de Saint-Vincent-du-Lorouer, qui doit avoir été donné à notre monastère avant l'an 1050, du temps de l'abbé Avesgaud, par l'évêque Gervais..... »

Pesche est du même avis (art. Saint-Vincent-du-Lorouer).

Dom Piolin, au contraire, a cru qu'il s'agissait de l'église de Saint-Pierre-du-Lorouer. (*Histoire de l'Eglise du Mans*, t. III, p. 379.)

Nous avions d'abord suivi cette dernière version, et voilà comment nous avons, dans un chapitre précédent, compris Saint-Pierre parmi les paroisses de notre petite contrée, dont l'existence au XIe siècle était constatée *par un texte*. Mais après avoir examiné avec soin tous les titres du cartulaire antérieurs au XIIe siècle, nous voyons que nous nous sommes trop avancé. Cependant nous ne pouvons croire que l'église de Saint-Pierre-du-Lorouer n'existait pas dès le temps de l'évêque Gervais. A cette époque, les terres labourables, « terræ laboratoriæ » (d'où *Laboratorium*), commençaient déjà à faire reculer la forêt de *Cleophas* et celle de Gervais : les nouveaux colons, occupés à défricher peu à peu les terres de la rive droite de la Veuve, qui avaient été jusques-là couvertes par les hautes futaies, avaient besoin d'un lieu de prières plus rapproché que le prieuré de Saint-Vincent ou l'église de Coudemanche. — On trouve plus tard le même canton nommé *Oratorium* (*Sanctus-Petrus, Sanctus-Vincentius de Oratorio*), et la cure de Saint-Pierre sera, comme celle de Saint-Vincent, à la présentation de l'abbé de Saint-Vincent du Mans.

(2) Cartulaire de Saint-Vincent, n° 278.

martyrs Vincent et Laurent l'église de Notre - Dame de Villaines, « ecclesiam Sanctæ-Mariæ de Villana », tant pour son propre salut que pour celui de son père, de sa mère, de ses frères et de ses sœurs, de ses prédécesseurs et de ses héritiers, particulièrement pour celui de son frère *Jean* et de ses neveux *Herbert* et *Guy* (1).

- En reconnaissance de cette libéralité, l'abbé Ramnulfe lui remet la somme de 60 sous.

Cependant *Gontier* a stipulé que pendant sa vie il aura la moitié des revenus de la d. église, « tali pacto do jamdictam ecclesiam cum universis terris ad eam pertinentibus ut de *expletis* ecclesiæ in vita mea habeam medietatem ».

En outre, un de ses hommes, nommé Durand, qui tenait de lui quelques-unes des terres cédées à l'église, les tiendra désormais de l'abbaye, et pour en avoir déjà cédé une partie aux moines avec sa maison et un verger, il participera aux prières de la communauté.

Enfin, il a été convenu qu'une femme, appelée Adelina, jouira pendant sa vie d'une portion de la dîme donnée à l'église.

Cet acte est passé devant de nombreux témoins, parmi lesquels on distingue *Herbert de la Guierche*, Hamelin de Montbizot (2).

39ᵉ. — L'an 1097, Adam de la Motte, « Adamus de Mota », confirme le don de l'église de Villaines fait par *Gontier de Souligné* (3). Pour prix de son consentement, il reçoit 20

(1) « Quamdiu in hac peregrinatione moramur, necesse est ut non in præsenti exilio post paulum transituro dilectemur, nec in labentibus divitiis, monente rege et propheta David, cor apponamus, sed ad illam patriam, quæ nunquam finietur, toto desiderio anhelemus, ut paternam hæreditatem, quam prævaricatione primi parentis perdidimus, per obedientiam humili-tatisque bonum recuperare valeamus. Ea ergo, quæ nobiscum ferre non possumus, necesse est ut ante nos mittamus, ut, dum vacat, de Mammone iniquitatis domino jubente amicos, qui nos in æterna tabernacula recipiant, faciamus. Talibus igitur monitis animatus, ego *Gunherius* de Suliniaco, cupiens Inferni tormenta vitare et Elisii adipisci amœna, dono Deo et sanctis martyribus..... »

(2) Cartulaire de Saint-Vincent, nᵒ 287.

(3) *Ibidem*, nᵒ 289.

sous : les moines donnent en même temps à son fils Hamelin 12 deniers. Au bas de l'acte, le père et le fils font chacun une croix, « signo ✝ hoc idem firmaverunt ».

Faudrait-il voir dans cet Adam de la Motte, suzerain de *Gontier*, le frère de Gervais de Château-du-Loir?

40ᵉ. — Le fils de Durand, Robert, qui n'était encore que dans les ordres inférieurs de la cléricature, « clericellus », se présente dans le Chapitre de Saint-Vincent et déclare que le tiers de l'église de Villaines et toutes les terres de l'autel de Notre-Dame lui appartenaient.

Gontier et *Herbert de la Guierche* s'élèvent avec force contre les prétentions du jeune clerc. Ils lui reprochent d'avoir oublié qu'il était leur colibert, et le réclament comme tel, ainsi que son père, « illos de capitibus suis in servitium colibertatis reclamantibus ».

Effrayé, Robert abandonne ses prétentions et confirme ce qu'avait fait son père, « quod injuste calumniabatur per quamdam virgulam dimisit ». Sur ses promesses d'être un fidèle sujet pour l'abbaye, il obtient même le privilège de participer aux prières de la communauté.

Alors Durand et Robert prient l'abbé Ramnulfe de reconnaître par une charte qu'ils sont libres, l'assurant qu'une pareille faveur augmentera encore leur fidélité, « promittentes se inde multo fideliores ipsi et fratribus existere ». L'abbé se rend à leur demande avec l'approbation de *Gontier* et d'*Herbert*, que leur soumission avait apaisés.

Dans la suite, Robert ayant été ordonné prêtre, on voit l'abbé Ramnulfe lui céder la jouissance viagère du tiers de l'église de Villaines et des terres de l'autel sur les instances elles-mêmes de *Gontier* et d'*Herbert* (1).

41ᵉ. — *Petit des Roches, « Parvus de Rupibus »*, prétendait que, lorsqu'il avait épousé la sœur d'*Herbert de la Guierche*,

(1) Cartulaire de Saint-Vincent, nº 288.

celui-ci lui avait donné l'église de Villaines. Après de longues contestations avec les moines, il s'empare de l'église, « post multam concertationem jam dictam ecclesiam Sancto-Vincentio abstulerat (1) ».

L'évêque Hildebert réunit dans sa chapelle *Petit des Roches*, *Herbert de la Guierche* et l'abbé Ramnulfe. Il cherche à les mettre d'accord et finit par arranger l'affaire de la manière suivante :

Herbert cédera à *Petit des Roches* ses fiefs de la paroisse de Villaines, « proprios fevos militum ejus ejusdem parrochiæ » ; Saint-Vincent conservera l'église, le presbytère, tout le cimetière, les terres de Durand, toutes celles qui dépendaient de l'autel et la dîme viagère dont jouit Adelina ; de plus, l'abbé Ramnulfe donnera 20 sous à *Petit des Roches*.

Au nombre des témoins étaient Fulchredus, « cantor », Payen, archidiacre, Geoffroy Mulot, Gradulphe, chanoine, Gautier Bigot, moine (2). Ce dernier n'était-il point le *Gautier Bigot*, dont il a été question dès le temps de l'évêque Gervais ?

42e. — *Petit des Roches*, peu de temps après, recommence à fatiguer les moines de ses réclamations, sans tenir compte de la convention passée devant l'évêque Hildebert. Bientôt il passe aux procédés violents : il s'empare du presbytère, du cimetière, des terres de l'autel, de celle de Durand et de la dîme d'Adelina, « iterum sæpedictus *Parvus* cœpit calumpniari et auferre presbiterium prædictæ ecclesiæ et

----

(1) D'après le savant travail, si plein de faits curieux, que vient de publier M. Hucher sur les sceaux de Guillaume des Roches (V. *Revue historique et archéologique du Maine*, t. VI), ne pourrait-on pas regarder notre *Petit des Roches* comme l'arrière-grand-père de l'illustre sénéchal de l'Anjou, du Maine et de la Touraine ? Guillaume des Roches, en effet, était fils de Beaudouin des Roches, qui avait eu pour père Herbert des Roches. Or, nous allons voir dans une des chartes suivantes un fils de *Petit des Roches*, nommé *Herbert*, confirmer les derniers arrangements de son père avec l'abbé Ramnulfe.

(2) Cartulaire de Saint-Vincent, n° 290.

cimeterium et terras altaris et Durandi necnon et decimas quas Adelina tenebat ».

Mais sur les représentations que lui fait Ramnulfe dans la maison de *Gautier de Curbeton* à Saint-Cenard, il reconnaît enfin le bon droit de l'abbaye et se désiste de ses dernières prétentions. L'abbé lui promet, en retour, que la communauté priera pour lui, pour ses premières femmes, ponr celle qui partage actuellemént sa vie, pour ses fils et pour ses filles, « et ob hoc de manu abbatis per baculum pastoralem beneficium loci accepit et sibi et uxoribus mortuis et vivæ necnon et filiis et filiabus, Pagano scilicet primogenito (1) ».

43e. — *Herbert*, fils de *Petit des Roches* et de la sœur d'*Herbert de la Guierche*, donne son consentement à ce qui vient d'être convenu entre son père et l'abbé Ramnulfe. Il reçoit 2 sous et il est associé aux prières de la communauté.

Témoins : Henri, « miles », Thibaud de Ventiaco, Landry, « miles », *Geoffroy de Saint-Jean*, Hamelin, prévôt de *Petit des Roches*, *Jean*, fils de *Gautier de Curbeton*, etc.

Avec l'abbé Ramnulfe étaient Gautier Bigot, Gautier Jericho, moines de Saint-Vincent, Bernard, prévôt, etc.

La présente charte est confirmée « apud Castellum Carte » par les susdits *Petit des Roches* et son fils *Herbert*..... (2).

44e. — *Bencelin* « de *Collo-Bovis* » s'étant fait moine à Saint-Vincent, sa femme *Hersende* et ses fils, entre autres, *Herbert* et *Wenes*, déclarent que l'abbaye jouira librement des biens qu'elle possède et de ceux qu'elle pourra posséder dans leur fief : de plus, ils lui permettent de prendre dans leur bois tout ce dont elle aura besoin pour la construction de maisons et d'églises, pour le chauffage de ses religieux et de ses hommes de Villaines......

Témoins : Gervais de Château-du-Loir, Drogon de

(1) Cartulaire de Saint-Vincent, n° 291.
(2) *Ibidem*, n° 292.

Cortirant, Hugues et *Gosselin* de Semmur, *Thibaud*, fils
d'*Hubaud*, l'abbé Ramnulfe, ses moines Isembard et
Gautier...... (1).

45°. — *Odon*, fils de *Bencelin de Coulombeuf*, « de *Collo-
Bovis* », donne aux moines le tiers de la dîme qu'il possède
sur deux mansuræ de terre près de Tresson. Il reçoit 5 sous
et il est admis à participer aux prières de la communauté.
Sa femme *Mansella* reçoit elle-même 15 deniers.

Témoins : Raoul, prêtre, *Geoffroy*, fils de *Bencelin*,
Geoffroy de Resorio (Rouziers ?), *Lambert*, fils d'*Elizabeth*
de Tresson, etc. (2).

46°. — Le comte Hélie se trouvant à Saint-Vincent-du-
Lorouer dans la maison des moines, « hoc factum fuit apud
Sanctum-Vincentium de Laboratorio in domo monachorum »,
Thibaud, fils d'*Hubaud*, sa femme *Aaliz* et les religieux le
prient humblement de vouloir bien déclarer la terre,
nommée Gafarderia, exempte du droit de « vicarie » et
de toutes coutumes, ce qui leur est accordé devant *Gosselin*
de Semmur, Hugues de Semmur, *Geoffroy de Saint-Jean*,
Ebrard Latro et *son fils*, châtelains de Lucé, « qui tunc
erant vicarii de Luceio (3) ».

47°. — Les moines de Saint-Vincent cèdent la terre,
nommée Gafarderia, pour le prix qu'elle leur avait coûté,
(60 sous), à Geoffroy « humili et benigno monacho » et à
Robert « laïco (4) ». Suit la description peu flatteuse de ce
domaine : « Sciendum vero est quod eo tempore hæc prædicta tellus receptaculum ferarum, consita arboribus inuti-
libus, scilicet vepribus, dumis et sentibus, horribilis, sterilis
et vacua ab omni habitatore humano erat (5) ».

(1) Cartulaire de Saint-Vincent, n° 286.
(2) *Ibidem*, n° 215.
(3) *Ibidem*, n° 239.
(4) « Factum est autem et confirmatum istud tempore Philippi, regis
Francorum, Helie, comitis Cenomanorum, Hoello præsule vivente,
Ramnulfo existente abbate..... »
(5) Cartulaire de Saint-Vincent, n° 238.

48e. — *Wiscelinus de Vaux*, « *de Vallibus* », avait, lorsqu'il était jeune, donné à Dieu et à Saint-Vincent tout ce qu'il possédait dans l'église de Courdemanche, « in ecclesia Sanctæ-Mariæ de Curte dominica », c'est-à-dire, le presbytère, les offrandes, les prémices, les deux tiers des dîmes et une mansura de terre, tenue par le prêtre qui desservait cette église.

Plus tard, il avait cédé le dernier tiers de la dîme du blé à *Fulcoius Bocel*, lors du mariage de sa sœur avec ce seigneur.

Devenu vieux et atteint d'une grave infirmité, il reçoit un jour la visite de l'évêque Hildebert, qui était accompagné de Guillaume II, abbé de Saint-Vincent. Il se souvient alors du don qu'il avait fait autrefois à l'abbaye et il le renouvelle en présence de ces hauts personnages. — « Opportuno certe tempore, domini mei, adduxit vos Deus ad me ; graviter namque laborans et timens mortem, precor te, domine mi episcope, ut præsens abbas Sancti-Vincentii a manu et concessione tua donum ecclesiæ Sanctæ-Mariæ de Curte dominica accipiat quod feci Sancto-Vincentio et monachis ejus in juventute mea. — Audiens itaque episcopus plenarie donationem, per baculum abbatis dictum donum a Wiscelino accepit et sub nomine Sancti-Vincentii abbati in manu sua tradidit et concessit. »

Parmi les témoins étaient Yvon, chapelain de l'évêque, Raherius de Lavardin, Girard, prêtre de Courdemanche, Hubert, prévôt de *Wiscelinus* (1).

49e. — Six ans après ou environ, *Wiscelinus* prend l'habit de chanoine à Luceau. Étaient présents son neveu et héritier, *Payen Bocel*, l'évêque Hildebert, un grand nombre de chanoines, de clercs et de laïques. Devant cette assemblée, *Payen* reconnaît et approuve le don fait autrefois par son oncle aux moines de Saint-Vincent (2).

(1) Cartulaire de Saint-Vincent, n° 244.
(2) *Ibidem*, n° 244.

50ᵉ. — L'évêque s'était à peine éloigné que *Payen* méconnaît ses engagements. Il est excommunié par Hildebert et forcé de venir à Saint-Vincent avec son oncle *Wiscelinus*. Là, le différend s'arrange aux conditions suivantes :

Payen aura les deux tiers du cimetière et de l'église, plus, le four bâti sur l'autre tiers ; il abandonnera aux moines ce dernier tiers avec le terrain, où se trouve la maison de Girard, prêtre actuel de Courdemanche, et toutes les autres choses cédées autrefois par *Wiscelinus*. Il recevra en outre des moines la somme de 100 sous, et comme il doit pareille somme au juif Vaslin, on convient que le dit Vaslin sera remboursé par l'abbaye.

Plus tard, du temps de l'abbé Guillaume de Boeria, le même *Payen* recommence à molester les moines. Non content du tiers de la dîme, il veut les deux autres tiers et finit par s'en emparer. Nouvelles réclamations de la part des moines, nouvel arrangement, par lequel ces derniers sont encore obligés d'abandonner quelques-uns de leurs droits de dîmes..... (1).

51ᵉ. — *Geoffroy-le-Roux*, fils de *Gersende*, confirme aux moines la possession de toutes les dîmes qui leur avaient été données ou vendues par sa mère et par son frère *Hugues Ribole*. En retour, il reçoit 15 sous et son frère *Foulques* une paire d'éperons, « calcaria pretio duodecim nummorum empta ».

Mais, peu de jours après, le même *Geoffroy* veut prendre la dîme des Etangs, « decimam de Stagnis (2) », prétendant qu'il ne l'avait pas cédée avec les autres, « se nunquam cum præfatis decimis illam nobis concessisse ». C'est pourquoi, le prieur Warin, d'après l'ordre de l'abbé Guillaume, va trouver

---

(1) Cartulaire de Saint-Vincent, nᵒˢ 244, 245.

(2) Constatons ici l'importance des mots « decimam de Stagnis ». C'est la première fois, en effet, qu'il est question de la terre des Etangs, et l'on voit que, dès le commencement du XIIᵉ siècle, cette terre, qui devait être le centre du plus grand fief de Saint-Vincent-du-Lorouer, appartenait à la famille Ribole.

Geoffroy, le supplie de reconnaître le bon droit de l'abbaye et il obtient enfin satisfaction (1).

52ᶜ. — Le prêtre de Pruillé s'attribuait sur une ferrière de la forêt de Bercé tous les droits ecclésiastiques qui appartenaient à l'église de Courdemanche, et ce du consentement du forestier Albéric.

Le comte Hélie, informé de ce qui se passait, fait venir son forestier et lui ordonne de mieux traiter les moines à l'avenir, « ut Sancto-Vincentio absque ulla calumpnia faveret omni tempore ».

Témoins : *Petit des Roches*, *Gosselin* de Semmur, *Thibaud*, fils d'*Hubaud*, *Ebrard Latro*, etc. (2).

§ VI.

L'analyse, aussi brève que possible de tant d'actes divers, nous a permis, ce semble, d'atteindre le but que nous nous proposions en recourant encore une fois au cartulaire de Saint-Vincent.

Non-seulement nous avons montré les moines faisant, dans l'espace de soixante années, malgré les guerres et les révolutions de la dernière moitié du XIᵉ siècle, des acquisitions nouvelles d'une telle importance, que dès lors ils doivent être rangés parmi les principaux possesseurs des terres situées de chaque côté de la Veuve. Nous avons pu aussi constater par des textes formels l'existence de la plupart de nos paroisses, et donner sur les familles, qui les habitaient ou qui en possédaient une partie, sur les mœurs elles-mêmes de ces familles, de nombreux détails que l'on chercherait vainement dans tout autre recueil.

En outre, nous avons vu passer sous nos yeux l'église et la galilée de Saint-Facile, la motte et le donjon de Lucé, le marché de notre petite ville, la chapelle de Saint-Martin, celle de Varencières, l'église de Villaines. Parmi les biens, dont l'abbaye

(1) Cartulaire de Saint-Vincent, nᵒ 267.
(2) *Ibidem*, nᵒ 281.

est devenue maîtresse ou sur lesquels elle a obtenu des dîmes et d'autres droits ecclésiastiques, nous en avons trouvé quelques-uns portant déjà les noms qu'ils garderont pendant huit siècles : le Chêne et Vauregnier en Lucé, Rifroger en Pruillé, Arthée en Villaines, la Gouffardière en Courdemanche, Virlivois et les Etangs en Saint-Vincent-du-Lorouer, etc.

Enfin, nous avons rencontré quelques titres qui ont fait connaître suffisamment la bienveillance de Gervais de Château-du-Loir et celle du comte Hélie pour les religieux de notre abbaye.

Au reste, ce n'est pas seulement dans leur fief de Lucé que ces deux seigneurs ont protégé Saint-Vincent. Sur d'autres points de leur vaste juridiction, ils ont pris également sa défense ou lui ont donné des preuves de leur générosité. Aussi, nous aurions aimé à suivre Gervais aux plaids de Sarcé et de Mayet, où il a fait droit aux plaintes de l'abbé Ramnulfe, et les concessions énormes accordées par Hélie dans son faubourg de Saint-Vincent auraient mérité de notre part quelques développements.

Mais, avant de terminer ce chapitre, nous tenons du moins à dire que Gervais n'a pas favorisé seulement les moines de Saint-Vincent. Comme son oncle, il a été pour les chanoines de la cathédrale un véritable bienfaiteur. Il leur avait donné sur les bords du Narais une grande étendue de terres vagues, dont nous aurons occasion de parler plus tard.

Hélie, en succédant à son beau-père, s'était empressé de ratifier ce don.

CHAPITRE VI.

PÉRIODE FÉODALE.

3me Partie

LA MAISON D'ANJOU, MAITRESSE DU MAINE.

Par le mariage d'Eremburge avec Foulques-le-Jeune, le Maine entre dans une phase toute nouvelle. Pendant près d'un siècle, il sera soumis à la maison d'Anjou.

Quand on étudie ce long espace de temps au point de vue politique et militaire, ce qui frappe surtout l'esprit, c'est l'éclatante fortune des descendants du Réchin. En 1110, Foulques-le-Jeune possédait l'Anjou, la Touraine et tous les droits de suzeraineté sur le Vendômois, comme héritier de son père, mort l'année précédente ; de plus, il était, du chef de sa femme, comte du Maine, seigneur de la Flèche, de Château-du-Loir, de Lucé, de Mayet, etc. Quarante-quatre ans plus tard, l'aîné de ses petits-fils ne jouissait pas seulement de tous ces biens : il était encore duc de Normandie, duc d'Aquitaine, roi d'Angleterre.

Mais, pour porter à un aussi haut degré la puissance de la maison d'Anjou, les droits conférés par deux autres mariages n'avaient pas suffi. Que de guerres il avait fallu faire ! Puis, pour conserver, pour augmenter même cette puissance, que de luttes sanglantes ne faut-il pas soutenir de nouveau !

Fréquentes révoltes de peuples qui ne veulent pas plus alors qu'auparavant des maîtres étrangers, horribles dissensions de famille, dépassant par leur gravité toutes celles qu'on avait vues jusque-là dans l'histoire des princes angevins, attaques de plus en plus vives de la part des rois capétiens, qui, loin de ressembler à leurs devanciers, entreprennent *per fas et nefas* d'amoindrir d'aussi redoutables vassaux, voilà, en effet, de 1154 à 1204, les tristes fruits de la domination des Plantagenets sur un tiers du royaume de France. Pas une de leurs provinces continentales n'échappe aux ravages de la guerre : le Maine ne reçoit pas les moindres coups.

Sous le rapport religieux, au contraire, la période de 1110 à 1204 est remplie de faits qui relèvent l'âme et consolent de tous les crimes enfantés par l'ambition purement humaine. C'est là le côté vraiment grand du XIIe siècle. La foi, loin de s'éteindre, se montre ardente et féconde. Elle organise deux croisades contre les Infidèles. En dehors de ces expéditions fameuses, elle ne cesse d'envoyer isolément ou par petites bandes d'intrépides défenseurs aux Chrétiens d'Orient.

La guerre sainte, la seule qu'on eût dû faire, devient ainsi une guerre séculaire et le Maine n'épargne pour elle ni son sang, ni son or : à lui seul, il fournit de nombreux soldats.

Rien d'émouvant, par exemple, comme la scène qui se passe en 1158 dans l'église de Mayenne. Elle donne une idée de toutes celles de même nature qui ont eu lieu dans les autres églises du diocèse. Cent neuf Manceaux, réunis au pied de l'autel, reçoivent la croix des mains de l'évêque Guillaume de Passavant. Chacun d'eux se met à genoux à son tour et fait le serment de consacrer ses armes, ses biens, sa vie pendant trois ans à la défense du saint sépulcre. On a conservé leurs noms : ils étaient presque tous chevaliers ou écuyers (1). Ils partent pleins d'enthousiasme. Après plusieurs années de fatigues et de combats, trente-cinq seulement reviennent : leurs compagnons étaient morts, « occubuerunt », dit leur historien, Jean de la Fustaye.

D'un autre côté, la vie érémitique, qui n'avait jamais cessé entièrement, reprend une étonnante vigueur sous l'impulsion des Robert d'Arbrissel, des Vital, des Alleaume. Les forêts et les déserts de l'ouest se peuplent d'anachorètes. On se croirait revenu au temps où Karilef, après avoir erré de solitude en solitude, avait choisi pour demeure les ruines de la Casa Gajani. Dans notre pays en particulier, les retraites les plus sauvages attirent et retiennent une foule d'hommes et même de femmes qui ont renoncé aux intérêts et aux joies de ce monde. C'est principalement près des bords de la Mayenne, de la Sarthe, de l'Erve et du Loir, au milieu des rochers et des fourrés les plus épais, que cette milice d'un autre genre lutte cependant pour le même but, le salut éternel.

Il se produit aussi comme une nouvelle floraison de monastères. Notre Maine voit naître successivement et prospérer ceux d'Etival-en-Charnie, de Beaulieu-lès-le Mans,

(1) Parmi les croisés de Mayenne, la famille de Coesmes, qui deux siècles plus tard possédera Lucé, comptait deux de ses membres : Engebauld et Eléazar de Coesmes.

de Perseigne, du Gué-de-Launay, de Tyronneau, de Belle-Branche, de Champagne et de la Pelice. Pour fonder ou pour doter ces communautés, rois, comtes, vicomtes et seigneurs de tout rang offrent avec empressement une partie de leurs biens, des dîmes et autres droits ecclésiastiques : ils ont tant à se faire pardonner ! Ils n'oublient pas non plus les anciennes abbayes.

C'est également à cette époque que commencent à s'élever, sur les ruines faites par le temps et par les hommes, ces cathédrales qui de nos jours inspirent encore tant d'admiration et de respect.

Que dire enfin de ces nombreux prieurés qui viennent s'ajouter à ceux des siècles précédents, de ces maladreries établies sur les points les plus divers pour le soulagement des lépreux, de ces biens immenses donnés aux deux ordres militaires du Temple et de Saint-Jean-de-Jérusalem, sinon que la ferveur religieuse se manifestait sous toutes les formes et provoquait les sacrifices les plus généreux.

Nous n'avons pas à faire ici l'histoire des princes angevins avec les développements que comporterait un sujet aussi vaste. Ce serait dépasser les limites de notre plan.

Cependant, comme ces puissants personnages ont conservé jusqu'à la fin du XIIe siècle la possession directe de Château-du-Loir, de Lucé, de Mayet, etc., nous ne pouvons nous borner à exposer ceux de leurs actes qui concernent spécialement l'héritage maternel d'Eremburge ; nous devons du moins donner une idée de la vie de chacun d'eux et aborder ainsi un coin de l'histoire générale de la France.

Pour cette dernière partie de notre tâche, les renseignements abondent : le difficile, c'est d'abréger. Il n'en est pas de même pour la première : nous n'avons à notre disposition qu'un petit nombre de titres, dont l'importance ne peut compenser la rareté.

§ I.

A peine maître du Maine, Foulques-le-Jeune avait fait hommage de son nouveau comté au roi de France, Louis VI.

Henri d'Angleterre prétend que c'était à lui qu'était dû l'hommage.

De là une guerre, dont il faut surtout rechercher la cause dans la colère éprouvée par le fils du Conquérant, lorsqu'il avait vu le Maine aux mains du comte d'Anjou. Celui-ci, au reste, ne cachait pas les sentiments hostiles dont il était animé contre le souverain anglo-normand. Il avait reçu dans ses états le fils du malheureux Robert de Normandie, Guillaume Cliton. De concert avec le roi de France et avec Robert de Bellême, il favorisait ce jeune prince dans l'espoir qu'un jour, Cliton étant rétabli dans ses droits légitimes, la Normandie serait détachée de l'Angleterre.

Henri s'était donc jeté sur le Maine à la tête d'une armée, essayant en même temps par ses intrigues de pousser à la révolte les seigneurs manceaux (1).

Les débuts de la guerre sont heureux pour Foulques. Mais bientôt Louis VI, qui avait pris les armes de son côté, éprouve des revers : Robert est fait prisonnier, lorsqu'il se présentait comme ambassadeur du roi de France. Foulques, abandonné à ses propres forces, va trouver Henri près d'Alençon, lui rend hommage pour le Maine, et afin de cimenter la paix, il promet sa fille Mathilde en mariage à Guillaume Adelin, fils aîné du roi anglais (1113). Il fait même plus que de s'humilier : il aide ensuite son nouveau suzerain à prendre et à brûler Bellême !

La guerre ayant recommencé en 1116 entre les deux rois, Louis VI obtient le concours de Foulques en lui confirmant le titre de sénéchal de France qu'avaient possédé ses ancêtres. Par sa brillante valeur, le comte d'Anjou ne tarde pas à mettre en péril la fortune anglo-normande. Après avoir pris la ville d'Alençon, il s'empare de la citadelle, malgré les efforts du roi Henri, d'Etienne et de Thibaud de Blois, accourus pour la défendre. Puis, il défait complé-

---

(1) Henricus, sæpe data etiam pecunia cenomanici pagi baronibus, multa damna per eos Fulconi faciebat in propria ipsius terra. (*Gesta consulum Andegav.*)

tement l'armée ennemie dans une bataille livrée sous les murs même de la ville (1118).

La Normandie, attaquée sur un autre point par Louis VI, allait peut-être succomber, lorsque d'adroites démarches arrêtent Foulques au milieu de ses succès. Henri, pour l'attirer dans son parti, presse l'accomplissement du mariage de Guillaume Adelin avec Mathilde. Le comte se rend, séduit par l'idée de voir un jour sa fille sur le trône d'Angleterre, et les noces sont célébrées à Lisieux, l'année même où Louis était vaincu à Brenneville (1119). Le Maine formait la dot de la princesse.

Foulques obéit alors au mouvement qui poussait tant de guerriers vers Jérusalem. Il part pour la Terre-Sainte et s'y distingue par sa bravoure et par sa libéralité (1120). D'après Guillaume de Tyr, il y entretient à ses frais cent chevaliers pendant un an.

Cependant le roi Henri achevait de pacifier la Normandie. Après avoir tout réglé, il s'embarque à Barfleur avec Mathilde pour retourner en Angleterre. Il était suivi de près par son fils Adelin, qui était monté sur la Blanche-Nef avec une foule de personnes du plus haut rang. A peu de distance du rivage, la Blanche-Nef se brise sur un écueil ; un seul homme échappe à la mort et peut raconter le drame lugubre.

La nouvelle de cette horrible catastrophe hâta sans doute le retour du comte d'Anjou. Il devait veiller de près à ses intérêts et à ceux de sa fille.

Mathilde, veuve sans enfants, ne voulait pas rester en Angleterre, malgré tous les égards dont on l'entourait. Elle revient près de sa mère, la comtesse Eremburge, et peu de temps après, elle se décide à prendre le voile à Fontevrault (1123).

Foulques se croit dès lors en droit de réclamer le Maine, qui avait été la dot de sa fille, et Henri ne se pressant pas de le lui rendre, il donne en mariage à Guillaume Cliton sa seconde fille, Sibylle, à laquelle il assigne pour dot le même comté.

De cette résolution naît une lutte des plus scandaleuses. Malgré les efforts de Louis VI, que son sénéchal servait alors d'une manière brillante, Henri parvient à faire casser cette alliance par le légat du pape, sous prétexte de parenté. Les commissaires du légat sont maltraités par Foulques; le pape excommunie le comte, qui ne cède qu'en 1126 à la prière d'Eremburge mourante (1), et l'infortuné Cliton est obligé de consentir à la rupture de son mariage.

Au milieu de ces débats, le roi anglais s'était trouvé sous le coup d'un autre malheur. Sa fille unique, Mathilde, mariée à l'empereur Henri V, était devenue veuve sans enfants, comme Mathilde d'Anjou. Il avait vu ainsi, pour la seconde fois, ses calculs ambitieux détruits par une mort imprévue.

Il finit par comprendre qu'au lieu de se faire du comte d'Anjou un ennemi irréconciliable, il a tout intérêt à le détacher pour toujours du roi de France. C'est pourquoi il lui propose la main de l'impératrice pour Geoffroy, l'aîné des fils laissés par Eremburge.

Foulques est fasciné par cette offre qui dépassait tout ce qu'il avait pu rêver. Il accepte, abandonne Louis pour la troisième fois, et fait célébrer le mariage dans la cathédrale du Mans, le jour de la Pentecôte 1128. Geoffroy, né en 1113, n'était âgé que de quinze ans : l'altière Mathilde, reconnue par les barons anglo-normands comme l'unique héritière de son père, avait presque le double de l'âge de son nouvel époux.

Après avoir, du moins autant que le permettaient les prévisions humaines, assuré à son fils l'avenir le plus magnifique, Foulques-le-Jeune est pris d'une autre ambition : il veut, lui aussi, occuper un trône. C'est pourquoi il investit Geoffroy de tous ses droits sur l'Anjou, la Touraine et le Maine, sans s'occuper de pourvoir son second fils Hélie retourne en Palestine (1129), où l'appelait Beaudouin II,

(1) Anno 1126 obiit Aremburgis comitissa, uxor scilicet Fulconis : prolixo prius macerata languore fuerat. (Orderic.)

roi de Jérusalem, épouse Mélissende, fille aînée de ce prince et remplace son beau-père, mort en 1131. Il devait posséder pendant onze ans le royaume de Godefroy de Bouillon et laisser pour lui succéder deux fils qu'il avait eus de son mariage avec Mélissende (1).

Pour achever de peindre cette existence si mouvementée, il faut encore en montrer le côté religieux.

Foulques avait donné, comme la plupart de ses puissants contemporains, de nombreuses preuves de piété. Pendant qu'il était simple comte, on l'avait vu faire de grandes largesses aux églises et aux monastères. L'abbaye cistercienne du Loroux, près d'Angers, était l'une de ses plus belles fondations. Citons aussi la chapelle de Notre-Dame, qu'il avait fait construire à Trôo sur la pente de la montagne. Les connaisseurs visitent avec plaisir les restes de cette œuvre délicate.

Il avait en outre fondé dans l'Oizéais, sur l'héritage d'Eremburge, le prieuré de la Fontaine-Saint-Martin.

Cet établissement tirera plus tard de Lucé une partie de son revenu. C'était une de ces communautés doubles dont l'abbaye de Fontevrault restait le modèle le plus célèbre. La colonie, qui s'y était établie sous la protection du comte d'Anjou, venait de l'abbaye de Saint-Sulpice, élevée récemment dans la forêt de Nid-de-Merle en Bretagne. Les religieux et les religieuses de la Fontaine-Saint-Martin vivaient donc séparément sous l'autorité d'une prieure. Dans la suite, il n'y aura plus que des religieuses, et la maison, ainsi réformée, se maintiendra jusqu'en 1790.

On a conservé l'acte par lequel Foulques-le-Jeune et la comtesse Eremburge ont donné le lieu où était situé le prieuré. Ils avaient ajouté à cette concession le droit de panage et celui de chauffage dans leur forêt de Longaunay. Cet acte est daté du Mans le 11 novembre 1117. Deux mois

(1) Obiit autem Fulco in urbe acconensi IV idus novembris, anno 1142, regni sui anno XI. (Guill. de Tyr.)

après, Foulques le confirmait de son sceau, en présence de
son fils Geoffroy, au château de la Flèche (1).

Enfin, nous ne pouvons douter que Foulques-le-Jeune
n'ait été pour les Templiers et pour les Hospitaliers de
Saint-Jean un généreux bienfaiteur. Les dernières années,
qu'il avait passées en France, sont précisément celles où
l'on voit commencer dans le Maine l'énorme fortune de ces
deux grands ordres militaires et religieux. Il avait, sans doute,
admiré bien des fois leur courage et leur abnégation pendant
son premier voyage à Jérusalem. Il était même devenu l'ami
du premier grand-maître des Templiers, Hugues des Payens.
De retour au Mans, il avait dû s'empresser de donner à ces
nobles défenseurs des Lieux - Saints quelques-uns de ses
domaines propres et engager ses vassaux à l'imiter. C'est
ainsi que s'expliquerait l'origine de deux de ces comman-
deries de notre diocèse, qui devinrent bientôt si nombreuses,

(1) Quoniam viva littera ea quæ sibi committuntur perire non patitur,
idcirco ego Fulco, andeg., cenom. et turon. comes, mandatis Domini ali-
quantulum obtemperare cupiens, ecclesiæ Sanctæ-Mariæ monasterii novi
et abbatissæ Sancti-Sulpitii et sanctimonialibus ejus, tam præsentibus
quam futuris, do et concedo in puram et perpetuam eleemosynam locum
Fontis-Sancti-Martini cum omni terra, sicut divisa est, pro redemptione
animæ meæ et pro salute animæ patris mei et matris meæ.

Similiter Eremburgis comitissa, uxor mea, dat et concedit donum illud
pro redemptione animæ suæ et pro salute animæ patris sui Heliæ et matris
suæ et parentum suorum, de quorum hæreditate supradicta terra est.

Insuper, ad petitionem prædictæ abbatissæ, ego et Eremburgis comitissa,
uxor mea, damus et in perpetuum concedimus sanctimonialibus, ibidem
Deo servientibus, herbagium et chaufagium in foresta de Longo-Alneto.

Donum autem istud factum fuit Cenomanis in aula nostra, anno Incarnationis Domini 1117, 3º idus novembris.... Ego vero Fulco et Eremburgis,
uxor mea, posuimus supradictum donum in manu Radulphi monachi,
magistri sanctimonialium, et eum de dono investivimus cum annulo
aureo. Et ut hoc donum ratum et inviolabile et ab omni exactione liberum
perpetuo perseveret, ego Fulco et filius meus, Gaufridus, chartam supradictam sigilli nostri munimine fecimus roborari per manus Fulconis,
capellani nostri, qui ex præcepto nostro eam sigillavit, et nos propriis
manibus signum crucis chartæ præsenti imposuimus. Actum fuit hoc
publice apud castrum Fixæ, ubi charta sigillata fuit et donum confirmatum
in aula nostra, idus januarii, in festivitate sancti Hilarii. (Dom Briant,
Cenomania.)

celle du Temple de Château-du-Loir et celle des Hospitaliers de Saint-Jean à Artins (1).

Après la condamnation des Templiers, la commanderie d'Artins se composera de sept membres, dont l'un était Saint-Jean - de-Château - du - Loir, autrefois le Temple-lès-Château-du-Loir.

Un des fiefs de cette commanderie était situé dans la paroisse de Lucé. Il se composait d'un petit bien, peu éloigné de la ville et nommé la Borde-Bahuau, plus de quelques maisons, placées près et au sud-est des fossés du château. Le chemin, que bordaient en partie ces maisons, s'appelait rue

(1) Les Templiers (lire les Hospitaliers de Saint-Jean) possédaient dans le Bas-Vendômois un prieuré situé près d'Artins, dans une position délicieuse, au penchant du côteau qui borne la riante vallée du Loir. Ce prieuré, depuis longtemps, est devenu une ferme. Mais, dans la chapelle, convertie en grange, on peut encore admirer de magnifiques peintures murales. Moins anciennes que les fresques de la chapelle de Saint-Gilles de Montoire, celles d'Artins sont supérieures par le fini de l'exécution et l'effet grandiose de l'ensemble. L'abside est décorée de trois arcades soutenues par de légères colonnes accouplées, dont les fûts sont colorés de teintes qui imitent le marbre. Au fond de chacune de ces arcades on remarque le cintre d'une petite fenêtre maintenant bouchée : dans leurs embrasures sont représentés les douze apôtres en pied, de grandeur naturelle, et plus bas, des figures agenouillées et priant, qui sont peut-être celles des bienfaiteurs de la maison..... Tout un côté de la muraille est occupé par de grandes figures de guerriers, qui portent des lances légères et montent des chevaux richement caparaçonnés. Ils n'ont point l'armure de fer des hommes d'armes de cette époque ; leurs bras et leurs jambes sont nus ; des casques à visière, de forme ronde et basse, protègent leur tête ; ils sont vêtus d'une longue casaque ou robe flottante, losangée de rouge et de blanc. Les mêmes losanges couvrent les caparaçons des chevaux et l'écu des chevaliers. Les selles sont massives comme celles des Arabes et ont des pommeaux très-élevés. Ces guerriers sont-ils des chevaliers du Temple (de l'Hôpital)? Je n'ose l'affirmer, quoique l'uniformité de leur costume et son caractère semi-oriental semblent autoriser cette conjecture.

Ces belles fresques, un des plus précieux monuments de la peinture murale en France, sont restées jusqu'à présent inconnues et paraissent vouées à une entière et prochaine destruction. Chaque année, il se détache de larges plaques de l'enduit qui les supporte et déjà plusieurs parties présentent de déplorables lacunes. ... (De Pétigny, *Histoire du Vendômois*, p. 264, 265.)

de l'Hôpital : ce fut ensuite la rue de Saint-Vincent (1).

Serait-il bien téméraire de ranger le fief de Lucé, dépendant d'Artins, parmi les biens que Foulques avait donnés aux Hospitaliers ?

§ II.

Geoffroy, surnommé Plantagenet, parcequ'il avait coutume de mettre un genêt à son casque, était bien jeune, lorsque son père était reparti pour la Terre-Sainte. Cependant il se montre capable de résister victorieusement à une ligue puissante, formée par des seigneurs poitevins et par ses propres vassaux.

A peine délivré de cette guerre, il réclame avec hauteur la Normandie que son beau-père avait promis de lui donner comme dot de Mathilde.

Henri hésitait à se dessaisir de ce duché. De là, une rupture entre les deux princes. Geoffroy envenime la querelle en attaquant Roscelin, vicomte de Beaumont, qui avait épousé une fille naturelle du vieux roi.

Celui-ci s'avance avec une armée du côté d'Alençon. Le beau-père et le gendre allaient en venir aux mains, lorsque la mort frappe Henri au château de Lions, le 1er décembre 1135.

A cette nouvelle, Geoffroy se croit déjà maître de Rouen

(1) On lit dans un des registres du château de Lucé :

« Le commandeur d'Arthins est homme de foy simple a cause d'un fief qu'il possede en la ville et paroisse de Lucé, duquel fief relevent plusieurs maisons en la rue de l'Hospital avec la Borde Bahuau.

Les cens et rentes du d. fief montent a cinquante sols.

Il pretend avoir droit de haulte, moyenne et basse justice, droit de dixmes en l'etendue de son fief, droit de vendre vin dans sa maison de Lucé pendant le ban du seigneur de Lucé, droit de mesure a bled et a vin, tant pour en user que pour bailler a ses sujets, dont il doit prendre le patron de celuy de Lucé.

Les dits droits luy sont contestés et il n'en jouit pas ; tient a retribution de service divin.

La derniere declaration est du 19 juin 1496. Il paroist qu'il y en a une autre de 1554, mais elle ne se trouve pas au tresor.

Il y a offre de foy du 25 may 1672 ».

et de Londres. Il se dispose à partir pour prendre l'épée ducale et ceindre la couronne royale. Mais il est prévenu par Etienne, comte de Boulogne, neveu et favori du roi défunt, qui se trouvait en Angleterre à la tête d'un parti considérable.

Alors commence une lutte longue et sanglante, interrompue par des trèves et pleine de péripéties étranges.

Geoffroy essaie de soumettre la Normandie : il en est chassé plusieurs fois par les habitants qu'exaspéraient sès cruautés. Mathilde passe en Angleterre (1139), fait prisonnier le roi Etienne à la bataille de Lincoln et est proclamée reine. Mais bientôt elle voit la fortune sourire à son rival redevenu libre et se hâte de repasser la mer.

Les rois Louis VI et Louis VII n'avaient pas manqué l'occasion, qui se présentait, d'entraver les efforts du comte d'Anjou. Le premier avait favorisé Thibaud de Blois, puis Eustache, fils du roi Etienne, reconnus successivement comme ducs par les barons normands. Le second avait même fait d'Eustache son beau-frère en lui donnant en mariage sa sœur Constance.

D'un autre côté, les seigneurs angevins et manceaux s'étaient révoltés, ayant à leur tête Hélie, frère de Geoffroy, qui réclamait le comté du Maine. Geoffroy avait eu de la peine à réprimer ses vassaux. Après les avoir vaincus, il avait renfermé Hélie dans le château de Tours. Hélie devait y rester près de six ans et n'en sortir que pour succomber à la maladie contractée dans sa prison.

Enfin, dans le cours de l'année 1148, Geoffroy envahit de nouveau la Normandie et s'en rend complètement maître.

Mais il devait mourir sans avoir porté la couronne d'Angleterre. Atteint d'une pleurésie, il expire à Château-du-Loir, au mois de novembre 1151, âgé seulement de trente-huit ans (1).

(1) Anno 1151 obiit Gaufridus : cum a colloquio regis Francorum in confinio Normanniæ et Franciæ facto rediret, nimio calore ipso urgente, balneo

Il avait eu de Mathilde trois fils : Henri, Geoffroy et Guillaume.

Le moine Jean de Marmoutier et les *Gesta consulum Andeg.* ont fait de ce premier des Plantagenets un magnifique éloge, que dom Piolin n'approuve pas entièrement et à bon droit. Jean de Marmoutier nous apprend de plus que Geoffroy avait la chevelure d'un blond ardent, les yeux étincelants, le corps maigre et nerveux (1).

Si parfois le comte d'Anjou s'était montré cruel, s'il avait résisté à l'excommunication lancée contre lui pour avoir retenu dans les fers, malgré les réclamations du pape et du roi Louis VII, un de ses barons rebelles, Girard de Berlai, il avait prouvé par de nombreux actes religieux tout le bien qu'il voulait à l'Eglise.

Nous parlerons seulement de deux de ces actes.

L'un concerne la Fontaine-Saint-Martin. Geoffroy, par une charte, dont le texte semble perdu, avait donné à ce prieuré une rente annuelle et perpétuelle de 60 livres. C'est ce qui ressort d'un titre, signé en faveur de la même communauté par le fils du donateur.

L'autre regarde le prieuré de Château-l'Hermitage. Quoique

cujusdam fluvii (Lit) usus, febri peracuta occupatus apud castrum Ledi venit, ibique non sine dolore ac luctu suorum interiit (*Gesta consulum Andeg.*)

(1) Le comte Geoffroy Plantagenet fut enseveli dans l'église cathédrale du Mans par l'évêque Guillaume de Passavant, qui déploya en cette circonstance une pompe extraordinaire. Jusqu'à cette époque, personne n'avait encore été inhumé dans l'enceinte de la ville. Peu après, le prélat fit élever sur la tombe du comte un tombeau qui fut regardé comme un chef-d'œuvre. On voyait encore à la fin du XVIIIe siècle, sur le premier pilier à droite, au haut de la nef, un portrait de Geoffroy sur cuivre émaillé, qui avait fait partie du monument primitif.

Ce bel émail est maintenant au Musée de la ville du Mans.

Au bas du tableau on lisait ce distique, que l'on attribue à l'évêque Guillaume :

> Ense tuo, princeps, prædonum turba fugatur,
> Ecclesiæque quies, pace vigente, datur.

(Dom Piolin, *Histoire de l'Eglise du Mans*, t. IV, p. 81-82.)

le terrain, sur lequel s'étaient établis les premiers religieux, ait été cédé par Hélie de la Flèche, on doit considérer Geoffroy comme le vrai fondateur de cette communauté. Il lui avait accordé de grands privilèges dans ses forêts du Maine et de l'Anjou, donné un bois situé près du cloître et fourni une somme importante pour la construction d'une église. Il n'y avait alors qu'une petite chapelle. Quelques seigneurs avaient imité la générosité de leur comte.

Tous ces détails ont été conservés par deux chartes (1).

Château - l'Hermitage recevra de Lucé, comme la

(1) Voici la première, datée de 1144 :

Noverint universi ecclesiæ filii, tam præsentes quam futuri, quod dominus Gaufridus, venerabilis comes Dei gratia andegavensis, filius videlicet domini Fulconis regis Jerosolymarum, uno tantum milite Roberto scilicet de Poceyo comitatus, Castelliensem ecclesiam orationis gratia expetiit, qui et loci illius paupertatem et fratrum conservationem sollicite et diligenter perpendens, Gillebertum, bonæ memoriæ virum, tunc temporis Castelliensis ecclesiæ magistrum, fratresque ceteros ante altare beatæ Mariæ convocavit, ibi autem pro suorum remedio peccatorum convocatis fratribus eorumque successoribus ad sui calefactionem et ad domorum suarum ædificationem infra locum, qui dicitur de Castellis, et extra charitative in suis nemoribus Cenomaniæ et Andegavi, concessit omnes in perpetuum libertates, scilicet et pasturas et pasnagium sui et hominum suorum, nemus vero loco illi adjacens quiete et libere possidendum. Hoc vero donum super altare beatæ Mariæ cum missali posuit. Quod ut omnino ratum et inconcussum perenniter habeatur, sigilli sui munimine roboratur. Hoc donum Gaufridus, filius comitis, concessit præsentibus istis : Helia, fratre comitis, Pagano de Claris Vallibus, Gaufrido de Claeriis, etc.

Ut autem Castelliensis ecclesia ab ipsius comitis successoribus in magna habeatur reverentia, supradictus comes Gaufridus in præsenti charta voluit contineri se ad ipsius Castelliensis ecclesiæ ædificationem decem libras præbuisse primumque lapidem posuisse.

Hæc charta facta fuit apud Maietum, quinto calendas februarii, anno ab Incarnatione Domini 1144.

Cette pièce fait partie d'un recueil précieux conservé à la Bibliothèque nationale, que nous nommerons *Cartulaire de Château-du-Loir*, et dont M. G. Dubois a bien voulu nous communiquer une copie faite de sa main. Nous userons discrètement du travail de M. Dubois et nous tenons à le remercier ici de son aimable complaisance.

La seconde charte a été analysée par Bilard ; il n'en existe qu'une copie aux Archives de la Sarthe : l'original est aux Archives nationales (1er cahier des diplômes, n° 872).

Fontaine-Saint-Martin, une rente qui sera servie jusqu'à la Révolution avec une régularité presque parfaite. Nous avons sur l'origine de cette rente des détails que nous ferons connaître, lorsque le moment sera venu de les exposer.

§ III.

Henri, né au Mans dans le palais de ses ancêtres, en 1133, n'avait que dix-huit ans à la mort de son père Geoffroy. Il se trouvait alors en Angleterre avec Mathilde qui disputait de nouveau le trône à Etienne. Dès 1149, il avait rendu hommage au roi Louis VII pour le duché de Normandie. Il se hâte de venir prendre possession du Maine, de la Touraine et de l'Anjou. Ses deux frères sont à peu près déshérités. Geoffroy doit se contenter de trois châteaux : Mirebeau, Loudun et Chinon ; Guillaume a pour sa part le comté de Mortain.

Cependant il se passait en France des événements extrêmement graves. L'Aquitaine, placée avec tant d'habileté par Louis-le-Gros sous l'autorité directe de Louis VII, échappait à la couronne. Eléonore s'en retournait dans son duché, libre de contracter de nouveaux liens à la suite d'une sentence de divorce prononcée entre elle et le roi par le concile de Beaugency. A peine arrivée dans l'Aquitaine, elle offrait sa main au duc de Normandie, et malgré les menaces de Louis VII, le mariage s'accomplissait au bout de six semaines (1152). La guerre ne pouvait manquer d'éclater. Les rois de France et d'Angleterre, Eustache, fils d'Etienne, les comtes de Blois et du Perche, Geoffroy de Chinon se liguent contre le nouveau duc d'Aquitaine. Mais ils sont bientôt réduits à faire la paix

Eustache, l'un des vaincus, meurt peu de temps après, et le roi Etienne, privé de son fils de prédilection, se décide à conclure avec Mathilde un traité qui rend pour un moment le repos au peuple anglais (1153). Par ce traité, il devait demeurer tranquille possesseur du trône pendant le reste de sa vie et reconnaître le fils aîné de Mathilde pour son héritier.

Dès l'année suivante, il va rejoindre son fils Eustache dans la tombe : Henri est couronné roi d'Angleterre sous le nom de Henri II.

Parvenu à une pareille puissance, l'héritier des comtes d'Anjou ne sait pas s'arrêter. Il jette d'abord un regard d'envie sur l'Irlande. Une révolte de Geoffroy de Chinon ayant ramené son attention sur le continent, il envoie contre son frère une armée de mercenaires, lui enlève ses châteaux et le condamne à vivre d'une pension. Plus tard, il profite de la mort de ce même Geoffroy, devenu comte de Nantes, pour mettre un pied en Bretagne. Il ose réclamer Nantes comme héritage du défunt, s'empare de la ville, s'avance jusqu'à la Vilaine et dispute à Conan le reste du pays. Conan, pour garder son duché, est obligé de promettre sa fille Constance à Geoffroy, le troisième fils de son ennemi. Constance et Geoffroy étaient encore enfants : leur mariage ne s'accomplira que plus tard. En attendant, la Bretagne se trouvait par le fait soumise à la domination anglaise. Elle se révolte plusieurs fois, mais elle est toujours vaincue.

Les Poitevins, de leur côté, veulent secouer le joug : ils sont cruellement réprimés.

Le comté de Toulouse, englobé autrefois dans l'Aquitaine, est lui-même envahi. Si Toulouse assiégée sauve sa liberté, le Quercy reste aux mains du roi anglais.

Louis VII avait encouragé les Bretons, les Poitevins et les Toulousains : il avait même pris quelquefois une part active à ces luttes féroces. Les conférences tenues à Montmirail, à la Ferté-Bernard et sur les confins de la Normandie n'avaient jamais abouti qu'à de courtes trèves.

Pendant cette période agitée, Henri II s'était attiré des embarras d'un autre genre en voulant détruire les libertés de l'Eglise d'Angleterre. L'archevêque de Cantorbéry,

Thomas Becket, les avait défendues avec la plus grande énergie (1162-1170). Il avait fallu le tuer pour l'empêcher d'élever la voix contre l'iniquité royale, et si Henri n'avait pas ordonné le meurtre du prélat, il avait assez manifesté son désir d'être débarrassé d'un tel homme, pour que le crime retombât sur lui. En effet, chez le peuple anglais et sur le continent, il n'y avait qu'un cri contre le vrai meurtrier de Thomas Becket.

Pour opérer une diversion, le roi a beau reprendre ses projets contre l'Irlande et soumettre la plus grande partie de l'île, il sent que ce nouveau fleuron ajouté à sa couronne n'efface point ce qui s'était passé dans l'église de Cantorbéry. C'est pourquoi il fait faire à Rome démarches sur démarches pour obtenir une absolution qui lui est enfin accordée. Mais il avait dû s'engager auparavant à rétablir les libertés, pour lesquelles le courageux primat n'avait pas hésité à donner son sang (1172).

Après ce succès, chèrement acheté, il est vrai, tout semblait lui promettre un règne tranquille.

C'est, au contraire, à partir de ce moment que le malheur s'abat sur lui pour le poursuivre jusqu'au tombeau.

Il avait eu de son mariage avec Eléonore quatre fils : Henri Courtmantel, Richard, Geoffroy et Jean. A l'aîné, qu'il avait fait sacrer roi, il réservait l'Angleterre et la Normandie, le Maine, la Touraine et l'Anjou. Il avait déjà donné à Richard le comté de Poitiers et il promettait de lui assurer en outre le reste de l'Aquitaine. On sait comment il avait pourvu Geoffroy. Quant à Jean, le plus jeune, il voulait lui laisser l'Irlande ; mais il ne lui avait encore confié aucun gouvernement, ce qui avait valu à ce jeune prince le surnom de Sans-Terre.

Excité par sa mère et par d'avides courtisans, Henri Courtmantel veut régner. Il s'enfuit près de Louis VII, qui l'accueille à bras ouverts. Richard et Geoffroy se révoltent également, assurés d'avoir pour soutien le roi de France. La guerre éclate. Partout Henri II tient tête à ses ennemis :

en Angleterre, où il s'humilie devant le tombeau de Thomas Becket pour gagner à sa cause ses sujets de race saxonne; en Normandie, où il défend Rouen contre le roi de France; en Bretagne, où il assiège lui-même et prend Dol; en Aquitaine enfin, où il repousse les barons attachés à Richard. Les trois fils rebelles sont obligés de se soumettre (1174-1175).

Mais la paix conclue, Richard donne la mesure complète de son caractère dur et cruel. Pour plaire à son père, il se retourne contre les Aquitains qu'il avait soulevés. Seul ou aidé du roi, qui veut se venger, il leur livre pendant près de six ans bataille sur bataille de Limoges au pied des Pyrénées (1176-1182).

Alors renaît la querelle domestique. Courtmantel, gagné par quelques Aquitains, obtient de son père une concession inexplicable : il se fait donner le Poitou, entraîne Geoffroy dans sa cause, et les deux frères, de l'aveu du roi Henri, marchent contre leur frère Richard.

L'année 1183 voit le spectacle le plus révoltant. On eût dit que ces princes prenaient à tâche de confirmer la légende qui les faisait descendre du diable. Henri s'acharne contre Richard, de concert avec ses deux autres fils; puis, il se range du côté de Richard contre Courtmantel et Geoffroy.

Enfin, la mort prématurée de Courtmantel rétablit un instant la concorde au sein de la famille (1184).

Mais Geoffroy ne tarde pas à susciter d'autres troubles. Il réclame l'Anjou pour le joindre à son duché de Bretagne. Sur le refus de son père, il se rend à la cour du nouveau roi de France, Philippe, qui l'encourage dans ses desseins. La guerre allait donc recommencer, lorsque Geoffroy meurt à Paris dans un tournoi, foulé aux pieds des chevaux (1185).

Privé de ce brandon de discorde, Philippe se sert alors de Richard pour harceler le vieux roi. La paix entre les deux souverains ne pouvait pas, en effet, être plus stable du temps de Philippe que du vivant de Louis VII. Le fameux accord, juré en 1187 près du grand orme de Trie, n'est qu'une trève. En vain on lève partout la *dime saladine* et l'on se prépare avec joie à suivre en Terre-Sainte les rois Henri et Philippe réconciliés. L'argent n'est pas employé contre les Sarrasins, devenus maîtres de Jérusalem : il est gaspillé dans de nouvelles querelles (1188), où Richard, gagné de plus en plus par Philippe, fait admirablement les affaires du roi de France.

L'orage finit par fondre sur le Maine. Les Bretons avaient envahi l'Anjou à l'ouest, les Poitevins l'attaquaient par le sud, et Philippe, pour l'enserrer du côté du nord, entrait dans notre province (1189). La mort de Henri II était proche. Pour rendre compte du dénouement de tant de crimes commis par le père et par ses fils, nous ne pouvons mieux faire que de reproduire le récit court et substantiel qu'en a laissé un savant bénédictin.

« Le roi Philippe-Auguste fait irruption dans le Maine. Il était accompagné du prince Richard, qui par mécontentement du roi d'Angleterre, son père, s'était retiré à la cour du roi de France. Le succès de leurs armes fut rapide. Ils prennent la Ferté - Bernard, Montfort, Malestable, qu'on appelle maintenant Bonnétable, Ballon, et s'avancent vers le Mans. Henri, qui était alors dans cette ville, lieu de sa naissance, ne jugea pas à propos de les y attendre et prit le parti de la retraite Mais, avant son départ, il donna ordre à son sénéchal de mettre le feu aux faubourgs. L'incendie alla plus loin qu'il n'avait compté, les flammes ayant été portées par le vent dans la ville, dont elles consumèrent une grande partie. Sur ces entrefaites, les Français, s'étant approchés, tentent de pénétrer dans la place à la faveur du trouble : mais ils sont repoussés à la première attaque par les troupes anglaises. Plus heureux à la seconde, les portes s'ouvrent à eux comme d'elles-mêmes, la garnison ayant abandonné la ville, dès qu'elle eut appris que le roi Henri s'était retiré. Philippe et Richard, sans perdre de temps, se mettent à la poursuite du roi d'Angleterre, qui avait pris la route de Chinon. Mais n'ayant pu l'atteindre, après une course de plus de deux lieues, ils viennent assiéger le château du Mans qui se rend par composition au bout de trois jours. De là, s'étant acheminés en Touraine, ils prennent en passant Château-du-Loir, la Chartre, Trôo, Montoire, la Roche-l'Evêque et d'autres places sur le Loir, d'où étant descendus sur la Loire, ils se rendent maîtres de Chaumont, d'Amboise, de Roche-Corbon ; puis ils arrivent à Tours, qu'ils emportent par escalade le 3 juillet. Le lendemain, les deux rois et le prince Richard ont une entrevue à Colombiers, près de Villandry sur le Cher, à deux lieues de Tours, où la paix se fait à des conditions désavantageuses pour Henri. Ce prince, étant retourné à Chinon, y meurt de chagrin le 6 juillet » (1).

Au milieu de tant de guerres, plus odieuses les unes que les autres, Henri II n'avait pas toujours été indifférent aux souffrances des pauvres. Pour nous renfermer dans le Maine, nous citerons l'hospice de Coeffort, qu'il avait fait bâtir près du Mans, sur la voie de Tours. Il reste encore de cette belle fondation une salle magnifique, devenue au XVIIe siècle l'église de la Mission, et ce monument de la charité du roi anglais, disons-le en passant, mériterait à tous égards une autre destination que celle qui lui a été donnée depuis la Révolution.

D'un autre côté, le petit-fils d'Eremburge s'était montré plein de bienveillance pour l'Eglise du Mans. Le chapitre de la Cathédrale, celui de Saint-Pierre-la-Cour et quelques abbayes avaient eu part à ses dons.

Sa charte en faveur du prieuré de la Fontaine-Saint-Martin mérite une mention particulière. On y voit, comme nous l'avons déjà fait remarquer, une confirmation de la rente de 60 livres donnée à cette communauté par Geoffroy Plantagenet. Henri décidait que, pour le service de cette

(1) L'Art de vérifier les dates, t. XIII, p. 35.

rente, 20 livres seraient prélevées à la fête de saint Nicolas sur son revenu d'Angers, 20 livres à la Pentecôte sur son revenu du Mans et 20 livres à la fête de Notre-Dame sur son revenu de Tours (1).

Il est probable que les différents receveurs du comte du Maine avaient reçu l'ordre de contribuer proportionnellement au paiement des 20 livres qui devait se faire à la Pentecôte. Ce qui nous porte à le croire, c'est qu'au siècle suivant, nous verrons un des seigneurs de Lucé assigner, sur sa prévôté, aux religieuses de la Fontaine-Saint-Martin une rente de 40 sous, donnée par ses *prédécesseurs* (2).

Parmi les fondations religieuses du roi Henri II, nous avons surtout à signaler celle du prieuré de Grandmont. Elle sera d'une grande importance pour notre petit pays et nous aurons souvent à parler de cette communauté, dont l'origine est d'autant plus remarquable qu'elle coïncide avec les persécutions dirigées contre Thomas Becket. Grandmont, en effet, date de 1163, époque à laquelle le primat d'Angleterre luttait déjà contre son souverain.

On lit dans la charte de fondation, heureusement conservée, que le roi donnait aux religieux de saint Etienne de Muret, dits Grandmontains, pour y établir un prieuré de leur ordre, une portion de sa forêt de Bercé, située près des sources du Narais et close de fossés. Outre le terrain, il accordait aux moines, qui viendraient s'y fixer pour célébrer le service divin, le droit de prendre dans Bercé tout le bois nécessaire pour leur chauffage, pour la construction ou la réfection de leur église et des bâtiments claustraux. Il leur assignait aussi à perpétuité 2 sous par jour sur ses revenus du Mans. C'était une forte somme et nous ne pouvons dire combien de temps Grandmont a profité d'une pareille générosité.

(1) Archives de la Sarthe, H. 91/1, dossier n° 1.
(2) Charte de 1232.

Le donateur déclarait encore que le prieuré de Bercé aurait deux hommes libres et francs dans la ville du Mans, un à Château-du-Loir, un à Mayet.

Enfin, par la même charte, ce dernier privilège était étendu à tous les établissements grandmontains, situés dans les états du prince (1).

Voici les termes dont se servait le roi : « Sciant me etiam singulis domibus grandimontensis ordinis dedisse et concessisse duos homines in singulis civitatibus et unum in castris et villis omnibus juxta quæ domus sunt positæ..... ».

Cette phrase seule suffirait pour nous autoriser à dire que le castrum de Lucé, voisin de Grandmont, devait compter parmi ses habitants un homme appartenant au prieuré et franc de la taille, du service militaire, de toutes les servitudes enfin, qui pesaient alors sur les serfs ou colons du roi. Mais une charte du siècle suivant nous prouve que les religieux de Grandmont avaient su profiter du privilège accordé par Henri II. Ils avaient à Lucé un homme franc et libre (2).

En 1168, l'évêque Guillaume de Passavant et les chanoines de la cathédrale, voulant montrer combien ils avaient à cœur la prospérité du nouveau cloître, ajoutèrent à la partie

(1) Henricus, Dei gratia rex Angliæ, dux Normaniæ et Aquitaniæ, comes andegavensis, archiepiscopis, episcopis, comitibus, baronibus, seneschallis, præpositis et omnibus baillivis et fidelibus suis salutem : Sciatis me, pro Dei amore et pro salute meæ animæ et animarum antecessorum et successorum meorum, dedisse et concessisse in puram eleemosynam et præsente carta confirmasse Deo et priori et fratribus grandimontensis ordinis locum de Burceyo et totum nemus liberum et quietum, sicut fossatis exterioribus clauditur, ut inde faciant quidquid viderint sibi expedire, et per totam forestam aliam et universas forestas meas omnia necessaria ad ædificationem et usus supradictæ domus et aliarum domorum ejusdem ordinis de tota terra mea. Dedi etiam et concessi duos solidos singulis diebus percipiendos in perpetuum apud Cenomanum in redditibus meis et duos homines in eadem civitate, et unum in Castrolidi, et unum apud Maietum, ad serviendum domui et fratribus de Burceyo liberos et quietos in terra et aqua ab omni servitio et tallia, exercitu et equitatu, consuetudine et exactione et rebus aliis quæ ad me spectant....... *(Cartulaire de Château-du-Loir.)*

(2) Charte de 1263.

de la forêt donnée par le roi une grande étendue de landes,
de bouquets de bois et de pâtures, dépendant autrefois de
Bercé, et dont l'Eglise du Mans devait la possession à la
munificence de Gervais de Château-du-Loir (1). Ces terres
formaient de chaque côté du Narais une bande assez large.
La portion située à l'est du ruisseau, c'est-à-dire, du côté de
Lucé, s'approchait du chemin ferré et des Minerais, puis du
chemin de Challes. Les moines de Grandmont y établiront
peu à peu les métairies du Grand et du Petit-Bois l'Évêque,
des Forges, de Bel-Essart, de Coudeloire, de la Mersandrie,
de Mizou, etc.

Nous devons ajouter qu'au nord du nouveau domaine des
religieux, entre le Narais, le même chemin ferré et le fief du
Vivier de Challes, il restait encore à l'évêque d'immenses
landes, données également par Gervais de Château-du-Loir.
Elles seront comprises dans le fief du Breil, et quelques
métairies finiront par y surgir çà et là, telles que Vau-
Jouan, Vau-Rousseau, la Sévrie, etc.

§ IV.

Richard avait enfin ce qu'il désirait : il était roi, mais à
quel prix ! Il s'empresse de recueillir l'héritage paternel : les
places du Maine elles-mêmes, le Mans, Château-du-Loir,
etc., prises pendant la guerre, lui sont rendues par Philippe
et les deux rois s'engagent à faire ensemble la croisade

(1) Ego, Guillelmus, Dei gratia cenomanensis episcopus..... Notum sit
quod cum illustris Angliæ rex, Henricus, in nemus de Burceyo, in partem
illam, quæ Ros dicitur, cujus duæ partes nostræ sunt et tertia domini regis,
fratres de Grandimonte ibi in divino servitio permansuros vocasset, nos ad
petitionem fratris Bernardi et fratrum suorum, qui illuc convenerunt, assensu Philippi decani et Capituli ecclesiæ cenomanensis, Petro, Grandimontis
fratrum priori, sibique successuris et fratribus, tam præsentibus quam
futuris, quidquid juris nostri vel possessionis nostræ de prænominato loco
fratres Grandimontis infra septa sua concluserunt, perpetuo, quamdiu ibi
manerent, quiete possidendum dedimus et concessimus....... anno ab
Incarnatione Domini 1168. (Dom Briant, Cenomania.)

pour laquelle la dîme saladine avait été levée inutilement deux ans auparavant.

A peine partis pour la Terre-Sainte (1190), ils commencent à se brouiller, Richard ayant refusé d'épouser Alix, sœur de Philippe, et s'étant marié avec Bérengère. Les querelles deviennent plus graves, quand ils sont aux prises avec les Sarrasins sous les murs de Saint-Jean-d'Acre.

Richard, plein d'un orgueil brutal, ne ménageait personne et se créait de nombreux ennemis. Sa bravoure, à laquelle il dut le surnom de Cœur-de-Lion, contribuait elle-même à lui aliéner certains esprits.

Philippe humilié, jaloux, revient en France et se met à faire avec Jean-sans-Terre contre Richard ce qu'il avait fait avec Richard contre Henri II. Il s'entend facilement avec un prince, qui avait déjà cherché à s'emparer du pouvoir en Angleterre. Bientôt les deux complices mettent à profit la captivité de Richard. Pendant que Jean lutte de l'autre côté du détroit contre les partisans de son frère, Philippe envahit la Normandie et soulève une partie de l'Aquitaine.

Mais Richard, de retour en Angleterre (1194), parvient à y rétablir son autorité. Puis, il passe en Normandie, accepte la soumission de Jean, qui s'est lâchement jeté à ses pieds, et chasse du duché les troupes de Philippe. La guerre alors est transportée en Saintonge. Un moment, l'on voit le roi de France et le roi d'Angleterre séparés seulement par une petite rivière et prêts à en venir aux mains. Le premier avait avec lui des Français, des Bourguignons, des Champenois, des Flamands et des Berrichons ; le second, des Anglais, des Normands, des Angevins, des Tourangeaux, des Manceaux et des Saintongeois (1195). On lutte ensuite sur d'autres points. Des trèves permettent de temps en temps aux deux rivaux de se reposer. Mais une paix véritable n'était pas possible. Chaque fois que les armes sont reprises, c'est le ravage d'un pays tout entier qui commence, et si le Maine échappe à l'invasion, ses guerriers sont obligés d'aller se battre, soit en Normandie, soit au midi de la Loire.

Enfin Richard, pour s'emparer d'un trésor renfermé, dit-on, dans le château de Chalus, en Limousin, attaque cette petite place. Il y est blessé d'un coup de flèche et meurt le 6 avril 1199. La fortune se rangeait décidement du côté de Philippe.

Nous ne devons pas rapporter tout ce que le roi d'Angleterre avait fait pour le clergé, malgré son ardeur guerrière, sa cruauté et son amour de l'argent. Nous dirons seulement que les moines de Grandmont avaient trouvé en lui un protecteur généreux. Outre d'importants privilèges, il leur avait donné des biens, entre autres, le lieu de Sermaise, situé dans la forêt de Bercé (1).

Sermaise, qui, sans doute, faisait déjà partie de la paroisse de Pruillé, se trouve maintenant sur la lisière de la forêt, par suite des défrichements opérés depuis le XIIᵉ siècle. C'était dès lors un lieu habité, clos de murs et de fossés. On peut croire qu'un des prédécesseurs de Richard avait fait construire en cet endroit une petite forteresse, pour y loger quelque sergent ou autre officier forestier et le mettre à l'abri d'une attaque nocturne. Bercé était, en dehors des *deffais*, parcouru en tous sens, pendant plusieurs mois de l'année, par les porchers et par les bûcherons des seigneurs *usagers*. Il s'y commettait nécessairement de nombreuses

(1) Richardus, Dei gratia rex Angliæ, dux Normaniæ et Aquitaniæ, comes pictavensis et andegavensis, archiepiscopis, episcopis, abbatibus, comitibus, baronibus..... salutem. Sciatis nos, amore Dei, pietatis intuitu, pro remedio animæ nostræ et animarum omnium antecessorum nostrorum, et pro stabilitate regni nostri, dedisse et concessisse et præsenti carta confirmasse Deo et beatæ Mariæ, priori et *Bonis Hominibus* grandimontensis ordinis: 1º locum de Samarzia cum omnibus mobilibus et immobilibus adjacentibus, sicut fossatis exterioribus et muris clauditur, libere et absolute, in omnibus articulis vel accidentibus, ad faciendam suam plenissimam voluntatem..... *(Cartulaire de Château-du-Loir.)*

La date 1192, qui se trouve à la fin de cette pièce, est erronée, Richard n'étant sorti de sa prison d'Allemagne qu'en 1194.

contraventions et les répressions sévères, exercées par les officiers, ne manquaient pas d'exciter des haines souvent féroces et de faire naître des projets de vengeance. De là, ces maisons fortes que l'on voyait sur divers points en *Burcay*, en *Cloypas* et dans le *Bois de Doure*.

§ V.

La mort de Richard était à peine connue, que l'on voyait s'engager une autre lutte, bien plus funeste que les précédentes pour la puissance de la maison d'Anjou.

Mais, avant d'aborder ce nouveau drame, nous devons faire connaître quelques titres du XIIe siècle que nous avions laissés de côté jusqu'ici.

Malheureusement, ces pièces, quoiqu'elles ne manquent pas d'intérêt, sont loin de satisfaire notre curiosité. Après avoir, pour l'époque des Gervais et du comte Hélie, trouvé dans le cartulaire de Saint-Vincent un assez grand nombre de noms et d'actes, nous aurions voulu du moins pour la période suivante des détails équivalents. Au contraire, notre cartulaire est presque muet : le *Livre blanc* ne répond pas non plus à notre attente.

La première pièce concerne l'église de Courdemanche. Voici comment dom Colomb en rend compte dans ses Mémoires pour servir à l'histoire de Saint-Vincent :

« Le pape Alexandre III demanda vraisemblablement pendant son séjour en France, en 1163, à notre abbé et à sa communauté, une cure pour Guillaume de Marçon ; comme il n'y en avait pas de vacante qui pût lui convenir, ils lui donnèrent, en attendant, les rentes de Courdemanche, que Robert le Gendre (Gener) tenait à ferme, savoir : les offrandes, les prémices et tout ce qui leur appartenait dans le casuel de cette église, avec une vigne, un pré et la portion de la dîme, dont ils jouissaient dans la paroisse, sous la pension annuelle de 20 sous manceaux, jusqu'à ce qu'il se présentât une cure affermée 60 sous, qu'il sera tenu d'accepter, quand elle lui sera offerte par la communauté, et il devait se départir alors de tous les revenus qu'on lui avait accordés. Guillaume de Marçon s'obligea de faire aux moines sur sa pension 10 sous manceaux à chaque synode, c'est-à-dire, sans doute, qu'il devait payer ces 20 sous à deux termes : on voit par là que les synodes se tenaient alors régulièrement deux fois l'année. Cet acte fut fait par Guillaume, évêque du Mans, avec toutes les formalités alors en usage. C'est peut-être un des premiers exemples des grâces expectatives, abus qui devint dans la suite si commun (1). »

Pour la seconde, qui regarde l'église de Villaines, nous donnerons aussi l'analyse qu'en a laissée le même dom Colomb :

« Simon de Lucé avait intenté un procès à l'abbé de Saint-Vincent. Il revendiquait la présentation de la cure de Villaines, les offrandes des cinq principales fêtes de l'année, un pain de l'autel, un trait de dîme, tant de blé que de vin, de toute la paroisse et de toutes les prémices, une vigne, la cour d'une maison et *totum vogerium*, ce qui signifie, suivant Du Cange, les épis qui ne sont pas absolument broyés, ou le chaume qui reste après qu'on a vanné le blé, enfin deux parts de paille, le lin et le chanvre. Il assurait que tout cela lui appartenait, parcequ'il fournissait aux moines les sacs pour mettre leurs grains. Il ajoutait que pour le trait de dîme, on devait lui donner la dixième partie de la dîme du blé, du vin et des prémices.

L'abbé soutenait, au contraire, que son monastère jouissait de toutes ces choses par la libéralité de Gontier de la Guierche et de ses successeurs, excepté le trait de dîme du blé, et ajouta que Simon et ses ancêtres ne tenaient ce trait

(1) *Cartulaire de Saint-Vincent*, 3ᵉ partie, nº 27.

de l'abbé et des moines qu'à titre de *servitude* et en fournit des témoins.

Les parties, ayant ainsi plaidé leur cause, mirent néanmoins l'affaire en arbitrage. L'abbé et les moines prirent pour arbitres l'évêque, maître Bernard, maître Arnaud et Hélie, chanoine de Saint-Julien. Simon, de son côté, prit les deux frères Gervais et Geoffroy de Mosterol (Montreuil) et Gaudin Espechel. Simon fit serment de s'en rapporter à ce qui serait décidé par les arbitres. L'abbé jura pour lui et son chapitre par un serviteur qu'il observerait sincèrement ce qui serait réglé. Il paraît par là que les abbés et les moines ne prêtaient serment que par un tiers. Machabée, prêtre, et Bocellus, fils de Simon, deux de ses neveux et quelques autres, firent le même serment que Simon (1). Après ces préliminaires, les arbitres ordonnèrent que Simon et ses successeurs n'exigeraient plus rien des moines de tout ce qu'il leur demandait, et déchargeraient l'abbaye de toutes ces réclamations déraisonnables, excepté le trait des dîmes du froment, du seigle, de l'avoine, de l'orge et du vin, que pour ce trait Simon et ses héritiers percevraient la dîme de ces dîmes. Suit un long détail qui dénote que l'on se défiait des chicanes de Simon. On le déboute de la perception du trait de dîme dans les novales, des offrandes et de la présentation à la cure.

Après la lecture de cette sentence arbitrale, les parties jurèrent une seconde fois qu'elles l'observeraient fidèlement; sur quoi l'évêque Guillaume donna ses lettres, qu'il signa avec les autres arbitres et plusieurs témoins, et les scella de son sceau.

C'est un des actes qui m'a paru des plus curieux sur la forme des plaideurs de ce douzième siècle. Le curé du lieu

(1) Il est impossible de savoir le nom du fief possédé par Simon. Peut-être ce Simon, si arrogant, était-il chargé de la garde du castrum de Lucé. Ses neveux ou petits-fils s'appelaient Droco de Roseriis et Hubertus (Drogon de Rouziers et Hubert); parmi ceux qui prêtèrent serment, il y avait un Jehan des Touches, un Vivien de Villaines.

n'est point oublié dans cet accommodement ; il est antérieur
à 1186, puisque le doyen Nicolas est un des témoins (1). »

La troisième pièce est de la même époque. On y voit
figurer un certain nombre d'églises, que l'évêque Guillaume
de Passavant donnait au chapitre de la cathédrale, après les
avoir retirées des mains des laïques, soit qu'il les eût achetées, soit qu'il les eût obtenues en menaçant les détenteurs
de la colère divine. Parmi ces églises se trouvaient celles
de Saint-Mars-d'Outillé et de Pruillé-le-Gaudin, « ecclesias
Sancti-Medardi de Ostilleio, de Pruliaco-Gaudini ».

L'évêque Gervais, on le sait, avait déjà cédé cette dernière
à ses chanoines. Il faut croire que pendant les troubles, qui
avaient suivi la mort du prélat, elle était retombée au
pouvoir d'un laïque.

On doit remarquer aussi le surnom de Gaudin donné à
Pruillé au XIIᵉ siècle (2).

Dans la quatrième, il est également question de l'église
de Pruillé. Hamelin, second successeur de Guillaume de
Passavant, y déclare que, du consentement du chapitre, il
exempte le curé Regnauld et ses successeurs du repas qui
était dû à l'évêque, lors de sa visite pastorale, « declaramus
nos Raginaldo, personæ ecclesiæ Sancti-Christophori de
Pruliaco et omnibus ei substituendis in ecclesia memorata
honus procurationis, quæ nobis in eadem ecclesia debebatur,
penitus remisisse (3) ».

Ainsi, du temps d'Hamelin (1190-1214), l'église de Pruillé
avait déjà pour patron saint Christophe.

Enfin, nous lisons dans un titre, qui date du règne de
Richard, qu'un certain Fulqueius, chevalier, reconnaissait
comme appartenant au chapitre du Mans la dîme de Doure.
Cet acte, au premier abord, paraît étranger à notre sujet.
Cependant, il renferme un détail important pour nous. On y

(1) *Cartulaire de Saint-Vincent,* 2ᵉ partie, p. 7-8.
(2) *Livre blanc,* nº 122.
(3) *Ibidem,* nº 141.

voit, en effet, Bouchard IV de Vendôme approuver et con-
firmer la déclaration de Fulqueius, et parmi les témoins
figurent quelques vassaux du comte de Vendôme, Payen de
Poncé, Geoffroy de Saint-Georges, Geoffroy de la Flotte.
On peut conclure de là que, sous le roi Richard, le fief de
Saint-Georges-de-la-Coué, formé comme celui de Saint-
Cenard d'une partie de l'ancienne villa de Savonnières,
relevait encore du Vendômois et non de Lucé (1).

§ VI.

La mort prématurée de Richard Cœur-de-Lion avait mis
en présence deux prétendants. Jean-sans-Terre se voit
disputer la succession de son frère par Arthur, duc de
Bretagne, fils de Geoffroy et de Constance. L'Angleterre, la
Normandie et l'Aquitaine reconnaissent Jean pour leur souverain : le Maine, la Touraine et l'Anjou se déclarent
pour Arthur. A la tête des Manceaux et des Angevins était
Guillaume des Roches, personnage appelé à jouer un grand
rôle dans les événements qui allaient se passer. Arrière-
petit-fils, si nous ne nous trompons, de notre Petit des
Roches (2), il était né aux environs de Château-du-Loir, où
il possédait quelques terres patrimoniales, entre autres, le
fief du Houx en Jupilles. Déjà, sous Richard, il avait su
faire apprécier sa valeur et son habileté. On doit penser, au
reste, que les biens considérables, que lui avait apportés
sa seconde femme, Marguerite de Sablé, n'avaient pas nui à
sa fortune politique. Il possédait, en effet, du chef de
Marguerite, Sablé, la Suze, Loupelande, Précigné, Briolay,
Brion.

Arthur, soutenu par cet homme habile et puissant, fait son
entrée solènnelle à Angers, puis au Mans. Pendant le peu

(1) *Livre blanc*, n° 77.
(2) Voir notre note à ce sujet, chapitre V, p. 118.

de temps qu'il séjourne dans cette dernière ville, il s'efforce de gagner complètement les deux clergés par ses libéralités. Il distribue aussi des châteaux à ses plus fidèles partisans et fait de Guillaume des Roches son sénéchal d'Anjou, après lui avoir donné Mayet avec la forêt de Bercé (1).

Mais, pendant que tout semblait marcher au gré du jeune duc, le roi anglais arrive, ne respirant que la vengeance. Bientôt le sang coule et les ruines s'amoncellent dans les comtés attachés au fils de Constance. Angers, le Mans sont pris et brûlés.

Philippe, ne consultant que ses intérêts, s'était prononcé d'abord pour le neveu, puis pour l'oncle. Il finit par faire la paix avec Jean. Arthur sacrifié ne garde que son duché de Bretagne et il est obligé de reconnaître Jean pour son suzerain ; l'Anjou, le Maine et la Touraine, après avoir été affreusement foulés par les deux rois, subissent l'autorité du monarque anglais (1200).

Nous ne chercherons pas à expliquer la conduite de Guillaume des Roches pendant les quelques mois qui avaient précédé la signature du traité. Qu'il nous suffise de dire que Jean lui avait confirmé non seulement la possession de Mayet et celle de Bercé, mais encore le titre de sénéchal d'Anjou.

Deux ans se passent, puis la guerre recommence entre Philippe et Jean. Alors le roi de France comble Arthur de caresses, lui promet sa fille Marie, l'arme chevalier, l'investit du comté de Poitiers et lui donne des secours pour lui permettre de reprendre les trois provinces qui l'avaient acclamé en 1199.

(1) Philippus, Dei gratia Francorum rex..... Notum sit quod amicus et fidelis noster Arturus, rex Britanniæ, comes andegavensis, in feodum et hæreditatem dedit Guillelmo de Rupibus senescaliam Andegaviæ et Cenomaniæ, et insuper Maietum cum pertinentiis suis et boscum de Burcay cum appenditiis suis. Nos autem, ad prædicti Arturi preces, hanc donationem sigillo nostro confirmamus et, quidquid contigerit, omnia prædicta prædicto Guillelmo garantiemus. Actum apud Moulandum, anno Domini 1199, mense maio. (Ménage, *Histoire de Sablé,* 1ʳᵉ partie, p. 191.)

Arthur, plein d'espérance, entre d'abord dans le Poitou, court à Mirebeau, comptant s'emparer de sa grand-mère Éléonore, qui était dans cette petite ville. Mais il est surpris par Jean (1er août 1202), fait prisonnier, emmené à Falaise, puis à Rouen et assassiné (3 avril 1203).

Guillaume des Roches avait suivi le roi d'Angleterre jusqu'à Mirebeau avec ses Angevins et ses Manceaux : c'était à lui qu'était due la fatale victoire. Mais il n'avait attaqué qu'après avoir fait promettre à Jean de conclure avec Arthur une paix honorable et de restituer à son neveu tout ce qu'il lui avait pris sans droit. Aussi, dans son indignation, le sénéchal n'avait pas attendu le meurtre du malheureux prince pour se ranger du côté de Philippe. Il était allé à Paris et il avait juré fidélité au roi de France, tant qu'Arthur serait en prison.

§ VII.

Les conséquence du crime de Rouen ne devaient pas se faire attendre. En moins de dix-huit mois s'accomplit une véritable révolution, qui devient pour la royauté française le point de départ d'une nouvelle ère, pleine de grandeur.

Philippe, profitant de l'horreur qu'inspirait partout le roi anglais, s'empare de la Normandie, se fait reconnaître comme suzerain immédiat de la Bretagne et prend le Poitou, tandis que Guillaume des Roches lui assurait la possession de l'Anjou, du Maine et de la Touraine. Vers la fin de 1204, la maison d'Anjou ne conservait plus en France que le midi de l'Aquitaine.

Quant à Guillaume des Roches, il n'avait pas tardé à recevoir la récompense due à ses services. On sait qu'il avait déjà Bercé et Mayet avec ses vastes dépendances. Dès le mois de septembre, Philippe lui avait donné Château-du-

Loir : la charte, qui confirmait ce don royal, était datée de Poitiers (1).

Peu de temps après, Guillaume des Roches obtenait Château-Neuf-sur-Sarthe, autre dépouille des princes ange-vins, et si l'on considère qu'avec sa fortune territoriale ainsi agrandie, il jouissait comme sénéchal d'un pouvoir presque égal à celui de Foulques-le-Jeune, on conviendra que bien peu d'hommes, à cette époque, avaient mieux profité des changements survenus depuis le coup de Chalus.

Au reste, Philippe avait bien placé sa confiance et ses faveurs. Son sénéchal d'Anjou devait lui rester fidèle jusqu'au bout. Après l'avoir si heureusement secondé dans la guerre de 1203-1204, il ne l'abandonnera pas à l'heure de la réaction.

Il résistera avec courage et en vassal loyal lors du premier retour offensif de Jean (1206). Huit ans après, quand les barons de Normandie, du Maine et de l'Anjou, ne pouvant prévoir le triomphe décisif de Bouvines, prendront avec l'ennemi de Philippe des engagements secrets, il combattra vaillamment en Anjou à côté du fils du roi, Louis de France.

Citons encore deux actes de Guillaume des Roches, qui ont pour nous une valeur toute particulière.

En 1218, à la veille de partir, comme tant de chevaliers du Nord, pour la guerre qui dévastait et dépeuplait le Languedoc, il faisait son testament. Il donnait à Jeanne, sa fille aînée, femme d'Amaury de Craon, Sablé, Briolay, Précigné, Brion et Château-Neuf-sur-Sarthe ; à sa fille puînée, Clémence, il réservait Château-du-Loir, Bercé, Mayet, la Suze et Loupelande (2).

----

(1) Philippus, Dei gratia Francorum rex. Notum sit quod nos dilecto et fideli nostro Guillelmo de Rupibus, senescallo andegavensi, et hæredibus ejus, in perpetuum dedimus in feodum et hominagium ligium Castrum Lidi cum pertinentiis ejus. Ipse vero et hæredes sui in perpetuum nobis facient hominagium ligium contra omnes homines et tale servitium quale feodum debet.....

(Ménage, *Histoire de Sablé*, 1re partie, p. 361.)

(2) Le roi confirmait en ces termes les dispositions faites par le sénéchal :

Ut præmissa perpetuæ stabilitatis robur obtineant, sicut in litteris

En 1219, il fondait dans la paroisse de Bannes l'abbaye de Bonlieu, d'accord avec sa femme, Marguerite de Sablé, avec Jeanne et Amaury de Craon, avec Clémence, veuve de Thibaud, comte de Blois, et bientôt épouse de Geoffroy IV, vicomte de Châteaudun (1).

Il nous reste à dire ce qu'était devenu Lucé au milieu de tant de bouleversements.

On voit bien, par le testament de 1218, qu'il n'appartenait point en propre à Guillaume des Roches ; autrement il aurait été compris d'une manière expresse, comme Château-du-Loir, Bercé, Mayet, dans le lot de Clémence. Mais ce document si important n'indique pas plus que tout autre titre connu de 1199 à 1218, à qui était échue la possession directe du fief dominant de notre petite contrée.

Il faut avoir recours à des pièces d'une date postérieure pour connaître la condition nouvelle qui lui avait été faite par les événements.

Ces pièces, que nous produirons dans le chapitre suivant, nous montrent que Lucé avait été atteint plus profondément que Château-du-Loir et Mayet. Si ces deux forteresses n'a-vaient plus pour maîtres les Plantagenets, elles étaient du moins restées unies entre les mains de l'heureux successeur de ces princes. Après la mort du sénéchal, elles devaient passer ensemble, avec la belle forêt de Bercé, aux maisons illustres de Châteaudun et de Dreux, puis entrer dans le domaine royal en 1337. Notre castrum, au contraire, n'était point confié à la garde d'un châtelain ou vicaire, représen-tant Guillaume des Roches. Il était possédé directement par une famille d'origine inconnue, dont l'influence était destinée

senescalli continentur, nostram tam ad petitionem dicti senescalli quam Amalrici de Credone præsentem cartam sigilli nostri auctoritate et regii nominis charactere inferius annotato, salvo jure et servitio nostro, confirmamus.

Actum anno Domini 1218, mense martio.

(Ménage, *Histoire de Sablé*, 1re partie, p. 208.)

(1) *Ibidem,* 1re partie, p. 366.

à s'exercer dans de modestes limites. Cependant, nous verrons qu'il ne formait point avec ses châtellenies et autres dépendances un centre complètement étranger à Château-du-Loir. Un lien puissant, celui de l'hommage lige, le rattachait à l'antique tour où avaient commandé en maîtres les Gervais, Hélie et Foulques-le-Jeune, où était mort le premier Plantagenet.

Il est probable qu'un pareil changement dans la situation féodale de Lucé était l'œuvre d'Arthur.

On se rappelle que ce prince, en arrivant au Mans, avait donné des châteaux à quelques-uns de ses partisans. Juhel de Mayenne, par exemple, avait reçu Gorron, Ambrières : Guillaume des Roches avait été mis en possession de Mayet. Pourquoi, dans cette distribution de places fortes, Arthur n'aurait-il pas disposé également de Lucé ?

L'absence d'un titre, mentionnant spécialement cette inféodation, ne suffit pas pour faire rejeter notre idée. En effet, la Flèche, ce domaine propre du comte Hélie, cet autre héritage d'Eremburge, que Richard avait possédé jusqu'à sa mort, comme le démontrent plusieurs titres authentiques, passait après le décès de ce roi entre les mains de Raoul de Beaumont. C'est un fait, dont il n'est pas permis de douter, et cependant l'acte, en vertu duquel Raoul était devenu seigneur de la Flèche, semble perdu : aucun historien n'a pu le produire.

CHAPITRE VII.

PÉRIODE FÉODALE.

4e Partie.

FIEF ET SEIGNEURIE DE LUCÉ AU XIIIe SIÈCLE.

Lucé n'appartenant plus en propre à de puissants personnages, notre horizon va nécessairement se rétrécir.

Nous n'aurons désormais à nous occuper que de simples chevaliers au lieu de comtes et de rois. Il sera même impossible de montrer ces chevaliers la lance au poing : leurs aventures guerrières sont restées inconnues.

Cependant de nombreux documents nous permettront de donner sur les nouveaux maîtres de Lucé et sur quelques-uns de leurs vassaux des détails qui ne sont pas à dédaigner.

En même temps que les seigneurs laïques, paraîtront certaines communautés religieuses, surtout celles de Saint-Vincent et de Grandmont, les curés, personæ ou rectores, de plusieurs de nos églises.

Ainsi, loin d'être stérile, le champ étroit, qui nous reste, fournira une moisson assez abondante.

Commençons par les seigneurs de Lucé. Dans un autre chapitre, nous passerons en revue les actes concernant leurs vassaux

§ I.

C'est dans un titre de 1227 que l'on voit pour la première fois un seigneur de Lucé, nommé Guy. Il avait un frère, qui s'appelait Simon. Il a dû mourir au plus tard en 1273. Le dernier acte où il paraît est, en effet, de 1270, et nous avons une charte de son successeur, datée du mois de mars 1274. En outre, le mariage de sa fille Alix avec Robert de Loudon, en 1247, donne lieu de croire qu'il n'a pas dépassé la limite ordinaire de la vie humaine et qu'il était âgé, lors de son décès, d'environ soixante-douze ans. Par conséquent, ce n'est pas à lui que Lucé avait été donné en fief. Il avait eu au moins un prédécesseur, dont nous ne connaissons ni le nom ni les actes.

En 1227, Guy était en désaccord avec les moines de Saint-Vincent. Il prétendait avoir le droit de se faire héberger, lui, ses gens et ses chiens, dans leur maison de Tresson, « cum ab abbate et conventu Sancti-Vincentii pete-

ret quasdam procurationes feudales in domo sua de Trecho-
nio. » C'est ce qu'on appelait le droit de *giste*. Le seigneur
de Lucé se montra dans cette circonstance plus accommo-
dant qu'une certaine Aalet, dont parle Du Cange à propos
des mots *procurationes feudales* (1). Il ne mit point au
pillage le prieuré de Tresson. Cité devant l'official du Mans,
il fit abandon de ce qu'il appelait son droit, « omni juri
abrenuntiavit quod nomine procurationis in dicta domo se
habere dicebat. » Simon, son frère, déclara de son côté qu'il
ne réclamerait rien de tel à l'avenir, et les religieux donnèrent à Guy 20 livres tournois en reconnaissance de son
désistement, c'est-à-dire, que, pour avoir la paix, ils débour-
sèrent une somme représentant à peu près les dépenses
qu'ils auraient faites, s'il leur avait fallu recevoir leur
suzerain et sa suite (2).

Cependant Guy ne paraît pas avoir été pour les communautés un ennemi systématique. Dans une charte de 1232,
on le voit assigner aux religieuses de la Fontaine-Saint-
Martin, sur sa prévôté de Lucé, une rente annuelle et perpétuelle de 40 sous mansais. C'était, disait-il, un don fait
par ses *prédécesseurs* et il voulait respecter leurs pieuses
dispositions (3).

(1) Aalet, uxor defuncti Hugonis, reclamavit procurationem quam, ut
asserebat, ex paterno dono sibi vendicabat. At prior noluit eam procurare,
dicens nec patrem suum nec ipsam aliquam procurationem vel consuetudinem in illa domo habuisse. Illa autem quadam die, absente priore, venit
ad domum cum suis, et per violentiam occisis gallinis et caponibus et
ablatis clavibus panis et vini, eomedit et bibit..... (*Tabularium Vindocinense*, fol. 250).

(2) *Cartulaire de Saint-Vincent*, 3ᵉ partie, nᵒ 107.

(3) Universis presentes litteras inspecturis Guido de Luceio, miles, salutem in Domino. Universitati vestræ notum facio quod cum *antecessores
mei* dedissent in eleemosynam Deo et monialibus Beatæ-Mariæ de Fonte
Sancti-Martini quadraginta solidos cenom. annui redditus percipiendos per
manum meam vel hæredum meorum in redditibus de Luceio, ego Guido,
nolens piis et honestis antecessorum meorum donationibus obviare, pro
salute animæ meæ et antecessorum meorum assignavi præfatum redditum
monialibus antedictis in præpositura mea de Luceio percipiendum annua-
tim per manum illius qui præposituram illam tenebit, ad festum beati

Nous avons fait allusion à cette rente, quand il a été question des 20 livres que, par ordre du roi Henri II, les religieuses de la Fontaine-Saint-Martin devaient prendre chaque année sur les revenus du Mans. Si nous ne nous trompons, le prévôt ou receveur royal de Lucé avait été chargé d'acquitter sur les 20 livres 40 sous mansais. Dans la suite, lorsque Lucé était passé aux mains d'une famille étrangère aux Plantagenets, cette famille avait dû accepter les dettes en même temps que les profits du fief, et voilà comment Guy se trouvait devoir chaque année 40 sous au prieuré fondé par Foulques-le-Jeune.

Une autre charte du mois de novembre 1236 nous présente Guy comme un des bienfaiteurs de l'église de Lucé.

Le curé, « persona », s'appelait Hardouin. Il avait acheté de Guillaume de Cortirant (1), chevalier, pour 220 livres tournois, toutes les dîmes que celui-ci possédait dans les paroisses de Lucé, de Villaines et de Tresson. La vente avait été faite du consentement de Foulques, chevalier, fils aîné de Guillaume, de Théophanie, femme de Foulques, et d'un prêtre, nommé Drogon, qui était l'oncle du sire de Cortirant. Mais Guillaume tenait ces dîmes du seigneur de Lucé, ainsi qu'un fief qui n'est pas dénommé dans l'acte. L'approbation de Guy était donc nécessaire, pour que toutes les formalités fussent remplies selon l'usage du temps.

Non seulement Guy confirme la vente faite par son vassal, mais il exempte l'église de Lucé de tout service qui pourrait lui être dû pour raison des dites dîmes, « nobilis autem vir, Guido, miles, dominus de Luceio, a quo cum toto alio feodo suo prædictus Guillelmus, miles, res tenebat prædictas, hanc venditionem approbavit et ratam habuit et acceptam,

Martini hiemalis. Quod ut perpetue robur obtineat firmitatis, præsentes litteras feci sigilli mei munimine roborari. Actum anno gratiæ m°. cc°. tricesimo secundo, mense julio. (Archives de la Sarthe, H, 91/2, n° 9 *bis.*)

(1) Le fief de Cortirant était situé dans la paroisse de Luceau. Un Guy de Cortirant avait pris part à la première révolte de Henri Courtmantel, et pour sauver sa tête, il s'était réfugié sur les terres du roi de France.

et si qua ei servicia debebantur pro prædictis rebus, dictæ ecclesiæ remisit penitus et quitavit ».

Viennent ensuite des clauses très-importantes, dues à l'autorité et à la sage prévoyance de l'évêque du Mans, Geoffroy de Loudon (1).

Le mariage d'Alix, fille de Guy, avec Robert de Loudon, en 1247, nous a été révélé par les lignes suivantes, extraites d'une des pièces qu'un autre seigneur de Loudon, Jacques Morin, a produites à l'appui d'un aveu de 1553 :

« Lettres de l'an 1291 contenant le contract de mariage de Ysabel de Jemaiges, fille de feu Macé de Jemaiges, chevalier, avec monsieur Richard de Loudon, aussi chevalier, filz de Messire Robert de Loudon et de dame Alix, fille de messire Guy, seigneur de Lucé, desquels avons aussi veu le contract de mariage de l'an 1247, ou mois de septembre... »

Il est regrettable que ce document soit perdu comme tant d'autres de la même époque. Nous aurions pu connaître les membres des deux familles présents à la cérémonie (2).

(1) Nos vero attendentes quod dicta persona tantam pecuniæ summam de proventibus ecclesiæ, deductis necessariis expénsis, nullatenus potuerit reservasse, attendentes etiam utilitatem quam plurimam proventuram ad successores ejus, futuras personas ecclesiæ memoratæ obligamus et oneramus ipsam ecclesiam ad reddendum prædicto Hardoino vel mandato ipsius sexaginta libras cenomanenses per tres annos continue computandos a die, qua eum mori contigerit sive forte ecclesiam resignare, ita videlicet, quod singulis illis tribus annis eidem Hardoino, vel ejus mandato, viginti libræ cenomanenses de proventibus et redditibus dictæ ecclesiæ, sine contradictione aliqua, persolventur ab his quoque qui tenuerint ecclesiam memoratam. Et si contingeret quod dictus Hardoinus crucem assumeret, nichilominus secundum privilegium beneficiatis clericis indultum posset dictam ecclesiam pignori obligare. Et si interim moreretur, a tempore illius obligationis finito tres anni incipient computari. Præterea, si in retrahendo ad dominium ecclesiæ tractum, loca et paleas decimarum prædictarum expensas faceret, sive in ædificando novam grangiam, seu in acquirendo plateam ubi ædificari posset, volumus et statuimus, quod successor ejus, persona dictæ ecclesiæ, teneatur eidem Hardoino, vel ejus mandato, medietatem reddere omnium expensarum....... (*Livre blanc,* n° 211.)

(1) Jacques Morin de Loudon était conseiller du roi au parlement de Paris. D'après la Croix du Maine, il avait composé une généalogie des

Une pièce de 1250 commence à nous montrer dans quelle position le seigneur de Lucé se trouvait vis-à-vis des maîtres de Château-du-Loir. C'est une liste des vassaux qui, dans le cours de cette année 1250, ont fait hommage à Clémence des Roches. Guy figure parmi eux avec une mention particulière. A la suite de son nom se trouvent ces mots : « Ad lx dies gardæ, ut dicit. »

seigneurs de Loudon. Une partie de ce travail, qui n'a pas été imprimé , nous semble avoir été insérée dans l'aveu de 1553, mentionné ci-dessus, e nous croyons devoir la reproduire :

« Item, le boys et landés des Mynerais de Sambris, dict de Chevenolles, avec leurs appartenances, siz en la parroisse de Lucé, avec mes droictz seigneuriaulx et mon droit de chasse, tant au dict lieu que aux aultres boys et lieulx de la baronnie de Chasteau du Loir, esquelz feu noble prince, Robert de Dreux, baron de Chasteau du Loir, par sa chartre de l'an 1297, a donné a mes predecesseurs et a leurs hoirs la chasse et la garenne, laquelle j'advoue tenir du dict seigneur es dictz boys des Mynerais, lesquelz des l'an 1479 furent baillez a tousjours mais pour 10 livres de rente par feu Guillaume Morin, escuier, mon grand père, a Rollet et a Pierre les Boedrons avec le droict d'usage en la forest de Beurcay accause des Mynerais, Sambris et Chevenolles, retenu par le dict escuier tous les droicts seigneuriaulx de chasse et de garénne dessus ditcz, octroiez des lan 1295 par feue Madame Beatrix de Montfort, comtesse du dict lieu et de Dreux, dame du Chasteau du Loir, et par feu Monsr Robert, son filz, a feu messire Richard de Loudon, chevalier, seigneur du dict lieu, duquel je suis descendu par demoiselle Alix de Loudon, fille du dict chevalier et de dame Isabeau de Jemaiges, laquelle Alix, des l'an 1319, fut conjoincte par mariage avec Messire Geoffroy Morin, seigneur du Tronchet, dont yssit Guillaume, duquel et de damoiselle Jehanne Pezas, fille de Robert et de Jehanne d'Usaiges, est yssu Messire Guillaume Morin, chevalier, seigneur de Loudon, lequel en l'an 1419 rendit son adveu en la forme contenue en la chartre d'icelle comtesse Beatrix, bisayeulle de dame Marie de Dreux, femme du dict chevalier, món bisayeul, desquelz est issu Jehan Morin, et de luy et de dame Jehanne de Thevalle est yssu messire Jehan Morin, chevalier, mon pere, duquel je suis demeuré le principal heritier apres le decedz de mes freres, advenu aux guerres et service du Roy, retenu et reservé seulement l'usuffruict en partie de tous nos biens a dame Marie de Brie, ma mere, fille de feuz messire Ponthus de Brie, chevalier, Sr de Serrant, et dame Anne de Mathefelon..... » (Archives nationales, R. p/351, p. 48 et suiv.)

Robert de Loudon, mari d'Alix de Lucé et père du Richard, dont il est question ici, était fils de Richard Ier et petit-fils de Gilon.

Gilon de Loudon avait donné de grands biens au prieuré de Loudon. (Voir dom Denis Briant, *Cenomania*.)

Ainsi, le seigneur de Lucé était tenu, en qualité de vassal de Château-du-Loir, de faire chaque année deux mois de garde au « chastel » de son suzerain (1).

En 1254, Guy, cédant au désir d'arrondir son domaine, attaque encore une fois l'abbaye de Saint-Vincent. Les religieux avaient mis en vente leurs bois des Haies, situés dans la paroisse de Tresson, « nemora sua Haiarum de Treconio ». Il s'oppose à cette vente, disant que les bois des Haies lui appartenaient et qu'ils servaient en cet endroit de clôture à sa terre, « cum se venditioni eorumdem nemorum opponeret, asserens dicta nemora ad ipsum pertinere et esse clausuram terræ suæ in illa parte....... ».

Mais l'affaire ayant été portée devant l'official du Mans, il finit par reconnaître qu'il n'avait de droits de propriété ni sur les bois, ni sur le fonds lui-même, et il se borne à réclamer son droit de juridiction sur le dit fonds, comme sur toutes les autres terres de Tresson appartenant à l'abbaye, « nihil reclamabit in futurum nisi solummodo jurisdictionem, sicut in alia terra de Treconio quæ est ipsorum religiosorum ..... » (2).

(1) La liste en question commence par ces mots : « Hi sunt homines castri Lidi qui fecerunt homagium Clementiæ, dominæ ejusdem loci, et dominæ castri Duni, anno 1250. » Elle fait connaître cinquante possesseurs de fiefs, parmi lesquels nous distinguons les suivants :

Dominus Guillelmus de Corcillon, miles.

Idem Guillelmus ad roncinum servitii de feodo quod habebat apud Corcillon et Sancti-Vincentii.

Dominus de la Fouingne.

Domina Burgonia, quondam domina de Prulleio, de hoc quod habet ad Val Boschet et Forges.

Dominus Herbertus de Vouvreio.

Johannes de Roncereio.

Bartholomæus de Belin.

Relicta Ragerii de Sarceio.

Dominus Gaufridus de Chenehaia, etc.

(*Cartulaire de Château-du-Loir*).

(2) *Cartulaire de Saint-Vincent*, 3e partie, n° 271. — Sur un point élevé de ces bois devait être bâti plus tard le petit château des Haies, chef-lieu d'uu fief possédé au siècle dernier, en même temps que celui de la Raturière, par

Dans une charte de 1263, Guy rappelle ce qu'avait fait le roi d'Angleterre, Henri II, « de bonne mémoire », en faveur du prieuré de Grandmont. D'après l'ordre de ce prince, dit-il, les religieux *ont joui* et doivent jouir à perpétuité du droit d'avoir à Lucé, « in villa de Luceio », un homme libre et franc. C'est pourquoi, lui, Guy, du consentement de Guy, son fils aîné et héritier, confirme le don fait aux dits religieux par Jehan Gondeau d'une maison et dépendances, achetées de Jehan Sauvage et situées à Lucé. Il veut que les moines possèdent ces objets librement et en toute sécurité, que l'homme, qu'ils y placeront avec sa femme et ses enfants, soit exempt de toute taille, de service militaire, de coutumes, etc. (1).

Peu de jours après, les religieux de Grandmont ayant trouvé que la maison d'un certain Simon Meigrefort leur convenait mieux que celle de Jehan Gondeau, s'étaient entendus avec Simon Meigrefort pour faire un échange. Guy approuve cet échange et déclare que l'homme libre et franc de Grandmont jouira dans la nouvelle maison de la liberté

le seigneur des Étangs. Nous ne savons pas à quelle époque l'abbaye de Saint-Vincent avait aliéné son domaine des Haies. Le gracieux castel du XVI⁰ siècle a été remplacé, il y a cinquante ans, par une grande maison bourgeoise.

(1) Universis .... Guido, dominus de Luceio, miles, salutem in Domino. Noveritis quod, cum fratres de Burceio grandimontensis ordinis *habuerint* et *habere debeant ex dono bonæ memoriæ Henrici, quondam regis Angliæ, in villa de Luceio* quemdam hominem quietum, liberum et francum, ita quod post mortem dicti hominis alium habere debeant in perpetuum successive, ego, ad voluntatem Guidonis, filii mei primogeniti et hæredis, volo et concedo donationem, quam Johannes Gondeau dictis fratribus fecit de quadam domo et de quadam camera cum camino et de quadam platea et pertinentiis suis, quæ omnia emerat a Johanne Sauvage, et sita sunt in villa de Luceio, in feodo meo, et dictam donationem ratam habere et acceptam volens, insuper concedo quod dicti fratres quiete, libere et pacifice teneant, et in perpetuum possideant, et quod ipsi habeant et ponant in dictis rebus suis hominem, quemcumque voluerint et viderint expedire, qui homo cum uxore sua et cum familia sua et omnibus suis rebus sit francus et liber penitus et immunis in perpetuum ab omni tallia, exercitu, equitatu, pasnagio, costumis, pedagio, thelonio et ab omni servicio ...... (*Archives de la Sarthe*, n° 603).

et des franchises accordées dans la charte précédente, « cum libertate et franchisiis quas eisdem fratribus coneesseram super rebus a Johanne Gondeau sibi datis ».

La maison occupée par Simon Meigrefort lui venait de sa femme, fille de défunt Jehan Tufel (1).

Un acte de 1270 montre que la dot d'Alix consistait, du moins partiellement, en une rente assise sur la prévôté de Lucé. C'est le dernier, au reste, où paraît Guy. En voici l'analyse :

Agnès, fille de Robert de Loudon et d'Alix de Lucé, par conséquent, petite-fille de Guy, ayant pris le voile dans le prieuré de la Fontaine-Saint-Martin, Robert, du consentement de sa femme et de son fils aîné (Richard), donne à titre d'aumône aux religieuses une rente annuelle et perpétuelle de 10 sous mansais. Cette rente devait être prise sur celle que le seigneur de Loudon recevait lui-même chaque année à la Saint-Martin d'hiver de la prévôté de Lucé. En outre, il était stipulé que la nouvelle religieuse jouirait pendant toute sa vie des 10 sous mansais perçus à Lucé par la prieure : ce n'était qu'au décès d'Agnès qu'ils appartiendraient à la communauté.

(1) Archives de la Sarthe, n° 602.

Un des registres du château de Lucé fait mention en ces termes de la maison franche de Lucé : « Le prieur de Grandmont en Bersay tient en garde et ressort et a retribution de service divin la maison franche de Lucé..... le bordage de Dauvers en Pruillé, et plusieurs autres choses contenues en sa déclaration du 2 juin 1558, qui est la derniere. Le dit prieur et les religieux de Grandmont sont obligés de dire et celebrer en leur eglise chacune semaine une messe a notes pour les seigneurs de Lucé, par transaction du 23 octobre 1455 ».

Jusqu'à la Révolution, Grandmont a possédé une maison franche à Lucé. Mais il est impossible de savoir si cette maison a toujours été à la place occupée par celle de Simon Meigrefort. Ce qui est certain, c'est qu'en 1773 elle était située dans la Grande-Rue, entre l'emplacement actuel de l'école des Sœurs et le puits bien connu sous le nom de Puits de la Grande-Rue. Nous avons trouvé ce détail dans les papiers de famille de M. E. Percheron, et si nous le citons, c'est pour donner une preuve, entre mille autres, de la persistance avec laquelle se maintenaient autrefois les traces des institutions les plus modestes.

Mais, pour opérer le transfert sur une autre tête d'une partie de la rente constituée en faveur d'Alix par le contrat de 1247, il fallait le consentement du seigneur de Lucé. Guy s'empresse de l'accorder et confirme de son sceau les dispositions faites par son gendre : de plus, il s'engage à en assurer l'exécution pour ce qui le concerne particulièrement (1).

§ II.

Lorsque Guy mourut (1270-1273), son fils aîné approchait déjà de la vieillesse, comme le prouve l'époque du mariage d'Alix.

Pour ne pas confondre le nouveau seigneur de Lucé avec son père, on l'appelait Guy-le-Jeune, « Guido junior ».

Nous ne possédons de lui que deux actes.

Le premier est de 1274. Guy-le-Jeune y montre combien il appréciait les services rendus par les moines de Grandmont. Il a vu, disait-il, de ses propres yeux quelles bonnes œuvres accomplissaient les religieux de la maison de Burçay. C'est pourquoi il leur confirme la possession de tous les biens et revenus qu'ils ont acquis ou reçus, qu'ils acquerront ou recevront dans toute l'étendue de sa terre, de ses fiefs et arrière-fiefs (2).

Par le second, daté de 1276, on apprend que Guy-le-

(1) Archives de la Sarthe, H, 91/2, nº 9 *ter*.

(2) Guido de Luceio, miles, junior salutem in Domino. Noverint universi quod, attendens opera caritatis quæ fiunt assidue per Dei gratiam in domo de Burceyo ordinis grandimontensis, prout ego vidi propriis meis oculis et inspexi, tantorum bonorum operum et omnium aliorum particeps fieri cupiens et affectans, ductus pietatis intuitu, fratribus dictæ domus et successoribus eorum concedo et confirmo pro me et hæredibus meis .... omnes redditus, possessiones et eleemosynas et omnes res alias, quos et quas fratres habent et possident in præsente, quos et quas ipsi et successores eorum habebunt, quoquo modo habere possint et acquirent, in tota terra mea, et in omni dominio meo, et in omnibus feodis et retrofeodis mise .... (*Archives de la Sarthe*, nº 616).

Jeune avait donné à un chevalier, nommé Simon Mosterol, le moulin de Lucé, celui de la Grande-Fontaine et la métairie du même nom, lorsque ce chevalier s'était marié en premières noces (1).

Il résulte de cet acte que le moulin de Lucé n'appartenait plus à l'abbaye de Saint-Vincent. Quant au moulin et à la métairie de la Grande-Fontaine, dont l'existence est constatée ici pour la première fois, il importe peu de savoir comment ils appartenaient à Guy-le-Jeune. Mais il eût été intéressant de connaître quel lien de parenté existait entre Simon Mosterol et le seigneur de Lucé, pour que l'un se soit dépouillé en faveur de l'autre de deux moulins et d'une métairie. En outre, ce Simon Mosterol ou Monsterol était-il de la même famille que les Monsterol dont il est question dans le cartulaire de Château-du-Loir ? On voit dans ce recueil un Ursio de Monsterol parmi les vassaux qui devaient deux ou trois mois de garde à Château-du-Loir du temps des Plantagenets ; un Henricus de Monsterol parmi les vassaux de Mayet qui avaient fait hommage en 1239 au vicomte de Châteaudun, mari de Clémence des Roches ; un autre Henricus de Monsterol, vassal de Château-du-Loir en 1293 pour raison du fief de Chardonneux, situé dans la paroisse de Saint-Bié-en-Belin. On voudrait enfin s'assurer si cette famille de Monsterol possédait le fief de Montreuil-le-Henri. Mais les documents, qui pourraient nous mettre à même de répondre à ces diverses questions, nous font défaut.

(1) A tous ceus qui cestes presentes lettres verront et orront, Guy de Lucé, chevalier, seig^r de Lucé, salus en nostre seignor. Scaichent tous que je ay donné a Symon Mosterol, chevalier, quant il prist sa premiere feme, le molin de Lucé o ses appartenances, o tote seignorie, et celui de la Grant Fontaine et la metairie de la Grant Fontaine o tote seignorie, et des dictes chouses je le tenray en la foy le visconte de Chasteaudun qui ou tems estoit seignour des d. chouses, et je certifie par cestes presentes lettres scellées en mon sceau que je fis ceste donaison ou tems devant dict, nativité Nostre Seignor.

Ce fut fet en lan de grace mil dous cens soixante et seize. *(Cartulaire de Château-du-Loir)*.

§ III.

Guy-le-Jeune n'était plus en 1281, comme le prouvera un titre de cette époque, et dans un acte passé entre les moines de Grandmont et ceux de Château-l'Hermitage, on verra que sa veuve, dont nous ignorons d'ailleurs le nom, vivait encore en 1285.

De plus, il n'avait pas laissé d'héritier mâle. Son successeur s'appelait Pierre d'Eschelles.

Nous ne pouvons dire d'où venait la famille d'Eschelles. Nous savons seulement que, dès 1249, elle possédait dans la paroisse de Lucé un fief qui n'est pas nommé. C'est le Livre blanc qui nous donne ce détail.

Geoffroy Théberge, clerc, avait vendu dans le cours de cette année 1249 à Jérémie, chanoine de l'Eglise du Mans, une pièce de vigne qu'il possédait dans la paroisse de Lucé, au fief d'Hervé d'Eschelles, chevalier, « quamdam peciam vineæ.... in parrochia de Luceio, in feodo Hervei de Scalis, militis ». La vente avait été faite pour le prix de 25 livres tournois (1).

Pierre d'Eschelles était sans doute le fils d'Hervé. Mais aucun document ne nous fait connaître quels étaient ses droits à l'héritage de Guy-le-Jeune. C'est une lacune d'autant plus regrettable qu'une des pièces, qui vont suivre, établit clairement qu'en 1282 Pierre d'Eschelles était seigneur de Lucé et de Montreuil. Ajoutons de suite que les d'Eschelles seront maîtres de ces deux fiefs pendant près d'un siècle et qu'ils auront à rendre hommage pour raison du premier aux barons de Château-du-Loir et pour raison du second aux comtes de Vendôme.

En 1281, Pierre d'Eschelles faisait un accommodement avec un de ses vassaux, le seigneur de Champagné. L'acte renfermant les conditions de cet accommodement n'existe plus, mais il est mentionné dans un inventaire fort précieux

(1) *Livre blanc*, n° 679.

12

des titres existant au trésor de Lucé vers la fin du XVe siècle (1).

En 1282, Pierre d'Eschelles et quatre autres vassaux du comte de Dreux, seigneur de Château-du-Loir, se présentent devant le sénéchal du Maine, Maurice de Craon, pour lui faire la déclaration suivante au nom de leur suzerain :

« Monsr Jouffroy de Corceillon, mons^r Pierre d'Eschelles, mons^r Guillaume d'Orne, mons^r Gilles de la Faigne, mons^r Mathé de Belin, chevaliers, se sont presentéz pour le comte de Dreux et ont queneu pour le d. comte que le d. comte doit tant de chevaliers au signour dou Mans de oust, par quarante jours, alant et venant en la comté d'Anjou et dou Maine a son besongne, et la ou dreit donra, dou Chasteau dou Loir, de Mayet, de Oysé, de Ostillé, de la Suze, o les appartenances, tant en fiéz et riere fiéz, comme en domaines, que il tient dou seigneur dou Mans en sa ligence, et de ce furent jugiéz les devant dits chevaliers..... Ce fut fet ou Mans, le jour de la Saint-Pere entrant oust, l'an de grace mil dous cens quatre vingt et dous (2) »

Nous n'avons pas à faire ressortir l'importance de cette déclaration. Il y est question aussi de Loupelande, autre terre laissée à Clémence par Guillaume des Roches.

Dans la même année, Pierre d'Eschelles avait fait dresser un tableau des cens qui lui étaient dûs, comme seigneur de Lucé et de Montreuil. Ce tableau, bien écrit, parfaitement conservé, mais chargé d'abréviations, se trouve au chartrier du château de Lucé. Il remplit les premières pages d'un petit registre en parchemin que l'on doit classer parmi les pièces les plus précieuses appartenant à M. le marquis d'Argence. Il se divise en autant de parties qu'il y avait de

---

(1) Dans l'aveu de 1406, on voit que le seigneur de Champagné était vassal du seigneur de Madrelle. Il devait à ce dernier « foy et hõmage simple pour son fié de Rossay et de Champaigné et pour ses moulins de Champaigné ».

(2) *Cartulaire de Château-du-Loir*.

termes assignés pour le paiement des cens. On y voit des terres portant des noms qui ne sont plus connus aujourd'hui : quelques-unes, au contraire, y paraissent avec les noms qu'elles conservent encore actuellement. Presque toutes le^S maisons de la ville étaient en bois : les autres, bâties en pierres, s'appelaient *petrinæ*. Un certain nombre de ces maisons étaient entourées d'un fossé pour lequel il fallait payer un cens particulier.

Dans le tableau des cens dûs à la Saint-Jean-Baptiste, on compte soixante sujets imposés, entre autres, un Geoffroy de Montingrand, un Guillaume de Pierrelée, un Macé de la Tufière, un André des Touches, un Jehan de Vauboyer, le curé de Lucé, celui de Villaines, les moines de Grandmont. Il y est question du Marais, d'un pont de Madrelle, de la Bonnemarcherie, de la Maladerie, d'un pré de Varencières, de la Gonterie, du Val de la Tufière, de Vau-Marqué, de la Fontaine de Saint-Facile (1).

Sept sujets devaient payer leurs cens à la Notre-Dame d'août. Les religieuses du Pré étaient de ce nombre. L'un

(1) Ii sunt census domini de Luceio in festo Sancti-Johannis-Baptistæ, anno Domini m°. cc°. octogesimo secundo :

Martinus Pinel, VI cenom. de prato et alneto de Marais. Item, X cenom... de prato pontis de Maderoilles.

Fratres Grandismontis, II cenom. de planchis de Valle.

Andreas de Tuschis, III tur. de prato de Beïgmons.

Johannes de Valleboier, IIII cenom. de la Gillebgre.

Gaufridus Quentin, II cenom. de terra et prato subter la Bonnemarcherie.

Johannes Gillemer, I cenom. de prato as Foquauz de la Maladerie.

Hæredes def. Raherii de la Hestaudiere, IIII cenom. de c'auso prati de Varencieres.

Ospitalis, XII cenom. de oscha de la Gonterie.

Hæredes de Tuferia, IX cenom. et I ob. de Valle de Tuferia.

Johannes de Tuferia, VIII cenom. de oscha de Valle Marquier.

Gaufridus de Montingrand et Andreas, miles, XI cenom. de domo sua fontis Sancti-Facilii.

Mathæus de Tuferia, IX cenom. de terra Vallis.

Guillelmus de Petralata, X den. de domo sua.

Presbyter de Villanis, III cenom. de vinea de Rotesant.

Presbyter de Luceio, III cenom. de marisco Sancti-Facilii..... etc.

des biens s'appelait la Mauculière. Nous savons, par des titres postérieurs, que cette métairie était située entre la Bastière et Vau-Marqué (1).

Parmi les quarante-six sujets, qui acquittaient leurs cens à la Saint-Martin d'hiver, on remarque un Guillaume de Plessays, chevalier, André des Touches, une Jehanne de Coulombœuf, le curé de Lucé, un Hugues de Chevillé, Macé de la Tufière, etc. Au nombre des biens mentionnés se trouvent la Hâtière, les Riaumés, le pré de Saint-Facile (2). Il est question aussi de la motte Luieigne, appelée au XVIIe siècle la *Motte-Luigne*. C'était une ancienne fortification, dont les restes se voient encore derrière une maison de la Grande-Rue (3). Il est facile de constater que la liste des cens pour la Saint-Martin n'est pas complète : au bas de la dernière page ne se trouve pas le montant des sommes dues.

Les cens payables à la Saint-André devaient être acquittés par dix-huit sujets. Les religieux de Grandmont en parti-

---

(1) ..... Isti sunt census domini de Luceio in festo Assumptionis beatæ Mariæ, anno mo. cco. octog. sec.

Moniales de Prato, IIII cenom. de oscha de Terra-Rubea.

La Boterelle, IIII cenom. de quartero de la Mauculière..... etc.

(2) .... Isti sunt census domini de Luceio in festo Sancti-Martini, anno mo. cco. octog. sec.

Guido Paquier, I cenom. de orto suo de via de Mazerolis (Madrelle).

Guill. de Plessaiz, miles, IIII cenom. de domo sua.

Juliote la Garote, XII den. de domo sua et orto suo retro.

Colinus carnifex, I cenom. de domo sua nova. Item, IIII cenom. de domo *petrina* de Sancto-Georgio.

Andreas des Tousches, IIII tur. et I ob. de orto suo.

Gervasius..... VI cenom. de mota Luieigne.

Johanna de Collaubef, IV cenom. de terra def. Barbe.

Persona de Luceio, VI cenom. de la Hatiere.

Michael Selois, IIII cenom. de prato Sancti-Facilii. Item, II cenom. de ortis suis. Item, I cenom. de feodo defuncti Froin.

Hugo de Chevillé, IIII sol. tur. de medietaria de Riaumay.

Mathæus de Tuferia, ... etc.

(3) Cette maison est habitée par Melles Rivière.

culier étaient taxés à 6 deniers mansais pour une terre,
nommée *Terra a la Barbotine* (1).

Seize sujets acquittaient des cens à la Saint-Simon. On voit
dans cette liste les religieuses de la Fontaine-Saint-Martin,
qui devaient 6 deniers mansais pour leur grange, une Agnès
de Corbion, la veuve d'un Raoul de Coulombœuf. L'un des
biens s'appelait la Ratelière, et nous ignorons s'il s'agit ici
de la Ratelière en Saint-Mars-d'Outillé, dont nous aurons à
nous occuper plus tard (2).

Au même terme de la Saint-Simon s'acquittaient les cens
dûs pour le fief de Fontaine-Marie. On trouve inscrits quarante-six sujets, parmi lesquels étaient André de Montingrand, un Pierre et une Isabelle de Bois-Neuf, un Raoul de
l'Ogerie, un Guy de Brives, un Guillaume de Fontaine-
Marie. Il est question d'un moulin de Corbray (Courbray ?),
de maisons à Brives (3).

(1) Isti sunt census qui debentur domino de Luceio in festo S. Andreæ
apostoli, anno m°. cc°. octog. sec.

Fratres ord. grandimontensis, VI cenom. de terra a la Barbotine.

Relicta Andreæ Leporis ... V cenom. de platea ante *petrinam*. Item,
IIII cenom. de oscha Crucis. Item, IIII cenom. de planta juxta nemus
Math. Gontier....... etc.

(2) Isti sunt census domini de Luceio in festo apostol. Simonis et Judæ,
anno m°. cc° octog. sec.

Moniales Fontis Sancti-Martini, II cenom. de grangia sua.

Agnes de Corbaïo ... III tur. de prato Viduæ.

'Martinus Carnifex, IX tur. de vineis de la Rateliere.

Relicta Radulphi de Collaubef, V sol. de terra de la Benate.

La Boterelle, II cenom. de ortis de Planchis-Raginaldi.

Petrus Bocher, II cenom. de terra de la Halerie ...... etc.

(3) Isti sunt census qui debentur domino de Luceio in festo Apost. Simonis
et Judæ apud Fontem-Mariæ, anno Domini m°. cc°. octog. sec.

Andreas de Montingrand, VII tur. de prato suo.

Boifier, IV cenom. de Molendino de Corbray et pertinenciis.

Petrus de Bosco novo, IV cenom. de quodam arpento prati.

Isabellis de Bosco novo, III den. de prato suo.

Radulphus de Logerie, VII den. de vineis suis et terris.

Guillelmus de Fonte-Mariæ, IV sol. et dimid. de rebus suis.

Relicta defuncti Guidonis de Brives, XII sol. tur. de molendino suo (de
servicio).

Raginaldus de Moiron, XX sol. tur. de ferme .... etc.

Enfin, comme seigneur de Montreuil, Pierre d'Eschelles avait vingt-deux sujets qui lui payaient un cens à la Saint-Martin d'hiver. Les listes des cens dûs à d'autres termes n'existent pas. Celle de la Saint-Martin, heureusement conservée, montre jusqu'où s'avançait alors dans la paroisse de Villaines le fief de Montreuil, soit par suite de mariages, soit en vertu d'arrangements d'une autre nature. Des causes semblables le feront rentrer plus tard dans des bornes plus étroites. Madères, Guerbœuf, la Bouguerie, la Chassoulière, la Chesnière, la Pagerie étaient au nombre des terres relevant en tout ou en partie de Montreuil. On voit parmi les sujets une Jehanne de Madères, un Jehan de Fresnay, un Geoffroy Lepage (1).

Le milieu de notre registre est rempli par d'autres listes, étrangères à l'année 1282. Celle de 1283, contenant les cens dûs au seigneur de Lucé à la Saint-Martin d'hiver, sert à compléter sa correspondante de 1282. Elle renferme les noms de quatre-vingt-quatorze censitaires. Outre les personnes, que l'on connaît déjà, l'on voit un Jehan de Saint-Euface, un Jehan de la Salle, le seigneur du Bouloy, un Geoffroy de Montingrand, un Jehan de la Tufière, le chapelain de la chapellenie de Lucé (St Martin), les religieuses du Pré, un Habert de Montingrand, les religieuses de la Fontaine-Saint-Martin. Parmi les biens, dont il est question, l'on remarque les jardins de Saint-Facile, ceux du Jart, des

---

(1) Isti sunt census qui debentur in festo Sancti-Martini hyemalis de feodo de Mosterolio, anno Domini mº. ccº. octoges. sec.

Petronilla de la Chaucee, XIX cenom. de domo sua et terra de Garbef.

Johanna de Madaires, XV den. tur. de nemore des Roieres.

Johannes de Fresnay, X cenom. de terra sua de Fresnay ... Item, VI cenom. de terra de la Boguerie.

Gaufridus Roch, II cenom. de oscha de Fossa Hamelini.

Filia defunctæ Eremburgis de Fresnay, XIII cenom. de terra de Fresnay.

Philippus Piois, XII cenom. de med. de la Chaceloiere.

Mathæus T'noisseau, VI sol. tam de censibus quam de collecta de la Chaieniere.

Gaufridus Lepage, XIII cenom. de la Pageric ...... etc.

ouches de terre à Guerbœuf, à la Divinière, à Vau-Marqué, à la Maladerie, la maison de pierre dite de Saint-Georges, la Chassoulière, le Rotesant (nommé au siècle dernier le Rôtissant) en Villaines, la Gonterie, la Bonnemarcherie, la vigne de la Fontaine de Saint-Facile, un pré à Varencières, celui de feu Boit-sans-soif, les prés des Harancheries (1).

La liste de 1297, qui concerne le fief du Cormier en Villaines, mérite que nous nous y arrêtions un instant. Elle renferme les cens dûs à la Saint-Simon. Une trentaine de

(1) Isti sunt census domini de Luceio in festo Sancti-Martini hyemalis, anno Domini m°. cc°. octoges. tertio.

Mich. Selois..... IIII cenom. de prato et ortis Sancti-Facilii. Item, II cenom. de feodo defuncti Froin. Item, V cenom. de ortis dou Jart.

La Richomette, XIX cenom. de oschis de Garbef.

Colinus Carnifex, V tur. de *fossato suo.* Item, IIII cenom. de *domo petrina* de Sancto-Georgio. Item, III cenom. de terra de Vigneaus.

Persona de Villanis, II cenom. de gastis de Villanis. Item, III cenom. de Rotesant.

Johannes de Aula, XII cenom. de domo sua et volerio.

Dominus de Booley, II cenom. de terra et prato de la Bonnemarcherie.

Andreas Coite, VIII cenom. de oscha supra la Gonterie.

Martinus Pinel,..... VI cenom. de oschis de la Deviniere.

Hæredes Andreæ de Montingrand,..... XII cenom. de domo et vinea de Fonte Sancti-Facilii.

Mich. Boterel, III cenom. de vinea de la Halerie. Item, II cenom. de oscha de Valle Marquier.

Gaufridus de Montingrand, III cenom. de plancha vineæ.

Johannes de Tuferia..... IIII cenom. de oscha de Ulmo.

Hæredes a la Rahiere, IIII cenom. de prato de Varenciere.

Johannes de Sancto-Euffacio, VIII cenom. de domo quæ fuit Gaufridi Menart.

Moniales de Prato, IIII cenom. de oscha quœ fuit Guillelmi de Change.

Julianus Textor, V cenom. de *fossatis* def. Isabellis de Marisco... Item, I cenom. de *domo petrina* de Cimiterio.... Item, VIII cenom. de terra de la Bonnemarcherie.....

Habertus de Montingrand, XII cenom. de oscha de la Barbotine.

Johannes Richome,..... IIII cenom. de oscha de la Bonnemarcherie.

Capellanus capellaniœ de Luceio, VIII cenom. de terra de la Bonne-marcherie.

Martinus carnifex.... III cenom. de prato defuncti *Bibe sine siti.*

Moniales de Fonte Sancti-Martini, VIII cenom. de pratis de la Harencherie.

Philippus Pioys, XII cenom, de la Chaceloiere.

Lepss., XII cenom. de oschis de la Maladerie......... etc.

sujets y sont nommés, entre autres, un Gervais de Cacières, Jehan de la Tufière, Jehanne de Coulombœuf, un Macé de Lessay, Geoffroy Lepage, Jehan de Fresnay, un Martin et un Colin de Vauchesneau. Parmi les biens se trouvent la Tiercelinière, Vauchesneau, Puisas, la Florière, un pré du Gué-de-Rilouet, le Châtelet, etc. (1). Le Cormier faisait-il partie alors du fief de Montreuil ? Rien ne l'indique.

Les dernières pages du registre nous fournissent d'autres renseignements dont on appréciera la valeur. Elles ont sans doute été écrites par celui qui a composé les listes placées au commencement : nous croyons du moins reconnaître la même main.

Voici d'abord les mois de garde et les chevaux de service dûs au seigneur de Lucé :

« Ce sont les gardes et les chevaus de s^r inge du fey au seig^{or} de Lucé.

Le seig^{or} de Pruillé, II mais de garde.

Le seignor de Loudon, II mais de garde et I chevau de s^r inge.

Le seignor de Pescheré, a estaige lige.

Le seignor de Maderelles, II mais de garde.

Le seignor de Saint Jorge, dous mais de garde.

Le seig^{or} de Bouloy, I mais de garde.

(1) Isti sunt census dou Cormier in festo Apostol. Simonis et Judæ, anno Domini m^o. cc^o. nonagesimo septimo.

Johannes de la Tufière, XII cenom. de la Guiardiere.

La Bahuelle, XXI den. tur. de la Tierceliniere.

Les hers feu Richome de Cacieres, III tur. des Bruieres.

Gervesse de Cacieres, I cenom.

Johanne de Collaubef, I cenom. dou pré dou gué de Rilouet.

Gefroy Lepaige, VI cenom. dou bordage de Vauchesneau.

Macé de Lessay, IIII cenom. de sa partie de Lessay.

Gerevesse Cormier, V tur. de son pré de Riloet et dou pré dou Cormier.

Foy Fluri, XIII den. de la Fluriere.

Joen de Fresnay, VI cenom. de la terre des Bruieres.

Raoul de Lessay, VIII cenom. de sa partie de Lessay. Item, XII cenom. des Bruieres dou Chatelet.

Martin et Colin de Vauchesneau, I cenom. de lor chouse de Vauchesneau.

Gerevesse de Leg'us ... VI cenom. de Puissaie .... etc.

Le seig^{or} de Gruay, I mais de garde.

Le seig^{or} de Fontene Marie, I mais de garde.

Le seig^{or} de Rediaus, I mais de garde.

Le seig^{or} de Piremil, I chevau de s^r inge.

Monsor Foque Ribole, I chevau de s^r inge.

Le seignor de Thorigné, I chevau et I mais de garde.

La feme feu Habert Bouchet, I chevau.

Johen Haye, I chevau.

Monsor Guillaume dou Plessaiz, I chevau.

Guillaume de Boiere, I chevau.

Guillaume de Behay, I chevau.

Macé Gontier, I chevau.

Le seig^{or} d'Orne, I chevau.

Soberant, I chevau.

La deme de Riaumay, I chevau.

Le seig^{or} de Mosterol, I chevau.

La deme de Cheres, I chevau.

Le seig^{or} de Saint Avi, I chevau.

La Piquete, I chevau. »

Viennent ensuite les charrois que les vassaux étaient tenus de faire chaque année.

« Cest le charray au seig^{or} de Lucé :

Le fey de Maderailles, II charetes.

Le seig^{or} d'Orne, IV charetes.

Le fey de Bouloy, I charete.

Le prioul de Saint Vincent, II charetes.

Le seig^{or} de Pruillé, IV charetes.

Le fey de Vaus, II charetes.

Le fey de Milesse, II charetes.

Le fey de Saint Cenart, I charete.

Le fey de Saint Jorge, II charetes.

Le fey de Aigrefain, I charete.

Le fey de Chavenay, II charetes.

Le fey de Saint Avi, IV charetes, cest asavoir : de la Tessardiere, I ; de Fosse d'Avi, I ; de Fay, I ; de la Rorte, I.

Le prioul de Trechon, II charetes.

Conahier, I charete.

Le fey de Thorigné, IV charetes, cest asavoir : a Corbaion, I ; la Guierdiere, I ; Madaires, I ; a la Roche et as Corvées, I.

Johen Soberant, I charete.

Maupetit, I charete.

Le fey de Riaumay, I charete.

Le fey d'Ivay, I charete.

Le fey de Pais, I charete.

Le fey dou Coudray, II char.

Le fey de Viz, II char.

Le fey de Rousiers, II char.

Le fey de Fonteines, I char.

Le fey de Gruay, I char.

Le fey de Montillé, II char. »

Après la liste des charrois on trouve celle des corvées. Quarante et quelques maisons devaient fournir chacun un *fenoor* et un *vendemoor* pour les foins et pour la vendange du seigneur. Deux citations suffiront :

« La femme feu Denis Pohier, IV fen. et autant de vend., cest asavoir : de ses trois meissons *joste la cohue* (près des halles), III fen. et III vend.; I fen. et I vend. de la chambre feu Vié.

La meisson en laquelle maint (demeure) Guillaume Boterel, I fen. et I vend.... »

Enfin, l'état des sommes, que les vassaux de Lucé durent payer un jour à leur suzerain, soit à l'occasion du mariage de sa fille, soit lorsque son fils aîné fut armé chevalier, clora dignement la série des tableaux que nous venons de reproduire.

« Cest l'aïe au seig^or de Lucé :

Le fey de Pruillé, IV libr. de t.

Le fey de Vove, IV libr. de t.

Le fey de Cordemenche, IV libr. (Vaus.).

Le fey de Corbaion, L sol. tur.

Le fey de Saint Avi, L souz de torn.

Edin Corbin, trois souz de mansais dou fey de Montillé.

Le fey de Madrelles, XX sol. de torn.

Le fey de Pescheré, XX sol. de torn.

Le fey de Saint Jorge, XX souz de torn.

Le fey de Roussiers, XIIII sol. de torn.

Le fey de Bouloy, X sol. torn.

Le fey de Champaigné, X sol. torn.

Le fey de Redaus, III sol. torn.

Huchepoche, X sol. torn.

Rigaumay, V sol. torn.

Le fey dou Coudray, XX sol. de torn.

Le seig^{or} de Belin, X sol. tur.

Maupetit, V sol. torn. et V sol. de torn. de Chavenay.

Le fey Carrel, X sol. torn.

Mathé Gontier, II sol. cenom.

Le seig^{or} dou Plessaiz, XV cenom.

Guillaume dou Plessaiz Hay, V sol. tur.

Phelipe de Saint Marc, VII sol. tur.

Le Prioul de Vason, VI cenom. d'aïe.

Saint Cenart, V cenom. de la Chaceloiere.

Le seig^{or} de Cercoulans, XX cenom.

La pagesse, VI cenom.

Le fey de Mosterol, VIII sol. de torn.

Le seig^{or} de Maderelles, V sol. de mansais dou fey Corbiniere.

La Piquete, XII cenom. de la metaierie dou Tay.

Le fey de Gomer, XII cenom.

Ces trois dernières listes présentent malheureusement des difficultés que nous ne chercherons pas à surmonter. Il est impossible de savoir quels fiefs possédaient le seigneur de Pirmil, la femme de feu Habert Boucher, Jehan Haye, Guillaume du Plessaiz, Macé Gontier, Guillaume de Boiere

Guillaume de Béhay, Soberant, la dame de Chères, Philippe de Saint-Marc, les seigneurs de Pescheré, de Belin, d'Orne et de Cercolant.

Nous n'essaierons pas non plus de dire ce qu'on doit entendre par les fiefs de Gomer, de la Vove et de Viz, par le « fey Carrel ».

Le seigneur de Loudon devait déjà posséder Fontaine-Marie et Milesse.

Fouques Ribole était sans doute maître de la Riboulière : d'ailleurs, nous verrons bientôt qu'il était seigneur dans la paroisse de Courdemanche.

Les fiefs du Coudray et de Corbion appartenaient au seigneur de Thorigné.

Nous avons vu que celui de Saint-Avy se composait de quatre terres, métairies ou bordages, dont l'une était située en Tresson et s'appelait Fay.

Saint-Cenard ne devait pas relever de Lucé. Le maître de ce fief est taxé pour la Chaceloière (Chassoulière).

C'est la première fois que le fief de Saint-Georges, formé d'une partie de l'antique villa de Savonnières, paraît comme relevant de Lucé. Nous ne pouvons dire comment et à quelle époque précise il avait été détaché du Vendômois, dont il faisait encore partie du temps du roi Richard. Mais ne serait-il point permis de croire qu'un pareil changement de juridiction s'était accompli lors de l'inféodation de Lucé ?

Terminons ces réflexions par un tableau où nous allons, pour plus de clarté, ranger par paroisse tous les fiefs portant déjà les noms sous lesquels ils seront connus dans la suite. Certains d'entre eux s'étendaient sur plus d'une circonscription ecclésiastique : dans ce cas, la paroisse indiquée sera celle où se trouvait le manoir seigneurial :

<table>
<tr><td>FIEFS.</td><td>PAROISSES.</td></tr>
</table>

FIEFS.	PAROISSES.
Boulloy,	
Maderelles,	
Montillé,	Lucé.
Redeaus (Rideaux),	
Pruillé,	Pruillé.
Chaceloiere,	
Corbeon,	
Corbiniere,	
Huchepoche,	Villaines.
Regaumay (Riaumés),	
Rousiers,	
Tay (Theil),	
Gruay (Grué),	Volnay.
Pois,	Saint-Mars-de-Locquenay.
Yvay,	
Coudray,	Challes.
Aigrefin,	
Fonteines (Fontaines),	Montreuil-le-Henri.
Mosterol (Montreuil),	
Chavenay,	Tresson.
Conahier,	
Saint-Jorge (Saint-Georges),	Saint-Georges-de-la-Coué.
Vaus (Vaux),	Courdemanche.
Fontaine-Marie,	Saint-Pierre-du-Lorouer.
Milesse,	L'Homme.
Champagné,	Champagné.

Le cartulaire de Château-du-Loir nous donne, de son côté,
une liste très-importante où se trouve pour la dernière fois
le nom de Pierre d'Eschelles. Ce document indique l'espèce
d'hommage dû par le seigneur de Lucé à son suzerain. Il
commence ainsi : « Ce sont les homages Beatrix, comtesse

de Dreux et de Montfort, en la terre et en la chastellerie dou Chasteau dou Leir en l'an de grace 1293 ».

On y voit plus de quatre-vingts vassaux. Les uns rendent hommage pour une terre et ses dépendances, les autres pour leurs droits de panage et de chauffage en *Burcay*, en *Cloypas* et en *Doure*. Un certain nombre sont en même temps possesseurs de fiefs et *usagers*.

Voici quelques lignes qui feront connaître suffisamment la nature et le style de cette curieuse nomenclature :

« Monsor Fouque Riboule, chevalier, home Madame, de qui il tient Mangé.

Monsor Habert de Bernehard, home Madame, de la Godeterre, et est juré de Burcay et doit XV jours de garde au chastel.

Henry de Monsterol, de Chardonneux et des appartenances·

Monsor Guillaume d'Orne, home lige deux fois, de son habergement d'Orne, de son pasnage et chauffage en Burcay, et de ses chouses en Belin.

Madame de Vaux, feme lige Madame, de son habergement de Vaux et des appartenances et de sa voerie.

Monsor Pierre d'Eschelles, chevalier, home lige Madame, de Lucé et des appartenances.

Item, le d. chevalier, home lige Madame, de son usage en Burcay.

Simon de Cortiran, home lige Madame, de Cortiran et des appartenances.

Monsor Jouffrey de Corcillon, home lige Madame, de Corcillon et des appartenances et de son usage en Burcay.

Macé du Loreor (Lorouer), home lige, de sa meson de Loreor, de son chauffage et pasnage en Cloypas et de ce qu'il a a Jupilles et de ce qu'il a a Marigné, dous mois de garde au Chasteau dou Leir..... ».

Le même recueil contient un tableau particulier des usagers, composé à une époque antérieure. Le seigneur de Lucé y occupe une assez grande place, et quoiqu'il ne s'agisse pas de Pierre d'Eschelles, nous ne pouvons laisser de côté une pièce aussi instructive.

En titre on lit :

« Cils ont usage au fié au forestier..... en Burcay et en Cloypas, hors les deffais..... ou il ne poent rien prendre, et le pasnage de lor norrin a lors mesons qui sont nommées après :

Monsor Pierre dou Loreor a sa meson dou Pleissiz les Jupilles.

Le sire dou Ronceray a sa meson dou Ronceray.

Monsor Renaut de Bennehart a sa meson de Bennehart... ».

Voici ce qui concerne le seigneur de Lucé.

« Li sires de Lucé a son usage en Burcay emprès pié, en la meson de la Mote de Lucé et dou pont d'icele, a la veue dou sergent de la forest, et a son chauffage au fié au forestier a la meson d'icele mote et pasnage des poircs de son norrin de la meson de Lucé.... ».

Enfin, la manière, dont la forêt était surveillée, rentre dans notre sujet. Avant de passer aux vassaux de Lucé, nous dirons donc quelques mots d'un règlement qui a été conservé par le cartulaire de Château-du-Loir. C'est une espèce de petit code, où sont spécifiées toutes les contraventions dont les riverains et les usagers eux-mêmes pouvaient se rendre coupables : chacune de ces contraventions emporte une amende plus ou moins considérable.

En tête se trouvent ces deux phrases :

« Nul ne puet vendre bois ne pleissetz es vieux exemples de Burcay, ne en nouviaux, sans l'assentement dou seignor de la forest.

Nul, se il n'est fayé en Burcay ne en Cloypas, ne peut entrer en la forest de Burcay, n'en Cloypas, ne es landes, por rien prendre, ne mettre bestes es landes, n'en la forest, qu'il n'en face l'amende de LX souz cenomanoiz ».

Si quelqu'un se permettait de couper, sans en avoir le droit, un arbre, même un arbrisseau, il était condamné à payer une somme qui variait selon l'espèce de l'arbre et de l'arbrisseau. Pour un chêne coupé par pied (emprès pié), l'amende était de « LX souz cenomanoiz» ; pour un houx, elle était de « X souz cenomanoiz ». Il est question du hêtre, du bouleau, du charme, de l'érable, du coudrier, de l'aubépine, de l'épine noire. Les détails abondent et nous voudrions les citer tous.

Les articles concernant le panage sont également fort curieux : en voici deux seulement :

« Li fayé ne poent mettre pour lor meson poircs ou mois de may ne truies en Burcay, n'en Cloypas, ne chievres, et doivent tenir lors chiens liéz tot le mois de may, et ne poent tollir la fougiere jusqu'a la veille de la S¹ Jehan ......

Se poircs eschappent en deffais, la premiere fois qu'il y seroient pris, li porchier jurra lor saint que il li sont eschappés contre sa volunté et paiera de chacun poirc IV mansois, et se il ne vient faire le serment, il paiera LX souz cenomanoiz, ou li poircs seront au signor, et se li poircs sont trovéz autre foiz en quelque maniere qu'ilz soint trovéz, al qui li poircs seront en fera LX souz cenomanoiz d'amende ou li poircs seront au seignor .... »

CHAPITRE VIII.

PÉRIODE FÉODALE.

4ᵐᵉ Partie

FIEF ET SEIGNEURIE DE LUCÉ AU XIIIᵉ SIÈCLE *(suite)*.

Après avoir fait connaître, grâce à notre registre en parchemin, la plupart des fiefs relevant de Lucé, nous aurions voulu du moins donner le nom d'un seigneur de chacun de ces fiefs. Mais les titres, que nous avons pu recueillir, ne nous le permettent pas, quoiqu'ils soient en assez grand nombre.

En revanche, nous croyons posséder la série complète des seigneurs de Pruillé. Nous avons eu aussi l'heureuse chance de découvrir des détails importants sur le fief des Etangs, dont il nous a été impossible de trouver trace dans nos trois listes. Trois des maîtres de Vaux viendront après. Nous citerons un des possesseurs de Madrelle. Dans les actes suivants, il sera question du Coudray et de deux fiefs de la paroisse de Courdemanche. Puis, paraîtront de nouveau des curés ou personæ, les religieux de Saint-Vincent, de Grandmont et de Château - l'Hermitage, les religieuses de la Fontaine-Saint-Martin.

Le prieuré de Bercé était dans la phase ascendante de sa fortune territoriale. L'abbaye de Saint-Vincent, tout en acquérant de nouveaux biens, était occupée principalement de la défense de ses droits : elle avait été amplement pourvue, lorsque Grandmont n'existait pas encore.

Pour abréger, nous nous bornerons le plus souvent à une analyse succincte de nos documents.

§ I.

SEIGNEURS DE PRUILLÉ.

En rapportant qu'Haimon de Château-du-Loir avait donné deux églises, l'une à Guy de Laval, son gendre, l'autre à Gaudin de Malicorne, nous nous demandions pourquoi ce dernier avait reçu un pareil présent.

Un travail de feu G. de l'Estang sur les premiers seigneurs de Malicorne est venu répondre à la question que nous nous posions (1). Gaudin avait épousé la fille aînée d'Haimon, nommée Hildeburge.

Or, les enfants de Gaudin et d'Hildeburge étant proches parents de nos deux Gervais, ne pourrait-on pas croire qu'un cadet de Malicorne avait été investi du fief de Pruillé par l'un ou par l'autre de ces seigneurs de Château-du-Loir? Ce serait alors que Pruillé aurait été surnommé le Gaudin.

En tous cas, il est bien singulier que les seigneurs de Pruillé du XIIIe siècle aient tous porté soit le nom de Gervais, soit celui de Gaudin, et que l'un d'eux se soit appelé Gervais Gaudin.

Leur château s'élevait à l'ouest de l'église paroissiale. Entre la porte romane de Saint-Christophe, décrite par Pesche (2), et l'entrée du manoir féodal, se trouvait un passage assez étroit, dont la rue actuelle, nommée le *Tertre de Saint - Julien*, peut donner une idée. Dès les premières années du XVe siècle, l'antique demeure des Gaudins était presqu'entièrement ruinée, comme le fera voir l'aveu de 1406. En 1820, il en existait encore un dernier vestige dans les jardins situés entre la rue, dont nous venons de parler, et celle du *Cœur-Navré* : c'était un pan de muraille assez élevé et remarquable par son épaisseur.

Voici les titres où paraissent les Gaudins :

1º Un certain Poolinus Boters, chevalier, se disposant à partir pour la guerre des Albigeois, cède à perpétuité au chapitre de l'église Saint-Julien du Mans des droits de dîmes qu'il possédait dans la paroisse de Saint-Mars-d'Outillé. En retour, le chapitre lui donne 60 livres mansaises.

Un des garants de la concession faite par Boters était

---

(1) *Revue historique et archéologique du Maine*, t. VII, p. 262.

(2) « La porte occidentale, accompagnée de colonnes romanes, supporte une archivolte ornée d'un rang de frètes crénelées rectangulaires et de deux rangs de zigzags. » (*Dictionnaire statistique de la Sarthe*, t. V.)

Gervais, seigneur de Pruillé, « Gervasius, dominus Prulliaci » (1).

Fait l'an du Seigneur 1211.

2° Devant l'official du Mans, Herbert et Guillaume les Chauves, « Herbertus Calvus et Guillelmus Calvus », reconnaissent avoir vendu à Herbert Giraud et à sa femme un quartier de vigne situé à Charbonnières, dans le fief de Gaudin de Pruillé, chevalier, « apud Charbonerias, in feodo Gaudini de Prulliaco », pour 6 livres mansaises, dont ils se tiennent pour bien payés.....

Fait l'an du Seigneur 1234, au mois de mars (2).

3° Devant l'official du Mans, Gervais de Pruillé, chevalier, « Gervasius de Prulleio, miles », avec le consentement de sa mère Burgonia, de sa femme Yolant, de ses freres Jean, Henri et Pierre, vend au Chapitre du Mans toute la dîme, qu'il possédait dans la paroisse de Pruillé, pour la somme de 80 livres mansaises.

Fait l'an du seigneur 1251 (3).

4° Gervais de Pruillé, chevalier, « Gervasius de Pruleio, miles », déclare que les moines de Grandmont pourront placer dans la maison, qui leur a été donnée par Guillaume Nicole, tel homme qu'ils voudront. Cet homme y demeurera avec toute sa famille, franc et quitte « ab omni tallia, exercitu, equitatu, pasnagio, etc. »

La maison était située « in villa de Pruleio Gaudini ».

Les religieux, pour montrer leur reconnaissance au seigneur de Pruillé, lui remettent la somme de 30 livres tournois.

(1) *Livre blanc,* n° 47.
(2) *Cartulaire de Saint-Vincent,* 3ᵉ partie, n° 259.
(3) *Livre blanc,* n° 701.

Fait au mois d'avril 1259 (1).

5° Gervais de Pruillé donne aux maître et frères de Grandmont des lettres d'amortissement pour un pré qu'ils ont acheté d'un certain Hubert Lechoul.

L'acte est du jeudi après *Jubilate* 1277 (2).

6° Gervais Gaudin, seigneur de Pruillé, avait fait don au chapitre de Saint-Julien du Mans de toute la dîme qu'il possédait dans la paroisse de Saint-Mars-d'Outillé, et ce du consentement de sa femme et de celui de ses fils: Il informe de cet acte Guy, son frère, qui était clerc et qui se trouvait alors à Paris. Il lui recommande en même temps de confirmer en présence d'honnêtes personnes ce que lui, Gervais, a jugé bon de concéder à l'église de Saint-Julien (3).

7° Le même Gervais accorde des lettres d'amortissement aux moines de Grandmont pour tous les biens situés dans son fief, que leur a donnés Geoffroy Quinteau. Les d. moines devront lui payer les cens, redevances et tailles qui lui sont dûs pour ces biens.

Fait le lundi après *Jubilate* de l'an 1280 (4).

8° L'année suivante, mû d'un sentiment de piété, consi-

(1) Archives de la Sarthe, n° 598.

(2) *Id.*, n° 618.

(3) Gervasius Gaudini, dominus Pruliaci, dilecto fratri suo Guidoni, clerico, salutem et amorem. Noveris quod ego, de assensu et voluntate uxoris meæ et filiorum meorum, concessi ecclesiæ B. Juliani cenoman. totam decimam quam habebam in parrochia de Ostilleio, tam in blado quam in vino, perpetuo possidendam. Quia vero justum est ut hæc donatio perpetuam obtineat firmitatem, mando tibi et firmiter præcipio quatinus, omni dilatione et occasione postposita, coram magistro Hugone de Nantolio, canonico cenomanensi, qui apud Parisios commoratur, et coram aliis bonis et autenticis viris accedas, et quod de prædictis decimis, apud S. Medardum de Ostilleio sitis, factum est per me et concessum, liberaliter concedere non obmittas, tantum super hoc faciens quod factum meum inconcussum stare debeat, et tua liberalitas debeat propter hæc et alia multipliciter commendari... Anno 1280. (*Livre blanc*, n° 60.)

(4) Archives de la Sarthe, n° 619.

dérant l'affection qu'il porte aux religieux, correcteur et frères de la maison « de Burceio », et désirant avoir part à leurs prières, il accorde aux dits religieux amortissement pour tous les biens qu'ils possèdent ou posséderont dans ses fiefs et arrière-fiefs, jusqu'à concurrence de 100 sous tournois de rente.

Fait le lundi avant la fête de l'Annonciation (1).

9° Parmi les vassaux de Château-du-Loir, qui firent hommage à la comtesse Béatrix en 1293, figure un seigneur de Pruillé : « Monsor Gervese de Pruillé, chevalier, home lige Madame de Pruillé. Item, home Madame le d. Gervese, des trois Forges de Pruillé » (2).

Il s'agit sans doute du Gervais qui avait donné au chapitre du Mans toute sa dîme de Saint-Mars-d'Outillé.

10° Les seigneurs de Pruillé avaient, comme ceux de Lucé, droit d'usage dans la forêt de Bercé : « Li sires de Pruillé a son usage au fié au forestier et le pasnage de son norrin a la meson de Pruillé, et ses homes de Pruillé et d'environ d'icelui fié de lor norrin..... et de ce li sires de Pruillé doit un haubert au seignor de la forest totes les fois que li sires mue » (3).

§ II.

SEIGNEURS DES ÉTANGS-L'ARCHEVÊQUE.

On se rappelle qu'au XIe siècle les Riboles ou Riboules, petits-fils d'Hélinand, possédaient de grands biens dans les paroisses de Saint-Vincent et de Courdemanche, et que l'un d'eux, Geoffroy-le-Roux, avait voulu enlever aux religieux de Saint-Vincent la dîme de son domaine des Etangs.

C'est sans doute en présence d'un héritier de ce Geoffroy

(1) Archives de la Sarthe, n° 620.
(2) *Cartulaire de Château-du-Loir*.
(3) *Ibidem*.

que l'on va se trouver dès 1202. En 1219, un autre Riboule de la même branche joindra à son nom le titre de seigneur de Courcillon. Puis, à partir de 1246, le nom de Ribole disparaîtra de nos actes : celui de Courcillon sera seul conservé.

Nous ne chercherons pas à expliquer ces changements de noms.

Les Courcillons sont restés possesseurs des Etangs jusqu'à la fin du XIVᵉ siècle. On en a la preuve dans l'aveu de 1406. Au commencement du XVᵉ, Amaury de Fromentières était, en effet, seigneur des Etangs à cause de sa femme, Loyse de Courcillon.

Entre la famille de Courcillon et celle de Fromentières il est donc impossible de trouver place pour une autre, celle de Parthenay l'Archevêque. Par conséquent, les Etangs l'Archevêque ne doivent point leur surnom, comme l'a prétendu Pesche, à cette dernière maison. D'ailleurs, on constatera bientôt qu'en 1277, ils étaient déjà surnommés ainsi.

Nous croyons, pour notre part, que ce surnom d'Archevêque est venu tout simplement de ce que les étangs, qui ont donné leur nom au fief, et qui étaient situés au fond de la vallée, au-dessous de la maison seigneuriale, avaient été construits par l'évêque Gervais. On a déjà vu que le titre d'archevêque avait été donné à notre illustre prélat dans des actes se rapportant à une époque où il n'était qu'évêque du Mans. Le cartulaire de Château-du-Loir renferme lui-même des traces de cet étrange usage. Pour désigner le fief patrimonial de Gervais on y emploie ces mots : *In honore archiepiscopi*. Pourquoi des étangs construits par le même personnage n'auraient-ils pas été appelés *Stagna archiepiscopi* ?

Voici les actes qu'il nous a été possible de recueillir :

1º Geoffroy Riboule avait fait faire un pont et des fossés autour de sa maison de Saint-Vincent-du-Lorouer. L'abbé

Guillaume et la communauté disaient que ce pont et ces fossés se trouvaient en grande partie sur leur domaine, « videlicet pontem et fossata isdem Ribole pro magna parte construxerat in dominio monachorum, sicuti ipsi asserebant ».

D'un autre côté, Geoffroy prétendait qu'un chemin, situé entre le four et la palissade des moines, lui appartenait , « quæ via ducebat inter furnum et palituos monachorum ».

L'évêque Hamelin termine ce différend. Geoffroy renonce au chemin, s'engage à enlever le pont et pour dédommagement du terrain pris par les fossés, il donne un pré dont les moines jouiront à perpétuité. Fait l'an de grâce 1202 (1).

2º Geoffroy Riboule, seigneur de Courcillon, notifie par ses lettres, datées de l'an 1219, qu'il a donné et cédé à Dieu et à l'abbaye de Saint-Vincent, pour le salut de son âme et de celles de ses ancêtres, en pure aumône, toute ia dîme qu'il possédait dans la paroisse de Saint-Vincent-du-Lorouer, tant en prémices qu'en autres choses, « totam decimam quam habebam in parrochia Sancti-Vincentii de Oratorio, tam in præmiciis quam in aliis rebus », et de plus, 4 sous mansais de rente sur ses cens *de vico de Foina*, payables la veille de la Saint-Vincent. « Les moines, ajoute-t-il, m'ont accordé de faire chaque année pendant ma vie mon anniversaire le troisième jour d'après la Saint-Vincent, et quand je serai mort, le jour anniversaire de mon décès » (2).

3º Un débat s'était élevé entre l'abbé de Saint-Vincent et Guillaume de Courcillon, chevalier, au sujet de deux prés situés dans la paroisse de Saint-Vincent-du-Lorouer et appelés prés des Chalonges, « quæ vocantur prata des Chalonges, ut dicitur ». Enfin, devant l'official du Mans, les parties se sont entendues de la manière suivante :

Le d. Guillaume gardera pour lui et pour ses héritiers celui des prés qui est entre la Léproserie de Saint-Vincent-

(1) *Cartulaire de Saint-Vincent*, 2ᵉ partie, p. 6 verso.
(2) *Ib.*, 2ᵉ partie, p. 23 verso.

du-Lorouer et le moulin commun, « pecia prati sita inter Leproseriam de Sancto-Vincentio de Oratorio et molendinum commune inter ipsos ». L'autre pré, qui est au-dessus du moulin de Renaud de Tuchart, chevalier, et qui s'appelle pré des Chalonges, restera la propriété de l'abbaye, pour servir à l'œuvre du prieuré de Saint-Vincent, « ad opus prioratus Sancti-Vincentii de Oratorio ». En outre, Guillaume assigne aux religieux pour l'œuvre du d. prieuré 18 deniers mansais de cens sur le lieu que tient Nicolas Paillier, et le d. Nicolas Paillier et ses héritiers paieront ce cens au prieur de Saint-Vincent le lendemain de la Saint-Martin d'hiver « apud La Loere ».

Fait l'an de grâce 1246, la veille de la Saint-Laurent (1).

4° On a vu ce Guillaume de Courcillon paraître en 1250 parmi les vassaux de Clémence des Roches, « Guillelmus ad roncinum servitii de feodo quem habebat apud Corceillon et *Sancti-Vincentii* ».

5° En présence de l'official du Mans, Guillaume de Courcillon, chevalier, reconnaît qu'il avait cédé en toute propriété à l'abbaye de Saint-Vincent une garenne d'eau, « garennam aquæ », située au-dessous du prieuré de Saint-Vincent-du-Lorouer, depuis l'endroit où était autrefois le moulin de Malrepast jusqu'au pont de la Léproserie.

Les religieux, de leur côté, reconnaissent qu'en retour de cette concession ils doivent au d. chevalier une rente annuelle et perpétuelle de 10 sous mansais.

Puis, pour le paiement de cette rente se fait l'accord suivant:

Guillaume ne donnera plus chaque année les 4 sous mansais qu'il devait pour l'anniversaire de son père, célébré dans l'abbaye. Guillaume Tesnon, colon du d. de Courcillon, cessera de payer les 18 deniers mansais qu'il devait annuellement sur sa tenure aux religieux de Saint-Vincent. Benoîte, fille de feu Hugues le boucher, « Hugonis carni-

(1) *Cartulaire de Saint-Vincent*, 3ᵉ partie, n° 121.

ficis » , sera quitte à l'avenir des 4 sous mansais de cens dûs aux d. religieux sur sa tenure de Cortigaut. Enfin, les héritiers de La Loère ne paieront plus le cens de 6 deniers mansais assis sur leurs jardins de Saint-Vincent-du-Lorouer.

Fait l'an de grâce 1265, au mois d'août (1).

6° A tous ceux, qui verront et orront cestes presentes lettres, Robert, cuens de Dreux et de Montfort, seigneur dou Chasteau dou Leir, et Beatrix, sa feme, comtesse et dame des devants dits leus, salut en nostre Seignor..... Nous, enquise la verité diligemment par prudhommes dignes de foy sur la droicture que Guillaume de Corceillon avoit de nous sur les justices et appartenances de la terre de Corceillon, trovasmes et avons trové que le d. Guillaume et ses heirs ont et puent user de haute justice en la terre de Corceillon et en appartenances que le d. Guillaume tient de nous en fiefz et en riere fiefz, excepté les forbans et les chemins pargeaux et les mesfés fez et appartenans a ces deux choses, lesqueus nous demorent par nostre enqueste... et comme Joffrey de Corceillon, chevalier, fils et heir du d. Guillaume, chevalier, nous eust prié et faict requerre par bonnes gens et par grans gens que il nous pleust et que vousissions accroitre au d. Guillaume, tant comme il vivroit, et au d. Joffrey emprès la mort dou d. Guillaume, et aus heirs dou d. Joffrey, que ils eussent en la terre de Corceillon et en appartenances..... leur usage en nos foretz dou Maine, ou diocese dou Mans, c'est assavoir au menoir de Corceillon et aus molins et au meners des *Estancs l'archevesque*, jacoit ce que le *meners des Estancs et les molins soient de la Chastellerie de Lucé......* a mesonner et a faire par tés et escluses et ce que mestier leur sera, a faire tonneaus, cuves, cercles et toutes menieres de merriens et de bois que mestier auront aus devant dictz leus et aus appartenances, a leur usage, c'est assavoir au d. Guillaume a sa vie et au d.

(1) *Cartulaire de Saint-Vincent*, 3ᵉ partie, nᵒ 136.

Joffrey a lui et a ses heirs après la mort dou d. Guillaume, a toute meniere de bois, excepté le chesne et le fou vert et pessonneau. Quant au chauffage, nous de l'assentement commun et de conseil de preudhomes, et que icelui Joffrey de Corceillon et ses heirs en soient plus gracious vers nous et vers nos heirs, donnons, octroions et quittons au d. Guillaume, au d. Joffrey et a ses heirs hereditaument leurs usages es foretz devant dites es leus devant ditz et es appartenances d'iceus leus, excepté et retenu a nous les deffais des d. foretz...... Et aura le d. Guillaume sa vie et le d. Joffrey et ses heirs hereditaument leur pasnage a leurs poercs de Corceillon et *des Estancs l'archevesque* de leur norrin, et porront le d. Guillaume et le d. Joffrey et les heirs dou d. Joffrey chacier en leur terre et en leur bois de Corceillon a toutes menieres de bestes et auront leur mesure a Corceillon en la meniere que ilz ont accoustumé a tenir et sont quittes de toutes amendes de tems trespassé, et pour cestes usages et pour cestes graces faire au d. Guillaume et au d. Joffrey et a ses heirs, le d. Joffrey nous en a donné six cens livres de tornois.......

Ce fut faict et donné au jour de mercredy après la Sainct-Jorge en l'an de grace mil deus cens soixante et dix sept ou mois d'apvril (1).

7° En 1288, Guillaume, seigneur de Courcillon et des Etangs, n'existait plus, comme le prouve l'acte suivant :

« Nous, Beatrix, comtesse de Dreux et de Montfort, fesons assavoir a tous ceux qui cestes presentes lettres verront que comme noble home, nostre amé et nostre féal Monsour Joffrey, sire de Courceillon, eust pourpous de faire un estanc entre sa meson des Estancs et nostre forest de Burcey, laquelle chouse il ne puet faire sans ce que l'estanc ne s'estendit en nostre terre et en nostre domaine de la forest, et il nous ait prié et requis que nous le voussissions

____

(1) *Cartulaire de Château-du-Loir.*

pour l'amor de luy, voulons et nous accordons que il le face
et que son estanc s'estende sur nous des la riviere qui vient
de l'Ermitiere envers la forest jousques a la vieille chauciée,
et cel accroissement et celle estendue il les tendra de nous
et de nos heirs a foy a escroisement dou fié, que il tient de
nous, qui est soubz la Hugerie, si come les bornes se
comportent que nous y avons fet monstrer novellement, et
en ce leu, que il prent de nous, nous y retenons toute
justice haute et basse et toute seignorie sauve a nous et a
nos heirs, toutesvoies toute la justice, que nous avions et
avons aus Estancs, et tout ce que le dit messire Jouffrey y
tient de nous ou de nos riere fiez, et y puet prendre Monsour
Jouffrey ou ses heirs maufaiteurs, si il y estaient trovez mes-
fesant ou dit estanc, et rendre les nous ou a nostre commandement au Chasteau dou Leir, et que ce soit ferme et stable...
L'an de grace mil dous cens quatre vingt et huict » (1).

8° C'est ce même Geoffroy qui figure en 1293 parmi les
vassaux de Béatrix, « Monsor Jouffrey de Corceillon, home
lige Madame, de Corceillon et des appartenances et de son
usage en Burcay ».

§ III.

SEIGNEURS DE VAUX.

1° Un débat s'était élevé entre les religieux de Saint-
Vincent, d'une part, et Geoffroy de Chehenaia, de l'autre.
Les religieux reprochaient à Geoffroy d'être cause de la
ruine du moulin de Charbonnel, qui était situé sur le
ruisseau de Vaux et dont ils tiraient un certain profit. De
plus, disaient-ils, le seigneur de Vaux avait laissé échapper
l'eau d'un étang à travers leurs prés, de sorte que l'herbe
disparaissait sous des amas de sable et de pierre. Enfin, il
ne voulait pas qu'eux et leurs gens pêchassent dans le

(1) *Cartulaire de Château-du-Loir.*

Charmenton, « dictus miles impediebat ne ipsi vel eorum nuncii piscarentur ni aqua quadam quæ dicitur Charmenton... in parrochia Sancti-Vincentii de Oratorio ». En conséquence, ils demandaient que le moulin fût réparé, et ils réclamaient 100 livres tournois pour les dommages et les vexations dont ils avaient été victimes.

L'affaire ayant été portée devant l'official du Mans, les parties s'entendent sur chaque point et la paix est rétablie entre elles.

Nous passons les conditions : c'est un véritable fatras, qui tient deux pages au moins, et qui n'apprend rien d'intéressant.

Fait l'an de grâce 1247 (1).

2º En 1250, Geoffroy de Chehenaia était au nombre des vassaux qui rendaient hommage à Clémence des Roches, « Dominus Gaufridus de Chehenaia ».

3º Guillaume, seigneur de Vaux, fils et héritier de défunt Geoffroy de Chehenaia, chevalier, « Guillelmus, dominus de Vallibus, filius et hæres Gaufridi de Chehenaia », reconnaît que les religieux de Saint-Vincent lui avaient cédé à perpétuité la métairie de la Gaumetière pour une rente annuelle de neuf setiers de seigle à la mesure de Lucé, « ad mensuram de Luceio », qu'il devait livrer les d. setiers chaque année au prieur de Saint-Vincent, le jour de la Saint-Rémy, à la métairie des d. religieux, où demeurait Jehan Lhôte et qui est contigüe à celle de la Gaumetière ; enfin, qu'il était tenu de payer un cens annuel de 6 deniers au d. prieur, le jour de la Saint-Jean-Baptiste, et dans le même lieu.

Fait l'an du Seigneur 1259, au mois de mars, le samedi après *Reminiscere* (2).

(1) *Cartulaire de Saint-Vincent*, 3ᵉ partie, nº 323.
(2) *Ib.*, 3ᵉ partie, nº 303.

Geoffroy et Guillaume de Chehenaia avaient eu sans doute pour prédécesseur un certain Eudes Borrel, fils d'Eudes, dont il est question dans l'acte suivant. Ce qui nous le fait croire, c'est que les ancêtres de la femme d'Eudes Borrel avaient donné à Saint-Vincent l'église de Courdemanche : du moins, cette femme le prétendait. Or, on a vu un seigneur de Vaux céder cette église à la riche abbaye, lors d'une visite que lui avait faite l'évêque Hildebert, accompagné de l'abbé Guillaume II. Quoiqu'il en soit, l'acte mérite d'être analysé.

Un procès s'était engagé devant l'official du Mans entre Eudes Borrel, chevalier, son fils Eudes et sa belle-fille, d'une part, et l'abbaye de Saint-Vincent, de l'autre. Le chevalier disait que l'abbaye était tenue de laisser un de ses moines à Courdemanche. Ce moine devait y faire sa résidence habituelle et y célébrer l'office divin pour les ancêtres de la belle-fille du d. Eudes Borrel. C'est, en effet, à cette condition que ceux-ci avaient donné à Saint-Vincent l'église de Courdemanche.

Mais l'abbé Gervais II répondait que défense expresse avait été faite à tout religieux de demeurer seul dans un lieu quelconque ; par conséquent, il ne pouvait conserver un de ses moines à Courdemanche.

Enfin la famille Borrel déclare sur les représentations qui lui sont adressées, qu'elle trouvera bon ce que l'abbé, après mûre réflexion, aura décidé.

L'abbé Gervais, au jour convenu, « die Sabbati in capite jejuniorum », déclare de nouveau qu'il ne peut maintenir un moine seul à Courdemanche.....

Fait l'an de grâce 1234, au mois de février (1).

§ IV.

UN SEIGNEUR DE MADRELLE.

Devant l'official du Mans, Thibaut Gondel vend à Simon

(1) *Cartulaire de Saint-Vincent,* n° 109.

Gondel un setier de seigle de rente annuelle et perpétuelle à prendre sur les terres qu'il possède à la Gondelière, dans la paroisse de Lucé, au fief de Guillot de Madrelle, « super terram, vineam, pratum, nemus et res alias quas isdem Theobaldus Gondel habet in parrochia de Luceio, in feodo Guilloti de Maderollis, apud la Gondelière ».

Fait l'an de grâce 1268, le lundi après *Oculi mei* (1).

§ V.

LES SEIGNEURS DU COUDRAY (CHALLES).

1º Hugues du Coudray, « Hugo de Coudraio », donne aux frères de l'ordre de Grandmont de Bercé, « de Burceio », 8 deniers de rente annuelle et perpétuelle sur le bordage de la Saulaie en Saint-Mars-d'Outillé, et en outre tous les droits, action et juridiction qu'il possède sur ce bordage.

Fait en 1252, le lundi avant la Chaire de saint Pierre (2).

2º Les frères de la maison de Bercé baillent à vie pour cinq setiers de blé de rente, trois de seigle et deux d'avoine, à Guillaume Lebaudreier et à Marguerite, sa femme, de la paroisse de Challes, la métairie de la Vesquerie « o toutes ses appartenances, assise en la d. paroisse, ou fié au seigneur de Thorigné, qui est appelé le fié dou Coudray, laquelle fust jadis Guillaume Lebaudreyer de Chales et Margarite sa fame, et laquelle les d. Guillaume et Margarite vendirent aus d. religious...... ».

Fait le mercredi avant l'Ascension 1282 (3).

3º Macé Chevreul, maître et correcteur de la maison « de Burcey », baille à toujours mais à Gervese Le Convers, de

(1) Archives de la Sarthe, nº 608.
(2) *Id.*, nº 592.
(3) *Id.*, nº 622.

la paroisse de Lucé, divers héritages acquis de Guillaume Lebaudreier, situés au Coudray, en la paroisse de Challes, au fief du seigneur de Thorigné, pour cinq setiers de blé de rente, trois de seigle et deux d'avoine, à la mesure de Lucé.

Fait en 1295, le lundi après *Invocavit me* (1).

§ VI.

Dans l'acte suivant, il est question de deux fiefs de la paroisse de Courdemanche, dont l'un appartenait à Geoffroy Riboule, écuyer, et l'autre au seigneur de Loudon.

Geoffroy était le représentant d'une des branches de la famille Riboule, héritière d'Hélinand. Nous pensons qu'il demeurait à la Riboulière.

Quant au seigneur de Loudon, c'était Richard, fils de notre Alix de Lucé. Son fief était sans doute celui de Brives, qui se composait de quelques arpents de pré et de quelques maisons, et dont relevaient d'autres fiefs, la Foucaudière de Challes, par exemple, domaine fort étendu, situé près du Coudray.

Voici l'acte, tel qu'il a été analysé par Bilard :

Traité passé entre frère Macé Chevrel, correcteur de la maison de Burcey, et Martin de Fay, de la paroisse de Treçon, après contestation entre eux, au sujet de la propriété du moulin de Quinquanpoix, de la prévôté de Cordemenche et autres biens tenus partie du seigneur de Loudon et partie du fief de Joufroy Riboule, écuyer, sur lesquelles choses le dit Martin prétendait avoir la quarte partie. Il résulte de ce traité que les dits frères de Burcey baillent les susdits biens pour 20 sous de rente qui seront payés chaque année audit Martin. Sur cette somme, ce dernier conservera 6 sous et rendra les 14 sous de surplus aux dits frères.

(1) Archives de la Sarthe, n° 629.

Fait le vendredi après le dimanche où l'on chante *Oculi mei*, l'an 1295 (1).

§ VII.

LES CURÉS (PERSONÆ, RECTORES) DE PRUILLÉ ET DE LUCÉ.

1º Le Chapitre du Mans cède à Bernard, recteur de l'église de Pruillé-le-Gaudin, toute la dîme qu'il possède dans la paroisse du d. Pruillé, avec la grange dîmeresse, pour 10 livres tournois de rente annuelle et perpétuelle, payables en deux termes, savoir : 100 sous au synode de la Toussaint, et 100 sous au synode de la Pentecôte, « et de prædictis tenendis et fideliter observandis, obligavit dicto capitulo isdem rector bona dictæ ecclesiæ et se et sua bona, quamdiu ecclesiam tenuerit supradictam.... Actum anno 1251, mense junio » (2).

2º L'évêque Geoffroy Freslon confirme au mois de février 1260 un accord fait entre les religieuses de la Fontaine-Saint-Martin et le curé de Lucé. Par cet accord, les d. religieuses avaient droit de prendre chaque année sur les dîmes du d. curé dix setiers de seigle, quatre d'avoine et un de froment.

Il nous est impossible de savoir depuis quand et comment le prieuré de la Fontaine-Saint-Martin jouissait d'une rente aussi considérable. Ce qui est certain, c'est que jusqu'à la Révolution, les curés de Lucé ont fourni annuellement, au mois de septembre, aux mandataires des religieuses onze setiers de seigle et de froment à seize boisseaux par setier, et quatre setiers d'avoine à vingt-cinq boisseaux par setier. Le dernier titre connu de cette rente a été donné en 1747 par François Ango, prêtre, curé de Lucé (3).

(1) Archives de la Sarthe, nº 630.

(2) *Livre blanc,* nº 682.

(3) Archives de la Sarthe, H. 9I/l, Inventaire des pièces existant au trésor du prieuré de la Fontaine-Saint-Martin.

§ VIII.

ABBAYE DE SAINT-VINCENT.

1º Devant l'archiprêtre Jehan de Roorte, Mathieu, curé, « persona », de N.-D. de Villaines, reconnaît que les religieux de Saint-Vincent du Mans ont droit à deux parts : 1º, des offrandes faites dans la d. église aux cinq principales fêtes de l'année ; 2º, des pains dûs le lendemain de Noël, de la Purification et de Pâques ; 3º, des prémices dues chaque année à la même église et de tout ce qui est recueilli dans la grange dîmeresse. Il reconnaît aussi qu'il a fait construire cette grange pour le service de l'abbaye et que les religieux doivent en avoir la clef depuis le commencement d'août jusqu'à ce que toutes les dîmes y aient été apportées ou amenées, que le reste de l'année il aura la clef de la d. grange.....

Fait l'an de grâce 1215 (1).

2º Guy de Tresson, prêtre, après avoir contesté aux moines de Saint-Vincent une dîme et des prémices dans la paroisse du d. Tresson, abandonne ses prétentions devant les juges délégués par le Pape.

Fait l'an du Seigneur 1216 (2).

3º Guillaume Ratoire, clerc, neveu de Regnauld, abbé de Saint-Calais, avait légué et donné à l'abbaye de Saint-Vincent, en pure et perpétuelle aumône, par son dernier testament, trois setiers de seigle et la dîme de Courdemanche, « tres sextarios siliginis et decimam de Cordemanche quæ ad ipsum defunctum jure hæreditario pertinebat ». C'est ce qui fut fait par les exécuteurs de son testament

---

(1) *Cartulaire de Saint-Vincent*, 2ᵉ partie, page 56 recto.
(2) *Ibidem,* 2ᵉ partie, p. 74 et 75.

14

et ce que certifie le d. abbé par la présente charte scellée
de son sceau.

Fait vers l'an 1218 (1).

4° En l'année 1219, il y eut un procès entre Aufrede,
curé, « persona », de Saint-Vincent-du-Loroir et le prieur
du même lieu ; les parties s'accommodèrent, sauf le consentement de l'abbé et de la communauté de Saint-Vincent
du Mans et que le seigneur évêque veuille y donner le sien.
Ils convinrent que dans les dîmes des terres qui ont été
mises en labour depuis dix ans et en deçà et celles qui le
seront dans la suite, le curé en aura la moitié et le prieur
l'autre, pour en jouir à perpétuité. Touchant les prémices
données par feu Guillaume des Ormeaux, « de ulmis », de
bonne mémoire, au prieur pour faire son anniversaire, le
curé en aura la troisième partie et le prieur les deux autres
à perpétuité ; le curé se chargera de faire dans son église
l'anniversaire de ce chevalier. Pour les prémices, le curé
aura le tiers et le prieur les deux autres, et pour les dépenses
qui· se feront dans la suite, chacun en paiera sa part,
suivant ce qu'il en possédera. Il en sera de même pour les
prémices et pour les dîmes que le curé acquerra dans la
suite.

Fait le 27 septembre de l'an 1219 (2).

5° Devant l'official du Mans, un homme riche de Lucé et
son fils Guillaume, ayant vendu à l'abbaye de Saint-Vincent
la terre de Rotoers, « terram de Rotoers », située dans
la paroisse de Tresson au fief de Guillaume Ratoere, chevalier, le d. chevalier vend aux religieux 12 deniers de rente
et tous les droits seigneuriaux qu'il avait sur la même terre
pour 100 sous tournois, et il s'engage à faire approuver

(1) *Cartulaire de Saint-Vincent,* 2ᵉ partie, p. 34, recto.
(2) *Ibidem,* 2ᵉ partie, p. 73. Traduction de dom Colomb dans les *Mémoires*
pour servir à l'histoire de Saint-Vincent.

cette vente par sa femme devant le doyen de Saint-Calais.
Fait au mois d'août, l'an 1233 (1).

6° Devant l'official du Mans, Guy Fesant et Foulques, son
fils, reconnaissent avoir vendu à l'abbaye de Saint-Vincent
une dîme assise dans la paroisse de Tresson sur la terre de
Monhodol, au fief de Philippe de Saint-Agil, chevalier,
« scilicet totum tractum prædictæ decimæ et flagellationem
et omnes palæas cum duabus partibus bladi quas ibi perci-
piebant..... ». Ils déclarent en même temps que pour prix
de cette vente ils ont reçu 4 livres et demie de monnaie
mansaise......
Fait au mois de mai, l'an du Seigneur 1235 (2).

7° Guillaume Froin, chevalier, reconnaît devant l'official
du Mans que Hatet de Vauboyer, « de Valle Boer », écuyer,
dont il est héritier, a légué à l'abbaye de Saint-Vincent
4 sous mansais de rente annuelle et perpétuelle pour la
célébration de son anniversaire dans l'église de la d. abbaye.
Le même chevalier déclare que cette rente sera assise sur
son bordage nommé ' et sur ses cens de
Lucé qui sont dûs à la N.-D. d'août.
Fait l'an du Seigneur 1259, le samedi après le dimanche
du *Reminiscere* (3).

8° Les religieux de Saint-Vincent étaient tenus de payer
chaque année à Guillaume Froin, chevalier, 20 deniers
mansais de cens, à savoir : 12 deniers pour la métairie de
Varencières, et 8 deniers pour la vigne et la terre de la
Grignonnière, « videlicet de medietaria de Valenceriis 12
denarios censuales, et de vinea et terra de la Grignonniere
8 denarios ». Le d. chevalier, établi en droit devant l'official

(1) *Cartulaire de Saint-Vincent*, 3e partie, n° 208.
(2) *Ibidem*, 3e partie, n° 133.
(3) *Ibidem*, n° 233.

du Mans, déclare qu'il a vendu ces cens à l'abbaye pour 20 sous mansais, qu'il a reçu cette somme et qu'il se tient pour bien payé, « et de cis se tenuit pro pagato ».

Fait le samedi après *Reminiscere*, l'an du Seigneur 1259 (1).

9° Herbert, curé de Villaines, « Herbertus, rector ecclesiæ de Villanis », reconnaît devant l'official du Mans les droits de l'abbaye de Saint-Vincent sur les revenus de son église et de sa cure (2).

C'est une répétition de la reconnaissance faite par Mathieu, son prédécesseur.

10° Le clerc Foulques, surnommé Centummarche, reconnaît devant l'official du Mans que les religieux, abbé et couvent de Saint-Vincent lui ont cédé, moyennant 9 sous mansais de rente annuelle et perpétuelle, une maison sise devant le *perrinum* du prieur de Saint-Vincent-du-Lorouer, une vigne et un jardin placés derrière le d. *perrinum*, une autre vigne à la Mauguinière et une pièce de terre au-dessous de Gastehalle, le tout situé dans la paroisse de Saint-Vincent-du-Lorouer. Il s'engage à payer la d. rente à Saint-Vincent-du-Lorouer entre les mains du prieur de Thoiré, en deux termes, savoir : 5 sous à la Toussaint et 4 sous à Pâques......

Fait le jeudi avant la Saint-Laurent, l'an du Seigneur 1267 (3).

C'est la première fois qu'il est question du prieuré de Thoiré. Ce prieuré appartenait à l'abbaye de Saint-Vincent et tirait une partie de son revenu de terres situées dans le petit canton du Lorouer.

(1) *Cartulaire de Saint-Vincent*, n° 248.
(2) *Ibidem,* n° 59.
(3) *Ibidem,* 3ᵉ partie, n° 73.

§ IX.

PRIEURÉ DE GRANDMONT.

1º L'abbé et le couvent de Saint-Vincent du Mans confirment au profit des frères de Grandmont la donation que défunt « Hugo Brachium Asini » leur a faite d'une vigne et d'un jardin situés à Saint-Vincent-du-Lorouer, sous la réserve de 12 deniers de cens capital que les d. frères seront tenus de leur payer chaque année le jour de la Saint-Vincent, et de pareille somme payable « in die Cenæ », et en outre à condition que le fermier des d. biens devra payer toutes *coutumes*, comme les autres hommes de l'abbaye.....

Fait l'an 1223 (1).

2º Hugues de Chevillé, « civis cenomanensis », donne aux frères de Grandmont une somme de vin à prendre chaque année, au temps des vendanges, sur une vigne qu'il possède près du cimetière des Juifs, « apud cimiterium Judæorum », et qu'il a acquise des héritiers de Joscelin de Challes.

Fait au mois de juin 1237 (2).

3º Geoffroy Engelard donne aux frères de Grandmont, en perpétuelle aumône, 3 sous mansais de rente, payables à la Saint-Martin d'hiver, sur la terre de l'Engelardière en la paroisse de Saint-Vincent-du-Lorouer « Sancti-Vincentii de Oratorio ».

Fait au mois de décembre 1240 (3).

4º Rotrou, seigneur de Montfort, termine à l'amiable une contestation qui s'était élevée entre les moines de Grandmont

(1) Archives de la Sarthe, nº 582.
(2) *Id.,* nº 587.
(3) *Id.,* nº 589.

et Richard d'Ardenay au sujet de terres et de prés, situés dans la paroisse d'Ardenay au fief de Hugues d'Ardenay. Ces biens avaient été donnés aux d. moines par feu Thibaut Macue et ils étaient retenus indûment par Richard.

Le d. Richard s'engage à rendre aux frères, en leur maison de Challes, tous les ans, à la Nativité de la Vierge, un setier de seigle à la mesure de Challes, sous peine de 12 deniers tournois d'amende pour chaque semaine de retard.....

Fait au mois de septembre 1263 (1).

5° Eremburge la Barbotine, de la paroisse de Lucé, vend aux frères de Grandmont deux journaux de terre, appelés la *Terre du Cimetière*, près de la maison des religieuses de la Fontaine-Saint-Martin, à Lucé, pour 4 livres tournois payées comptant.

Fait au mois d'avril 1274 (2).

6° Robin Picart, de la paroisse de Pruillé-le-Gaudin, fait don à Dieu, à N.-D., au correcteur et aux frères de la maison de Bercé, de tous les droits qu'il possède sur une pièce de pré « assise en *la dite paroisse*, ou fié de l'église Saint-Christophe de Pruillé ».

Fait l'an 1282, le lundi avant la Saint-Barnabé (3).

7° Jean Dutertre, de la paroisse de Saint-Vincent-du-Lorouer, et Latice, sa femme, fille de feu Michel Leboucher, de la paroisse de Courdemanche, donnent aux frères de la maison de Bercé une maison et ses dépendances, sises en la ville de Courdemanche au fief du seigneur de Vaux.

Fait l'an 1290 (4).

(1) Archives de la Sarthe, n° 601.
(2) *Id.*, n° 614.
(3) *Id.*, n° 621.
(4) *Id.*, n° 626.

§ X.

PRIEURÉ DE CHATEAU-L'HERMITAGE.

Sachent tous ceus qui cestes presentes lettres verront et orront que, en nostre presence en dreit establi, frere Rigaut, mestre et correcteur de la meson de Burcey, de l'ordre de Grantmont, procurator general, sicome il disoit, de la dite meson et des freres de la d. meson establi par lettres de frere Pierre, humble priour de l'ordre de Grantmont et dou couvent d'icelui lieu, sicome il disoit, aiant commandement special et otroy.... de donner et de passer a Guillaume de Varennes, escuier, de la paroisse de Saint Avy, de la diocese de Chartres, et a ses heirs lettres de nostre court obligatoires sur les convenances desoz devisées...... recongnut et confessa..... que le dit escuier lour avoit ballié et otraié..... pour *treize livres* de tournois en monnoie corant et *quatre septiers* de froment et *six* de mouteuge, a la mesure de Lucé sur Voeve, de annuel et perpetuel ferme ou pension, un *molin* et un *estanc* que cil escuier avoit en la paroisse de Lucé ou fié au seig^{or} dou Cheteau dou Leir en la diocese dou Mans, o les terres..... o tous dreiz appartenans au d. molin..... a avoir, a tenir et a poursuir dou dit correctour et des freres de la dite meson et de lor successors..... perpetuelement et heritaument desorenavant, a en fere toute lour pleniere volenté... laquele ferme ou annuel pension le d. frere Rigaut pour lui, pour les freres et pour lor successors, grée et promet et est tenu rendre et paier, c'est assavoir : *a la fame feu Guy de Lucé, le Jeune, jadis chevalier*, et a ses heirs *quatre livres* de la dite monnoie, et a *Pierre de Vernon* et a *sa fame* et a lor heirs, *quatre livres* de la d. monnoie, chescun an desoren-avant, quictement et delivrement, et *a religious homes, au priour et au convent de Chasteaux l'Ermitage et a lor successors*, les dits *quatre septiers* de froment, et *au chapelain de la chapele de Lucé* les dits *six septiers de mouteuge et a ses successors de la dite chapelerie*, chescun an desorenavant, perpetuelement pour le dit Guillaume et pour ses heirs et en lour nom, et en delivrer et acquiter sus ce le dit Guillaume et ses heirs..... ausqueles dites personnes les dites rentes sont et estoient deues sur les dites chouses....... et des *cent souz* de la dite monnoie demoranz..... *soixante souz* en seront et demourront a la dite meson de Burcey, au correctour et aus freres d'icelui et a lor successors, a touz jors mes, quictement et delivrement, en soulte et en acquitement et en recompensacion de soixante souz de tournois de annuelx et perpetuelx anniversaires et aumosnes, en quoi le dit Guillaume lor estoit tenu et obligé chescun an sur les dites chouses, por aumosnes et anniversaires donnez et otraiez dou dit Guillaume et de ses ancessors a la dite meson de Burcey... Et les *quarante souz* demoranz de la dite ferme ou pension le dit frere Rigaut, ou nom de lui et des freres de la d. meson et de lor successors, grée et promet et est tenu rendre et paier au dit Guillaume et a ses heirs.... au jour de la mecaresme chescun an.......

Ce fut fait et donné le tiers jor avant la feste Saint-Michel d'esté, l'an de grace 1285 (1).

Le dossier énorme, auquel appartient cet acte, ne nous apprend pas ce que sont devenues les rentes dues à la veuve de Guy-le-Jeune, à Pierre de Vernon, à Guillaume de Varennes et au chapelain de Saint-Martin de Lucé. Mais il renferme sur les quatre setiers de froment, assignés aux religieux de Château-l'Hermitage, des détails que nous ne croyons pas inutile de noter brièvement avant d'aborder le XIVe siècle.

En 1403, le Grand-Moulin, dont il est question, n'appartenait plus à Grandmont. Un seigneur de Lucé s'en était

---

(1) Pièce extraite d'un dossier du chartrier de Lucé.

emparé et s'était engagé à servir au prieuré de Châteaux la rente des 4 setiers de froment. Le prieur se nommait Denis : il déclare tenir la dite rente du seigneur de Lucé *en garde et ressort et a retribution de service divin.*

De 1451 à 1456, les religieux et le seigneur de Lucé sont en procès. Ce dernier ne voulait plus fournir les 4 charges de blé, ou, du moins, il demandait une réduction. Il est condamné par le juge ordinaire du Maine , Jehan Fournier, et en appel, par le Parlement de Paris. Le prieur de « Nostre-Dame de Chasteau en l'Ermitage » s'appelait Adam Mozé.

En 1626, le prieur commendataire de Châteaux était Gaspard de Daillon, conseiller et aumônier ordinaire du roi, abbé des Chastelliers. « Il est ajourné a comparoir aux assises de Lucé pour faire la foy et hommage, gager le rachapt, bailler par adveu et faire les obeissances requises. »

En 1663, nouveau différend : la rente n'était pas, à ce qu'il paraît, payée exactement. Le Parlement se prononce en faveur de Gaspard de Daillon du Lude, « prieur commendataire de Chasteaux, evesque d'Alby ».

En 1675, René de Daillon, prieur commendataire de « Chasteaux », stipule dans un bail de la métairie du Chastaignier (paroisse de Challes), appartenant au prieuré, que le métayer du dit lieu sera tenu de « voiturer a Chasteaux » les 4 charges de blé dues chaque année par le seigneur de Lucé.

De 1733 à 1761, le procureur de Château-l'Hermitage , qui signe les quittances de la dite rente, s'appelait Volleige de Verdigny : il était prieur claustral en 1747.

En 1762, le nouveau prieur claustral se nommait Cornu.

En 1763, reparaît la signature de Volleige de Verdigny.

A partir de 1764, le prieur Cornu donne et signe les quittances jusqu'en 1780.

De 1780 à 1787, c'est un nommé Genest, se disant procureur du couvent, qui signe les acquits.

En 1788, la quittance est donnée par Juteau « du Hou », fondé de procuration de l'abbé de Carbonnières, prieur commendataire : le prieur claustral se nommait Joubert.

En 1789, mêmes prieurs.

Vers la fin de 1790, Michel Haudry, agent d'affaires de Melle de Lucé, supplie humblement ·Messieurs du département de la Sarthe de l'autoriser à vendre sur le marché de Lucé, sous l'inspection de commissaires, la quantité de 64 boisseaux de froment, rente due à « Chasteaux » du 8 septembre 1790, et de déterminer l'époque à laquelle il sera procédé à la liquidation du rachat de la dite rente, « pour le montant du tout estre versé entre les mains de leur trésorier ».

Le 13 avril 1791, le sieur Haudry reçoit de Château-du-Loir l'autorisation de vendre les 64 boisseaux de blé.

Quant au rachat de la rente, il est ordonné par le Directoire du Mans le 9 juin de la même année.

Au mois de novembre suivant, Haudry, en qualité de receveur du droit d'enregistrement et des domaines et « droits reunys » au bureau de Lucé, certifie que le sieur Martin Coulon, marchand, demeurant au d. Lucé et assesseur du juge de paix, s'est présenté devant lui comme agissant pour Melle de Lucé, et a offert de payer pour la dite demoiselle le principal de la d. rente de « Chasteaux », montant à 4053 l., 6 s., 8 d., le prix des 64 boisseaux derniers dûs 163 l., 4 s., et celui de la d. rente depuis le 8 septembre 1790, 154 l., 5 s., 9 d., ce qui fait au total 4370 l., 16 s., 5 d. Le requérant offre la d. somme sous la réserve expresse de la remise du « titre créatif et des autres reconnaissances de la susdite rente », dont le dépôt a dû être fait au Directoire de la Flèche. Le receveur susdit n'accepte que « sous l'agrément de Messieurs du Département et du Directoire du Chasteau du Loir » et sauf à augmenter ou diminuer d'après la vérification de la présente liquidation.

Enfin, la dernière pièce du dossier est la quittance définitive, signée Haudry, de la somme ci-dessus, la liquidation du mois de novembre 1791 ayant été approuvée à Château-du-Loir le 6 mars et au Mans le 23 mars 1792.

CHAPITRE IX.

PÉRIODE FÉODALE.

5me Partie.

L'ÉGLISE COLLÉGIALE DE SAINT-JULIEN DE PRUILLÉ.

Nous entrons dans le XIVe siècle : il ne nous reste plus qu'une cinquantaine d'années à parcourir pour arriver au terme que nous nous sommes fixé. Pendant cette courte période, nous devrons nous tenir encore dans les limites de notre petit coin de terre, faute de documents qui nous apprennent à quels grands événements extérieurs ont pu se trouver mêlés les seigneurs de Lucé. Ainsi la longue lutte des nobles manceaux et angevins contre Charles de Valois, qui voulait exiger d'eux une aide à l'occasion du mariage de sa fille, les progrès de la puissance royale et judiciaire, la première réunion des Etats-généraux, la destruction de l'ordre des Templiers, le commencement de la guerre de Cent Ans seront pour nous des faits aussi étrangers que l'ont été au dernier siècle la vie de la reine Bérengère au Mans, le règne de saint Louis, les expéditions de Charles d'Anjou, comte du Maine et les Vêpres Siciliennes.

Nous aurions voulu du moins, grâce aux cartulaires, dissiper enfin les obscurités qui enveloppent encore une partie de notre petit état féodal. Mais la lumière, loin d'augmenter, diminue considérablement, ou plutôt, se concentre sur un seul point. Aucun acte ne nous fera connaître les vassaux de Lucé et leurs rapports, soit avec les recteurs ou curés des paroisses, soit avec les religieux de Saint-Vincent et de Grandmont.

La famille d'Eschelles est elle-même couverte d'un voile qu'il est difficile de lever. Des deux pièces que nous avons à produire, la dernière seulement, datée de 1352, nous met en présence d'un Pierre d'Eschelles, seigneur de Lucé et de Pruillé.

Qu'était ce Pierre d'Eschelles ?

On ne peut reconnaître en lui le successeur de Guy-le-Jeune, qui dès 1282 portait le titre de chevalier. Or, Pierre d'Eschelles, chevalier en 1282, devait être alors âgé d'environ trente ans : il aurait été, par conséquent centenaire en 1352, et il n'est guères admissible qu'un homme de cent ans ait été l'auteur de l'acte extrêmement important dont nous aurons à nous occuper.

Une autre raison, plus décisive encore, nous empêche de croire que nous avons affaire à un seul personnage, c'est que le Pierre d'Eschelles de 1352 avait une fille unique, nommée Marie. Veuve depuis un certain temps, Marie d'Eschelles convolera en secondes noces en 1370 et ne mourra qu'en 1420. Or, si l'on voulait que son père fût notre Pierre d'Eschelles, chevalier en 1282, celui-ci aurait eu au moins quatre-vingt-huit ans à la naissance de sa fille, ce qui sort tellement des données ordinaires que, pour ne pas tomber dans l'absurde, nous devons admettre deux seigneurs de Lucé du nom de Pierre d'Eschelles.

Nous serions même tenté de regarder Pierre, IIe du nom, comme le petit-fils et non le fils de Pierre Ier. Ce dernier, en effet, marié très-probablement en 1282, avait dû être grand-père vers 1310.

Mais, si nous calculons bien, nous sommes dans l'impossibilité de nommer le d'Eschelles qui a recueilli l'héritage de Pierre Ier, et de dire si c'est lui ou Pierre II, son fils, qui est devenu seigneur de Pruillé.

Tout ce que nous savons sûrement, c'est qu'en 1352,

Pierre d'Eschelles, père de Marie d'Eschelles, n'était pas seulement maître de Lucé, il possédait également Pruillé. ·

Reste à savoir comment le fief des Gaudins était passé entre les mains des d'Eschelles. Malheureusement, aucun titre ne nous éclaire à ce sujet. Le dernier des Gaudins avait-il vendu son fief au seigneur de Lucé, avec l'agrément du baron de Château-du-Loir ? Ou bien, y avait-il eu de sa part forfaiture, et avait-il été dépouillé de sa terre au profit d'un d'Eschelles ? Ce qui est plus probable, c'est que le seigneur de Pruillé, qui vivait au commencement du XIVe siècle, n'avait qu'une fille, et que cette fille avait épousé le fils ou le petit-fils de Pierre d'Eschelles, Ier du nom.

Quoiqu'il en soit, le fief de Pruillé, qui était considérable, appartenait bien réellement à la famille d'Eschelles en 1352, et jusqu'à la Révolution, il n'aura plus d'autres seigneurs que ceux de Lucé.

Du temps des Gaudins, le souvenir du passage de saint Julien à Pruillé n'était point effacé : il avait été transmis de génération en génération avec un respect mêlé d'une certaine fierté. Tout porte à penser qu'un petit oratoire avait été construit depuis des siècles à l'endroit où, selon la tradition, l'apôtre du Maine avait ressuscité le fils unique du seigneur de la villa.

Un acte de l'évêque Geoffroy de Loudon était venu donner une nouvelle force au culte antique dont saint Julien était l'objet de la part des habitants de Pruillé. Nous voulons parler de l'établissement d'une confrérie de Saint-Julien dans l'église cathédrale. Cette confrérie, encouragée dès 1254 par le pape Innocent IV, comptait des membres dans tout le diocèse. Ceux de Pruillé devinrent assez nombreux pour former une confrérie particulière. Leurs ressources s'accrurent peu à peu et ils purent construire une vaste chapelle tout à côté et au nord de l'église paroissiale.

Certains usages, l'obligation d'assister à tels et tels offices dans cette chapelle et de contribuer aux frais du culte s'imposèrent avec le temps, et l'on finit par sentir le besoin de coordonner toutes les prescriptions auxquelles s'étaient soumis les frères et les sœurs, d'en faire une espèce de code et de les soumettre à l'approbation de l'évêque.

De là, le premier de nos titres. C'est un monument bien curieux, non seulement de la piété de nos ancêtres du XIVe siècle, mais encore de la langue qu'ils parlaient. Aussi nous croyons devoir en donner le texte en note. Il nous a été conservé par le *Livre rouge* de l'évêché (1).

Nous ferons d'abord l'analyse, aussi brève que possible, de cette pièce remarquable; puis, nous passerons à l'examen de celle de 1352.

§ I.

En tête de l'acte élaboré et consenti par les membres de la confrérie, on lit ces mots : *Statuta confratriæ capellæ beatissimi Juliani de Prulleyo* (2).

(1) Le *Livre rouge* de l'évêché fait partie des manuscrits de la bibliothèque du Mans. V. pour notre titre folio 70 et suiv.

(2) « Ce sont les ordinacions, establissement et confirmacions que tous les freres et suers, qui sont et seront desorenavant en la frarie fondée et ordenée en l'honneur et en la reverence de Dieu et de la benoiste vierge Marie et de monsieur saint Julien en la chapelle du dit saint a Pruillé, sont tenus tous et toutes garder par tous articles, sans riens enfraindre, en la maniere et en la fourme qui s'ensuit :

Premierement, que pour soustenir et maintenir le divin office et les choses appartenant a icelluy, si comme il est ordené et devisé cy en bas, tous ceux et celles, qui sont ou seront desorenavant en la dite frarie, ou commencement de leur entrée, si fait ne l'ont, sont tenus païer cincq sols de tournois ou de monnoie courrant pour le temps et deux livres de cire, et par chascun an quatre sols de tournois ou de monnoie courrante aux termes qui s'ensuivent, c'est assavoir : a l'endemain de la feste de Translacion monsieur saint Julien, deux sols, et a l'endemain de l'Annonciacion Nostre-Dame, deux sols, auxquelles deux festes tous les freres et suers, qui sont ou seront dans la dite frarie, sont tenus estre en la dite chapelle pour oïr le divin office et pour l'aidier a faire chanter et celebrer de ceux qui a ce sont ou seront ordenés ou temps a venir, c'est assavoir : aux premieres vespres et aux matines, a la messe et aux secondes vespres, et

Chaque frère ou sœur devait payer à son entrée dans la confrérie 5 sous tournois et 2 livres de cire. De plus, tous les ans, chaque membre était tenu de donner 4 sous tournois, savoir : 2 sous le lendemain de la « Translacion monsieur saint Julien », et 2 sous le lendemain de « l'Annonciacion Nostre-Dame. »

Lors de ces deux fêtes, les frères et les sœurs étaient obligés d'assister dans la chapelle aux premières vêpres et aux matines, à la messe et aux secondes vêpres, et de donner « chascun et chascune » un denier. Cependant les membres de la confrérie étaient libres d'aller « a la grant eglise du Mans » le jour de la Translation.

offrir chascun et chascune un bon petit denier de monnoie courrant pour le temps. Ainsi, toutefoyes que, se il en avoit aucun ou aucune, qui a la feste de la Translacion dessus dite vousist estre a la *grant eglise du Mans* on aller a icelle, que en ce faisant il n'est de riens contraint, ne que il soit tenu de estre a la chapelle dessus dite, et aussi sont tenus tous et toutes de estre a la messe du Saint-Esperit, qui sera chantée et celebrée en la dite chapelle l'endemain de la dite feste de Translacion de monsr saint Julien pour tous les freres et suers de la dite frarie et pour tous les bienfaicteurs d'icelle et y offrir chascun et chascune un bon petit denier de monnoie courrant pour le temps, de laquelle journée a tousjours mes par chascun an doivent assembler après la dite messe en la dite chapelle pour ordener ce qui sera a ordener, pour garder et soustenir l'estat de la dite frarie, et pour eslire maistres, qui seront establis et ordenés pour garder et gouverner pour toute l'année la dite frarie et les biens appartenans a ycelle, et pour oïr le compte des maistres, qui avoient esté en l'année avec des autres freres de la dite frarie, qui seront a ce de la communauté ordenés, et y ara tousjours des dits maistres deux clercs et deux lais.

Item, les freres et les suers de la dite frarie doivent aussi estre a l'endemain de l'Annonciacion Nostre-Dame en la dite chapelle aux vegilles et a la messe, qui sera chantée et celebrée des mors pour tous les trespassés de la dite frarie, et de y offrir chascun et chascune un bon petit denier de monnoie courrant pour le temps.

Item, que pour tous ceulx et celles, qui mourront en la dite frarie, l'en chante messe et vigilles des mors en la dite chapelle, auquel office tous les freres et suers sont tenus estre et offrir a la messe chascun et chascune un bon petit denier de monnoie courrant pour le temps pour le remede de l'ame de celluy ou celle qui sera ainsi trespassé. Aussi, que celluy ou celle, qui ainsi sera trespassé, s'il estoit de la parroisse de Pruillé, que, son office dit en l'eglise de la parroisse comme a parroissien, les freres et les suers de la dite frarie et les autres, qui sont ou seront ordenés

Le lendemain de la Translation, messe du Saint-Esprit pour tous les membres et pour les bienfaiteurs de la confrérie. Après la messe, assemblée des frères et des sœurs, dans laquelle on s'occupait des intérêts temporels, de la nomination des quatre maîtres (deux clercs et deux laïques) chargés pendant un an de l'administration des biens. On entendait ensuite le compte des maîtres sortants.

Le lendemain de l'Annonciation, vigiles et messe des morts dans la chapelle pour les frères et pour les sœurs trépassés : les assistants devaient donner un denier.

en la dite chapelle pour faire le divin office, sont tenus de le aller querre en procession en l'eglise de la parroisse ou a la porte d'icelle, c'est assavoir : o eaue benoiste, o croix, o encensiers, o quatre torches, o deux campanes, et l'apporter a la dite chapelle et de le couvrir dou drap ou des draps de la dite chapelle et de lui dire ou fere dire l'office divin, ainsi que dessus est dit, et de l'enterrer en cymetere, qui est ordené pour les freres et suers enterrer, ou en la chapelle, s'il estoit telle personne que l'on veist qu'il eust tant de bien faict leens, ou tant y eust laissié en son testament ou en autre maniere, que l'en lui deubt enterrer, ou cas qu'il aroit esleu sa sepulture en la chapelle ou en cymetere dessus dit. Et se il avenoit aucuns ou aucunes dehors de la parroisse de Pruillé, qui esleussent par devocion ou dit cymetere ou en la dite chapelle leur sepulture, les freres et suers de la dite frarie sont tenus de les aller querre au chief de la ville de Pruillé, de celle partie ou il seroit apporté, en la maniere et o toutes les conditions que l'on yroit querre le parroissien de Pruillé a l'eglise de la dite parroisse, et de le porter a la chapelle et de lui dire ou faire dire le divin office, et de le enterrer, si comme dessus est devisé, ainsi toutevoies que, s'il nestoit apporté de telle heure, qu'il peust estre enterré, il seroit lessié et gardé en la dite chapelle jusques a l'endemain, que l'en lui diroit son office et seroit enterré.

Et s'il y avoit aucunes autres personnes, qui par devocion esleussent es dits lieux ou en aucun d'iceulx leur sepulture, l'en leur feroit en la dite chapelle leur office et les enterreroit l'en, selon l'estat et la personne d'iceulx, et selon ce que les dits maistres de la dite frarie ordeneroient et verroient qu'il seroit de raison a faire.

Et dans le cymetere, qui appartient a la dite chapelle, ou les freres et suers, qui ainsi aroient esleu leur sepulture, ou autres personnes, qui ainsi aroient esleu leur sepulture, seront enterrés entre l'eglise de la dite parroisse et la dite chapelle, tout du long de la dite eglise jusques a la rue et tout contreval dou costé de la rue jusques a la maison ou demeure le sieur Michel de Lomay.

Item, est ainsi ordené que, maintenant qu'il vendra a la congnoissance des freres et des suers de la dite frarie ou a une partie d'iceulx la mort

Pour chaque membre qui mourait, vigiles et messe des morts dans la chapelle. Les frères et les sœurs étaient tenus d'assister à la cérémonie et de donner un denier.

Si le membre décédé était d'abord transporté dans l'église paroissiale, une fois l'office terminé, les frères et les sœurs devaient aller le chercher en procession avec eau bénite, croix, encensoirs, quatre torches et « deux campanes » (clochettes), l'apporter dans la chapelle, le couvrir du drap de la d. chapelle, faire dire pour lui l'office des morts et l'enterrer soit dans la chapelle, soit dans le cimetière de la confrérie.

d'aucun ou d'aucune des freres et des suers de la dite frarie, que l'en en criera les patrenoustres o campanes sonnant par la ville de Pruillé, et sonnera l'en en la dite chapelle pour assembler ceulx et celles, qui sont tenus d'estre en la dite chapelle pour oïr et pour dire l'office, qui seroit dit pour celluy ou pour celle qui ainsi seroit trespassé, en la maniere que dessus est dit, et en sonneroit le glas o tous les sains de la dite chapelle a l'heure et au temps que l'en verroit qu'il seroit mieulx ordené a le sonner, et que les maistres ou aucun d'iceulx manderoient qu'il fust sonné.

Item, est ordené, que l'en criera tous les lundis o campanes sonnant parmy la ville de Pruillé les patrenostres pour tous les trespassés de la dite frarie et les peres et les meres d'iceulx, qui sont en la dite frarie, et pour tous les ensevelis ou cymetere et en la chapelle dessus dite, et generalement pour tous ceulx, qui sont en purgatoire, qui attendent la mercy Nostre Seigneur : que Dieu bonne mercy leur face !

Item, est ordené que les freres et les suers de la dite frarie et leurs successeurs sont tenus de dire et faire dire, chanter et celebrer le divin office en la dite chapelle tous les dimanches, c'est assavoir, les premieres vespres, complies, matines, prime, tierce, la messe, midi, none, les secondes vespres et complies, et ainsi par chascune feste de neuf leçons feraible de communité et solennité de Sainte Eglise, et aussi par chascun jour de l'avent, et deux jours après Noel, et aussi tous les jours de quaresme et deux jours après Pasques, et aussi deux jours après le jour de Penthecouste, et tous les jours de l'an messe telle, comme elle appartiendra a estre chantée, selon le jour et le brief et l'ordinaire de l'Eglise, et oultre ce, tous les lundis des mors pour tous ceulx, dont il est devisé par dessus, dont l'en criera les patrenoustres, et tous les jeudis de monsr saint Julien, tous les sabmedis de Nostre-Dame, que ils vueillent Dieu prier pour tout l'estat de Sainte Eglise et pour tous les freres et suers de la dite frarie et bienfaicteurs d'icelle, qui leur donne de garder les choses ordenées en la dite frarie, que ce soit a la louange de luy, et qu'ils en puissent tous venir a la joye de paradis. Ainsi toutevoies que, si les dites

Si le défunt membre n'était pas de la paroisse et s'il avait voulu être enterré dans la chapelle ou dans le cimetière de la confrérie, les frères et les sœurs étaient tenus d'aller le chercher à l'entrée de Pruillé et de faire ensuite pour lui les mêmes cérémonies que pour un membre habitant la paroisse.

Le cimetière de la confrérie comprenait l'étroit espace qui séparait l'église de la chapelle. On devait enterrer aussi dans

troys messes ne pouvoient estre dites aux jours dessus dits, pour aucuns empeschemens, elles seroient dites a aucun des autres jours de celle sepmaine qui seroit plus convenable a les dire.

Item, est ordené que l'endemain du premier jour de l'an, aussi comme au premier jour de l'an les vivans s'entre estrainent, que l'en estrainera les mors en la dite chapelle de vigilles, de messe de mors pour tous ceulx et celles, dont il est fait mencion pardessus, que l'en criera au lundi les patrenoustres, et seront tous les freres et suers de la dite frarie tenus de estre au dit office en la dite chapelle et a la procession, qui sera faicte ou cymetere pour les mors, et offrir chascun et chascune a la messe un bon petit denier de monnoie courrante. Si la dite journée avenoit au dimenche, lors seroit l'anniversaire a l'endemain et sonnera l'en en la dite chapelle le glas o tous les sains des le soir.

Item, est ordené que s'il avenoit aucuns ou aucunes des freres et des suers de la dite frarie ou aultres personnes, qui lessassent de leurs biens pour Dieu a la dite frarie, pour leur anniversaire faire sonneroit l'en, si comme il est accoustumé a faire es aultres eglises du Maine.

Item, est ordené que aux festes dessus dites, c'est assavoir, a la Translacion monsr saint Julien, aux premieres vespres, aux matines, a la messe et aux secondes vespres, et a la messe de Saint-Esperit de l'endemain, ara en la dite chapelle cinquante cierges ardans et quatre torches a la levacion, et aussi à l'Annonciacion Nostre Dame et a l'endemain, et a l'evangile et a la messe des mors, qui sera dite l'endemain, et o tout ce a et ara en la dite chapelle une lampe ardant de jour et de nuit.

Item, quant a l'office des mors, qui seroit dit pour les trespassés de la dite frarie, quant au premier office, qui seroit dit pour celluy ou pour celle qui seroit trespassé, il aroit a sa vegille en la dite chapelle douze cierges ardans et a la messe, vingt et quatre torches a l'enterrement, ou cas qu'il seroit ou cymetere dessus dit ou en la chapelle enterré, si comme dessus est dit.

Item, est ordené qu'il ara toujours luminaire suffisant au divin office qui sera en la dite chapelle chanté et celebré.

Item, est ordené que pour ce que la dite frarie est ordenée pour une des parties en la reverence et en l'onneur de monsr saint Julien, et que l'evesque du Mans, quiconques en soit evesque, represente la personne du

la rue du côté de la d. chapelle, en descendant jusqu'à la maison de « Michel de Lomay ».

Quand la mort d'un frère ou d'une sœur était connue, il était prescrit de crier « les patenôtres » avec « campanes sonnant par la ville de Pruillé », de sonner aussi à la chapelle pour appeler les membres de la confrérie : puis, pendant l'office, on devait sonner le glas avec « tous les sains (cloches) de la chapelle ».

Tous les lundis, on criait avec « campanes sonnant parmy la ville de Pruillé » les patenôtres pour tous les trépassés de la confrérie et en général pour les âmes du purgatoire.

Les frères et les sœurs étaient tenus d'entendre dans la chapelle, tous les dimanches et jours de fêtes, chaque jour de l'avent et du carême, « les premieres vespres, complies,

dit Saint en cest monde terrien, et pourceque les ordinacions, establissement et constitucions de la dite frarie soient mieulx gardees, que reverent pere en Jesus Christ, Guy, par la Dieu et nostre saint pere le pape grace evesque du Mans, et ses successeurs, sur tous les freres et suers de la dite frarie et sur leurs successeurs et sur les biens d'icelle et en la dite chapelle ait correction, garde et visitacion, et chascun an visitacion et procuracion, pour laquelle procuracion la dite frarie et les freres et suers d'icelle et leurs successeurs sont tenus rendre au dit prelat et a ses successeurs douze livres tournois ou de monnoie courrante pour chascun an, ou cas qu'il feroit la dite visitacion.

Item, est ordené que l'arcediacre dou Chasteau du Loir et ses successeurs aront en la dite chapelle visitacion et procuracion chascun an, pour laquelle procuracion la dite frarie et les freres et suers d'icelle et leurs successeurs sont tenus rendre au dit arcediacre vingt sols de tournois ou de monnoie courrante par chascun an, ou cas qu'il feroit la dite visitacion, et le doyen du Chasteau du Loir aussi, chascun an, visitacion et procuracion, pour laquelle procuracion la dite frarie et les freres et suers d'icelle sont tenus rendre au dit doyen cincq sols de tournoys ou de monnoie courrante par chascun an, ou cas qu'il feroit la dite visitacion.

Item, que nul ne nulle ne sera receu en la dite frarie, qu'il ne soit personne souffisant a la dite frarie tenir et garder.

Item, que nul ne nulle ne sera receu en la dite frarie, si ce n'est aux festes cy dessus nommées, c'est assavoir a la Translacion mons^r saint Julien et a l'Annonciacion Nostre-Dame, et est entendu la veille des dites festes et le jour et l'endemain, auxquels jours les freres et les suers doiven assembler, si comme dessus est dit.

Item, est ordené que la personne de Pruillé, quiconques en soit per-

matines, prime, tierce, la messe, midi, none, les secondes vespres et complies » ; chaque jour de l'année, la messe « telle comme elle appartiendra a estre chantée selon l'ordinaire de l'Eglise ». Le lundi, c'était messe des morts ; le jeudi, messe de monsieur saint Julien ; le samedi, messe de Notre-Dame.

Le lendemain du premier jour de l'an, on devait *étrenner* les morts en la d. chapelle « de vigilles et messe de mors », puis faire la procession au cimetière et offrir un denier ; la veille, au soir, sonner le glas avec « tous les sains de la chapelle ».

Pour l'anniversaire des bienfaiteurs de la confrérie, on

sonne, dira et fera dire le divin office qui est ordené que l'en doit dire en la dite chapelle toutes les foys que la communité des freres et des suers de la dite frarie devra en la dite chapelle assembler, si comme dessus est dit, et prendre la moitié de toutes les offrandes communes de leens en faisant le dit office, et sera departie la dite offrande tous les ans entre la dite personne et les dits freres l'endemain de la Translacion mons^r saint Julien, se aultrement n'estoit ordené des dites offrandes entre les dits freres et la personne o l'assentement du prelat.

Item, est ordené que nuls des clercs de la dite frarie ne aultres, qui fussent establis pour dire le divin office, ne pourront estre en la dite chapelle ou temps que l'en dira le divin office, se n'est en l'abbit de l'eglise, et est entendu pour les clercs qui ne sont pas mariés, et pour les mariés, qui ont juré de pieça porter le dit abbit leens, lequel serment ils firent o l'assentement du prelat qui estoit pour le temps : ainsi toutevoyes que nul clerc marié ne sera plus receu en la dite frarie a porter le dit abbit desorenavant, tant comme il fust en lien de mariage, se n'estoit o l'assentement du prelat qui seroit pour le temps.

Item, est ordené que pour faire maintenir toutes les augmentacions et declaraisons, qai seront faictes sur ce de la communité sans riens amenuisier dou principal, tous les freres et suers, qui sont et seront en la dite frarie, sont tenus garder, tenir par tous articles, comme les aultres choses cy dessus devisées, le prelat premierement requis sur ce et o l'assentement de luy.

Item, est ordené que pour faire maintenir et continuer le divin office de jour en jour en la dite chapelle, si comme dessus est dit, que l'en le doit faire en l'avent et en quaresme, que dedans la Toussains l'an mil trois cens trente et un il ara en la dite chapelle quatre chapellains, prestres perpetuels, institués par le prelat, c'est assavoir, deux de son plain dreit et deux a la presentacion des maistres et des freres de la dite frarie, lesquels

sonnait « comme il est accoustumé a faire es autres eglises du Maine ».

Le jour de la Translation, aux premières vespres, aux matines, à la messe et aux secondes vêpres, le lendemain, à la messe du Saint-Esprit, il était ordonné d'allumer cinquante cierges, et au moment de l'élévation, quatre torches. De même, le jour de l'Annonciation et le lendemain, à la messe des morts. En outre, il devait y avoir jour et nuit dans la chapelle « une lampe ardant ».

chapellains aront chascun jour en faisant l'office dessus dit, et pour y estre continuelement et personnellement, chascun dix deniers, et pour la messe, toutes les fois qu'ils chanteront, soit a note ou sans note, au grant autel ou aux aultres autels, qui sont ou seront ordenés en la dite chapelle ou temps avenir, chascun pour sa messe huict deniers, et a complies pour la procession faite devant Nostre-Dame, et pour dire des mors ce qui est accoustumé que l'en en dit en l'eglise, chascun un denier. Et oultre ce, par chascun an, a l'endemain de la Nativité Nostre-Dame, chascun six sextiers de saigle, a la mesure de Lucé, bon blé sain et leal de quatre deniers chascun sextier, rendu endedens de la ville de Pruillé, et o tout ce aront chascun par chascun an dix charretees de boys a ardoir, delivré en forest.

Item, est ordené que tous ceulx et celles, qui de ceste frarie sont ou seront, sont tenus d'avoir juré ou de jurer aux saints evangilles, sur l'autel de la dite chapelle, toutes les choses contenues en cest present escript tenir, garder en tout et partout en chascun article, sans riens enfraindre, et que en l'estat, ou ils sont, et en quelque estat ou ils viengnent contre le conseil de la dite frarie ne seront, ne le conseil en lieu, ou il puisse nuire, ne descouvreront, et que le dreit de la dite frarie garderont et aideront a garder, et conseilleront par tous articles, bien et lealement se contendront le cours de leur vie, ainsi toutesvoyes que le dit serment ne se estend sus nul ne sus nulle quant a estre a la dite chapelle personnellement ou temps dessus dit, fors ceulx et celles qui y pourront estre bonnement et ou temps qu'ils le porront estre, et de rendre les rentes et les offrandes a la dite chapelle aux jours dessus dits ou aux aultres jours, ou cas qu'ils ny porroient estre a iceulx jours, et de estre a l'endemain de la Translacion mons[r] saint Julien, a l'eure que l'en doit assembler, pour ordener des biens de la dite frarie et des maistres d'icelle, comme dessus est dit, ou tous doivent estre, s'il n'estoit si loing qu'il ne y peust obéir, ou s'il n'avoit tel exomne qu'il n'y peust estre sans grant perte dou sien ou sans l'empirement de son corps, a laquelle assemblée nul n'y puet estre, s'il n'est des freres de leens, ou le prelat ou son vicaire. Ainsi toutes voyes que, si tous n'y estoient, que ceulx, qui seroient presens, les absens appellés ou non appellés, yroient avant ordener et ordeneroient tant des

Lorsque le corps d'un frère ou d'une sœur avait été apporté dans la chapelle, pour « la vigille et pour la messe » on allumait douze cierges, et au moment de l'enterrement, vingt-quatre torches.

Si l'évêque faisait la visite de la chapelle, il avait droit à 12 livres tournois. Si c'était l'archidiacre de Château-du-

maistres comme des aultres choses, si comme dessus est dit, laquelle ordinacion les dits absens tendront, et par leur serment, autant comme s'ils avoient esté presens.

Item, est ordené pour departir les offrandes entre les freres de la dite frarie et la personne de Pruillé a l'endemain de la Translacion mons^r saint Julien, comme dessus est dit, que sur la partie des dits freres, l'en baillera au rectour de l'eglise de Pruillé, quiconques en soit rectour, vingt sols de tournois ou de monnoie courrante, et est tenu de faire faire ou fera tous les ans l'endemain dou jour dessus dit, s'il n'estoit ou dimenche, service de mors en l'eglise de la parroisse, et en faire sonner les sains de la parroisse, si comme il est accoustumé que l'en les sonne des anniversaires en la dite eglise, et de en faire vegille et messe a note, si le cas ne eschiet ou dimenche, et ou cas que il escherroit, il seroit transporté jusques a l'endemain, et est ordené en telle maniere que le rectour de Pruillé, ne ses successeurs, ne porront plus riens reclamer, ne demander es choses appartenans a la dite frarie, ne a la dite chapelle, soient draps, luminaire, ou anniversaires lais, ou aultres choses quelsconques, fors tant seulement ce que dessus est dit, et pour ce que dessus est dit, et selon ce que dessus est dit, et non aultrement, ou en aultre maniere.

Item, est ordené que s'il en avoit nul ne nulle des freres et des suers de la dite frarie, qui a son escient et a certaine entente feist au contraire des choses dessus dites, il en seroit accusé devant les maistres, devant le prelat, et par le prelat privé de la communité, jusques qu'il fust absoulz par le dit prelat de la transgression de son serment et qu'il eust amendé et paié a la voulenté des quatre maistres, qui pour l'année seroient ordenés a la dite frarie gouverner, et ce fait, il seroit en la dite frarie en son estat premier, ainsi toutes voyes que, tant comme il seroit hors de la communité, il ne se lairroit pas pourtant qu'il ne paiast et fust tenu de paier les quatre sols, si comme dessus est dit, et si les dits maistres les vouloient grever, ou qu'il apparust aucun grief en la dite amende, le prelat la pourroit amenuisier et mectre en estat, selon le mesfait et l'estat de la personne.

Item, est ordené que de cent sols de tournoys d'annuel et perpetuel rente, que le Chapitre du Mans avait autreffois demandé avoir sur les offrandes de la dite chapelle, par maniere d'offrande a l'autel fondé de mons^r saint Julien en l'eglise du Mans, a l'endemain de l'octave de la Translacion mons^r saint Julien, chascun an, nous serons tenus de paier ou dit jour ce que en tout ou en partie en dira ou ordennera le dit mons^r l'evesque du Mans. »

Loir qui se présentait pour remplir la même fonction, il recevait 20 sous tournois. Quant au doyen de Château-du-Loir, on ne lui devait en pareil cas que 5 sous tournois.

Personne ne pouvait être reçu dans la confrérie que le jour, la veille ou le lendemain des fêtes de la Translation et de l'Annonciation.

Le curé de Pruillé, pour célébrer ou pour faire célébrer l'office divin dans la chapelle, avait la moitié des offrandes·

Les clercs, mariés et non mariés, et quiconque « estoit estably pour dire le divin office », devaient pendant l'office « estre en l'abbit de l'eglise ».

« Pour maintenir et continuer le divin office de jour en jour », on avait décidé qu'à partir de la Toussaint 1331, il y aurait quatre chapelains prêtres, que deux de ces chapelains seraient « institués » par l'évêque et que les deux autres seraient à la présentation des « maistres et des freres de la frarie ». Chaque chapelain devait avoir par jour 10 deniers ; plus, pour célébrer la messe, 8 deniers ; pour faire la procession « devant Nostre-Dame » et l'office des morts, 1 denier ; en outre, tous les ans, 6 setiers de seigle rendus à Pruillé, et 10 charretées de bois « a ardoir, délivré en forest ».

Les membres de la confrérie étaient tenus de jurer à l'autel, sur « les saints evangilles » qu'ils observeraient exactement chacun des articles des présents statuts à moins d'empêchement légitime, et qu'ils reconnaîtraient comme valables les décisions prises dans les réunions auxquelles ils n'auraient pu assister.

Outre la moitié des offrandes, dont il a été parlé, le curé de Pruillé avait droit à 20 sous tournois, s'il célébrait dans son église le service des morts, le lendemain de la Translation « monsieur saint Julien » et faisait sonner alors « les sains de la paroisse ».

Quand un membre de la confrérie « faisoit a son escient au contraire des choses dessus dites » il devait être exclu de la communauté, condamné à une amende, et il ne pouvait reprendre son rang qu'après avoir été absous par l'évêque : si l'amende était trop forte, elle était diminuée par l'évêque après enquête. Malgré son exclusion, le dit membre était obligé de payer les 4 sous tournois dûs par chacun et par chacune tous les ans.

Enfin, le Chapitre du Mans ayant demandé autrefois à la confrérie, pour l'autel de « monsieur saint Julien en l'eglise du Mans », 100 sous tournois de rente annuelle et perpétuelle sur les offrandes de la chapelle, il avait été décidé que l'on paierait chaque année au dit Chapitre ce « qu'en ordennerait monsieur l'evesque ».

Tels sont les statuts de la confrérie de Saint-Julien de Pruillé. Vient ensuite un décret de l'évêque du Mans, Guy de Laval, qui les approuve et les confirme, « dictam ordinacionem et omnia et singula in eadem contenta laudamus, tenenda adjudicamus, approbamus et etiam auctoritate nostra ordinaria confirmamus...... ».

Nous ne nous arrêterons pas sur cet acte qui, d'ailleurs, ne nous apprend rien de particulier sur Pruillé, sinon que la confrérie possédait un sceau, « sigillum confratriæ ».

On ne sait pas au juste en quelle année les statuts ont été rédigés. Mais, d'après le passage où il est parlé des quatre chapelains-prêtres, on peut affirmer qu'ils ont été soumis à l'évêque avant la Toussaint 1331.

Le droit, en faveur de chacun de ces chapelains, de prendre tous les ans pour son chauffage dix charretées de bois dans la forêt prouve que, parmi les bienfaiteurs de la confrérie, il faut compter avant la rédaction des statuts le baron de Château-du-Loir. Dom Piolin nous apprend, en effet, que Jean, comte de Dreux, seigneur de Château-du-Loir, s'était montré bienveillant pour le nouvel établissement. Nous n'avons pu nous procurer la charte où sont mentionnées les largesses de cet héritier de Guillaume des Roches. Mais, dans l'analyse qu'en a faite le docte bénédictin, l'on voit précisément que Jean avait accordé aux futurs chapelains, entre autres avantages sur lesquels nous reviendrons plus tard, le droit de prendre chaque année dans sa forêt de Bercé quarante charretées de bois pour leur chauffage (1).

Il est probable que de 1331 à 1352, quelques dons sont venus augmenter les ressources des frères et des sœurs.

§ II.

Il existe deux copies de notre second titre : l'une appartient aux Archives municipales du Mans et porte le n° 763, l'autre se trouve au château de Lucé.

D'après la première, la charte de Pierre d'Eschelles aurait été signée le 28 novembre 1350 : la seconde nous reporte au 28 novembre 1352. C'est cette dernière date, que nous avons adoptée, parceque la copie conservée à Lucé est plus correcte que celle de la bibliothèque du Mans. Le texte mériterait d'être reproduit en entier : pour abréger, nous citerons seulement en note ce qui ne peut être retranché (2).

(1) *Histoire de l'Eglise du Mans*, t. IV, p. 510.

(2) « A tous ceulx qui cestes presentes lectres verront et oyront, Pierre d'Eschelles, seigneur de Lucé et de Pruillé, salut en Nostre Seigneur.

Scavoir faisons que nous, considerant le divin office et les aultres biens spirituels qui sont et doresenavant seront faicts de jour et de nuit en l'eglize fondée et ordennée en l'honneur de Dieu et de sa très glorieuse mere et de monsr sainct Jullien en nostre ville de Pruillé, ou dioceze du Mans, et pour les dits offices et aultres biens continuer et faire continuer et accroistre, nous et les maistres, freres et sœurs de la confrairie establie et ordennée en la dicte eglize en l'honneur du dict Sainct, et plusieurs aultres personnes ayant devotion en la dicte eglize, avons faict plusieurs donnaisons et acquisitions pour la dicte eglize et confrairie en nos terres, fiefs et arriere fiefs de nos chastellenies de Lucé et de Pruillé.

C'est assavoir la mestairie de la Gonterie, la mestairie du Boullay, le bordage de la Regnauldiere, la mestairie de Montareu, la mestairie de la Boulliere, le bordage de la Gaudiniere, le bordage de la Bourciniere, la mestairie de la Pochetiere, la mestairie que tient a present monsieur Guillaume Le Mestayer, prestre..... la mestairie de la Bonne Embourcerie,

On voit, en parcourant cette pièce, qu'en 1352 les membres de la confrérie avaient fait de grands sacrifices, pour que les offices de la chapelle fussent célébrés régulièrement et avec toute la pompe désirable.

Pierre d'Eschelles et plusieurs autres personnes, qui ne sont pas nommées, mais qui avaient, comme le seigneur de Pruillé, « devocion en la ditte eglize », joignent leurs

le bordage du Mineray...... partie du bordage de Cherlieu..... o touttes les appartenances des dittes mestairies et bordages, tant maisons, terres, vignes, prez, pastures, boys, hayes, buissons, brieres, cens, rentes, seringes, foys, hommaiges, coustumes, gerbaiges, redebvances, comme aultres choses..... la maison feu Guion d'Eschelles, l'aistre de la Flourdiere....... la terre de la Cheminerie, le pré et courtil du Sault sous la grosse forge, le pré feu Legier sis au Gué aux asniers..... les vignes feu Huet de Maumiron sises au lieu appellé la Guiardiere, une piece de vigne sise au clos de Cherlieu, une piece de vigne sise au clos du Mineray..:.. la vigne de la Charmois, le clos de la Salmondiere o touttes les appartenances des dittes choses.

Item, les rentes qui s'ensuivent : sur la vigne et la vallée de la Richardiere qui fut feu Perrin Paillier, sept sols ; sur le bordage de la Corbiere, quatre sols ;..... sur l'aistre de la Gressiliere, quatre sols ;...... sur l'aistre de la Roche, douze sols ; sur la Heraudiere, six sols ;...... sur la Hodeberdiere, quatre sols ;...... sur la Picaudiere et sur la maison et les jardins du Perier, treze sols ;...... sur la vigne de monsieur Hue le Barbier de Vau-Regnoust, deux sols six deniers ; sur l'aistre de la Souchetiere, quatre sols six deniers ;..... sur touttes les choses Jean Lespicier, clerc, le plus vieil, trente trois sols six deniers ;..... sur la vigne de la Barre, six sols ;...... sur la maison Jean de la Roche, de Bourgneuf, cinq sols ;...... sur une piece de terre sise jouxte la Baussonniere, six sols et sur le pré de la Heranchere, deux sols six deniers ;..... sur l'Ascherie, trente sols ;..... sur les maisons et vignes du clos du Jart, dix-neuf sols ;........ sur la Riboulliere, quatre sols ; sur la maison feu Robert Hemery devant la halle, neuf sols ;...... sur la Mercerie, douze deniers ;.... sur touttes les choses feu Estienne Doucin, douze sols et pour la femme feu Colin de Sambris, quatre sols ;..... sur les choses aux hoirs feu Perrin de Livré pour la feu femme Gallande, quatre sols ;.... sur les appartenances de la Beraudiere, vingt sols ; sur la provosté de Lucé, soixante sols ; sur la provosté de Pruillé, soixante sols ;.......

Item, les bleds qui s'ensuivent :

Jean Lespicier, le plus vieil, un septier de froment ;..... sur les choses que tient Guillaume Chevrier a la Mercerie, trois septiers de seigle ; sur une piece de terre que tient le mestayer du Boulloy, un septier de seigle ; sur la mestairie des Tousches, six septiers de seigle ; sur la mestairie que tient Estienne Marin, appellée la Roussiere, six septiers de seigle ;........

dons à ceux des « maistres, freres et sœurs ». Métairies et bordages, maisons, vignes, prés, sont transmis en toute propriété à la société reconnue par l'évêque : elle reçoit, en outre, pour en disposer à son gré, nombre de rentes en argent et en grains.

Dans quelle mesure Pierre d'Eschelles a-t-il contribué à la dotation de la confrérie ? Impossible de le dire : mais on doit croire qu'il ne s'est laissé dépasser en générosité par aucun des autres bienfaiteurs.

sur les choses Agnès la Bordelle de Sainct-Vincent, cinq bouessaulx de seigle ; sur les choses feu Jean de la Gaugaigniere et de sa feue femme, un septier de seigle..........

Item, les terres et boys, qui furent feu Oudin Mauclerc, acquis de feu Perrot Guyard a Montingrand, et touttes aultres choses quellesquelles soyent, tant fonds d'heritages comme feages, obeissances, cens, hommages, debvoirs, seringes, rentes de bleds et de deniers et aultres choses données ou acquises, si en arrive, dont il pourra apparoistre suffisamment par lectres ou par tesmoings.

Pour ce que le dict divin office et les aultres biens spirituels puissent estre continués de jour en jour a tousjours mais plus seurement et entierement et que par les dits maistres, freres et sœurs et le college de la ditte eglize pour tout comme a chacun appartient et leurs successeurs et ceux qui auront cause d'eux puissent les dittes choses tenir a tousjours mais seurement, franchement et quittement, paisiblement comme franches choses et admorties, sans ce que nous, nos hoirs ou successeurs les puissions ou puissent proforcer de mettre les dittes choses ou aucune d'ycelles hors de leurs mains ou en demander indamnité, et que *nous, qui avons esté fondateur de la ditte eglize et principal promoteur du divin office estre ordené et faict en ycelle,* nos predecesseurs et successeurs, soyons accompagnez et participans es biens qui seront faicts en la ditte eglize ou temps advenir, et pour y avoir tous les jours une messe, laquelle nous y avons ordenée estre ditte a matin, et pour l'accroissement du divin office, touttes les dittes choses et chascune ainsy données et acquises, comme dict est, et pour causes dessus dittes et o tout ce touttes les choses, rentes, terres, possessions que les dicts maistres, freres et sœurs et college acquereront ou pourront acquerir en nostre pouvoir et jurisdiction ou temps advenir jusques a la somme et vallue de vingt livres de rente, nous admortissons, franchissons et de nostre pouvoir temporel exemptons et delivrons et transportons es dittes eglize et confrairie pourtant comme a chascun appartient tout le droit, touttes les actions et demandes réelles et personnelles que nous avions et pouvions avoir et demander encontre et sur touttes les choses, sans ce que nous ne nos hoirs et successeurs ne aultre, qui ait cause de nous, y puissions rien demander, ne reclamer, ne les proforcer d'en mettre rien dehors de leurs mains, ne

Il s'intitule « fondateur de la ditte eglize ». Si nous ne nous trompons, ces mots signifient non-seulement qu'il avait donné le fonds sur lequel la chapelle avait été élevée, mais qu'il avait fourni, du moins en grande partie, les deniers nécessaires pour la construction de cet édifice.

Il fait, en outre, abandon de ses droits seigneuriaux sur tout ce qui vient d'être cédé à la confrérie et sur ce que « les maistres, freres et sœurs et *college* acquereront en son *pouvoir* et *jurisdiction* ou temps advenir jusques a la somme et vallue de vingt livres de rente ».

Comme le montre cette phrase, le collège formé des quatre chapelains-prêtres, existait en 1352, et il administrait sans doute les biens de la société de concert avec les quatre maîtres élus chaque année.

Ce qui rend surtout notre titre précieux, c'est qu'il renferme un grand nombre de noms de lieux. On voit d'abord les métairies, les bordages, les maisons, les prés et les vignes dont la confrérie est dotée par Pierre d'Eschelles et par les autres bienfaiteurs. Puis, vient le montant de chaque rente ; les terres et les maisons, sur lesquelles les rentes étaient assises, sont indiquées aussi clairement qu'il était possible de le faire.

Parmi les sept métairies, figurent celles de la Gonterie, du Boullay, de Montareu, de la Boullière, de la Bonne-Embourcerie. Parmi les sept bordages, on remarque ceux de la Renaudière, de la Gaudinière et de Charlieu. On compte onze maisons ou *aistres* avec leurs dépendances ; par exemple, la maison de feu Guyon d'Eschelles, l'aistre de la

d'en faire finance aulcune ou temps advenir, sauf touttes voyes en touttes choses le droit d'aultruy, et promettons pour nous, nos hoirs et successeurs, comme dessus est dict, tenir et garder fermement sans venir encontre par nous ou par aultres, et affin que tout ce soit ferme et stable, nous avôns faict sceller les dittes presentes lectres de nostre propre et privé scel en tesmoing de verité.

Donné ou jour de vendredy, feste de sainct Simon et sainct Jude en l'an mil trois cent cinquante deux ».

Flourdière ; plusieurs pièces de terre et des prés, comme la terre de la Cheminerie, le pré de feu Legier « sis au Gué aux asniers » ; quatorze vignes ou pièces de vigne, dont une au clos de Charlieu, une autre appelée la Vigne de la Charmois.

Les rentes en argent montaient à une quarantaine de livres. Les unes étaient fort modestes et allaient de 2 sous 6 deniers à 10 sous ; les autres variaient de 10 sous à 25 sous ; quelques-unes atteignaient 30 et quelques sous. Deux seulement étaient de 60 sous : elles avaient été assignées par Pierre d'Eschelles sur ses prévôtés de Lucé et de Pruillé. Toutes les autres avaient été assises sur plus de quatre-vingts propriétés parfaitement distinctes, consistant soit en bordages et simples maisons, soit en prés et vignes, et situées pour la plupart dans les paroisses de Lucé et de Pruillé. Ainsi, il est question de la Bennerie, de la Mercerie, du Jard, d'une maison devant la Halle de Lucé, de la Roche, de la Baussonnière, de la Harenchère, etc.

On trouve une rente de 4 sous assignée sur la Riboulière, en Courdemanche.

Les rentes en grains étaient moins nombreuses. Réunies, elles représentaient 1 setier de froment, 20 setiers, 6 minots et 5 boisseaux de seigle.

On peut conclure de là que le froment était bien rare à cette époque.

Six des setiers de seigle devaient être tirés de la métairie des Touches en Villaines, et trois de la Mercerie en Lucé.

Enfin, pour dernier détail, la confrérie avait été mise en possession de terres et de bois situés à Montingrand (Lucé).

D'un autre côté, quand on considère que la collégiale de Saint-Julien de Pruillé a été dotée si généreusement à une époque, où la royaume venait de subir Crécy et la peste noire, où Jean-le-Bon par les débuts orageux de son règne ne semblait guères appelé à réparer les fautes de Philippe VI, on reste frappé de la tranquillité et de la prospérité de notre petit pays. Sans doute, les forces vives du Maine avaient été faiblement atteintes par le double fléau. Ce n'était, en effet, qu'au milieu d'une paix profonde, durant depuis de longues années, que la piété de nos ancêtres avait pu achever et consolider, en l'enrichissant, une œuvre commencée du temps de saint Louis par d'humbles « freres et suers ».

Assise désormais sur des fondements, que la tempête, qui est à l'horizon, et celles des deux siècles suivants seront impuissantes à ébranler, cette œuvre durera autant que le régime féodal.

Modifiée plusieurs fois, mais conservant toujours son principal caractère, elle résistera à tous les assauts, de même que la fondation du roi Henri II et les établissements plus anciens de l'abbaye de Saint-Vincent.

Dans le travail que nous préparons sur les successeurs de Pierre d'Eschelles, nous aurons souvent à parler de Saint-Julien de Pruillé.

Comme église collégiale, le nouvel établissement y tiendra le premier rang parmi les vieilles églises, que des titres authentiques nous ont permis de nommer jusqu'ici, et celles que des textes, postérieurs à 1352, nous mettront enfin à même de produire sur la scène ; comme fief de création récente, il occupera également une place honorable dans le tableau complet des fiefs dépendant de Lucé.

TABLE DES CHAPITRES

CONTENUS DANS CE VOLUME

Mamers. — Typ. de G. FLEURY et A. DANGIN. — 1881.

9 782019 190545